CURIOSITÉS

DES

SCIENCES OCCULTES

PARIS. — IMP. SIMON RAÇON ET COMP., RUE D'ERFURTH, 1.

CURIOSITÉS

DES

SCIENCES OCCULTES

PAR

P. L. JACOB

BIBLIOPHILE

ALCHIMIE,
MÉDECINE CHIMIQUE ET ASTROLOGIQUE,
TALISMANS, AMULETTES, BAGUETTE DIVINATOIRE,
ASTROLOGIE, CHIROMANCIE,
PHYSIOGNOMONIE, PRÉDICTIONS, PRÉSAGES, ORACLES,
ONÉIROCRITIE, ART DIVINATOIRE,
CARTOMANCIE, MAGIE, SORCELLERIE,
SECRETS D'AMOUR,
ETC.

PARIS
ADOLPHE DELAHAYS, LIBRAIRE-ÉDITEUR
4-6, RUE VOLTAIRE, 4-6

1862

CURIOSITÉS
DES
SCIENCES OCCULTES

PRÉLIMINAIRES

« Le besoin d'argent, dit l'auteur anonyme du *Grand OEuvre dévoilé*[1] dans un Avis très-important, est une maladie qui afflige les trois quarts de l'espèce humaine; elle lutte partout contre cette affliction. De tout temps on a fait les plus grands efforts pour se soustraire à la triste indigence. J'ai imaginé rendre un service essentiel à la société en lui présentant un moyen prompt de s'enrichir à peu de frais.

« Ceux qui ne pourront pas profiter des leçons que je leur donne pour réparer le désordre de leurs affaires

---

[1] *Le Grand OEuvre dévoilé, en faveur des personnes qui ont grand besoin d'argent, par celui qui l'a fait* Paris, 1789, in-12.

doivent renoncer à tous les expédiens qu'on pourroit leur proposer. »

Se procurer de l'argent, arriver aux honneurs, se faire aimer de qui l'on veut, se venger de qui vous déplaît, charmer les uns, punir les autres, s'élever au-dessus du commun des hommes, avoir de la puissance, voilà le but des sciences occultes. Pour cela, rien ne coûte à l'alchimiste, à l'astrologue, au devin, au magicien, au sorcier, mais la Nature laisse difficilement saisir ses secrets, et c'est en vain que l'un allume ses fourneaux, que l'autre cherche à lire dans les cieux, que les autres s'exercent à leurs pratiques, ouvrent leurs grimoires, évoquent les morts ou conjurent les esprits : tous ne trouvent le plus souvent que déboires, misère, infamie, mépris et tourment. Et pourtant il peut y avoir quelque vérité cachée dans ces antres obscurs!

« Telle est la profession des alchimistes, dit un vieil auteur[1], fausseurs de raisons naturelles, à la bouche desquels toutefois est toujours ce nom de philosophe, et qui déshonnorent la philosophie en s'avouant sous elle faussement. Telle est cette fabuleuse et superstitieuse magie, transportant hors de toute espèce de bon sens les simples et ignorans sous le magnifique nom de philosophie occulte : avec ses servantes comme nécromancie et autres telles ordures de sorcelleries vaines, ridicules et inutiles à tout, horsmis à effaroucher les

---

[1] *Mantice ou Discours de la vérité de divination par astrologie.* S. l. n. d., in-4°, p. 9.

vieilles et petits enfans. Telle encores cette sublime et élevée astrologie judiciaire, qui de sa pernicieuse fécondité nous a produit un incroyable nombre de follies de son espèce, comme géomancie, onomantie et quelques autres telles manties ou plus vray menteries : tant eslongnées de toute dignité philosophique, que nul des anciens philosophes, qui soit demeuré par tesmoignage de quelque illustre monument digne du nom de philosophe, les avoit daigné nommer tant seulement. »

ALCHIMIE

Prolégomènes.

Le but de l'alchimie est de trouver une substance merveilleuse, qui permette de convertir tous les métaux en or ou en argent, de guérir tous les maux, de prolonger indéfiniment la vie, et de procurer un commerce quelconque avec les êtres surnaturels.

« Le Grand Œuvre des sages tient le premier rang parmi les belles choses, dit l'auteur de l'*Apologie du Grand Œuvre*[1]. Il donne la santé... procure la richesse... il éclaire les esprits... Enfin plusieurs philosophes ont reconnu en cet ouvrage un symbole ac-

---

[1] *Apologie du Grand Œuvre, ou Élixir des Philosophes*, par l'abbé D. B. Paris, Pierre de Bresche, 1659, in-12.

compli des plus adorables mystères de la religion... Il subsiste dans un parfait ternaire de trois principes purs, réellement distincts, et qui ne font qu'une même nature, et en cela il est un beau symbole de la sacrée Tryade. Il est originairement l'esprit universel du monde, corporifié dans une terre vierge, estant la première production ou le premier meslange des élémens au premier point de sa naissance, pour nous marquer un Verbe humanisé dans les flancs d'une Vierge, et revestu d'une nature corporelle. Il est travaillé dans sa première préparation, il verse son sang, il meurt, il rend son esprit, il est ensevely dans son vaisseau, il ressuscite glorieux, il monte au ciel, tout quinte essentié, pour examiner les sains et les malades, détruisant l'impureté centrale des uns, et exaltant les principes des autres : en quoy nous figure les travaux et tourmens du Sauveur, l'effusion de son sang sur la croix, sa mort, sa sépulture, sa résurrection, son ascension et second advenement pour juger les vivants et les morts. »

En général, on fait venir le mot *alchimie*, du grec χυμεία, chimie, formé de χυμὸς (suc), ou de χεω (je fonds), joint à la particule arabe *al*, qui, placée au commencement d'un mot, exprime une chose relevée, grande, excellente, ce qui revient à dire la *chimie par excellence*. Cependant on lit dans un manuscrit de la bibliothèque de l'Arsenal, intitulé *Interruption du Sommeil cabalistique*[1] :

[1] *Ou le Dévoilement des tableaux mystiques de l'antiquité*, etc. Ms., Sc. et A., n° 175, in-4°.

« Plusieurs ont curieusement recherché la vraye étymologie de ce mot, mais il y en a fort peu qui ayent bien rencontré. Néantmoins nous pouvons dire que ce mot est dérivé de *als*, qui signiffie en grec *sel*, et de *chymie*, qui veut dire *fusion*, et ainsy il est bien dict à cause que le sel qui est si admirable est usurpé, et sans le sel il n'y auroit aucun sacrifice agréable à Dieu.

« Et selon d'autres, et plus à propos, l'*alkymie* est dérivée de ce mot *ala* des Cypriotes, qui signifie *vin*, et de *chymia* (fusion), le tout signifiant *fusion de vin* ou *vin fusible*. »

Conditions exigées des alchimistes.

Les alchimistes invoquent souvent le nom de Dieu et regardent, en général, leur œuvre comme sainte et bénie. Ainsi, un fameux alchimiste du quinzième siècle, Nicolas Valois [1], recommande à son fils d'imiter son exemple et de ne jamais mal user du secret de la Science :

« Or, pour éviter ce malheur qui troubleroit le repos de mon âme, autant de fois que tu abuserois de ce divin secret, pour l'employer à choses iniques et mauvaises, je veux que tu sçaches comme le bon Dieu me la donna par mes prières et bonnes intentions que j'avois d'en bien user, et comme par elle j'ay acquis

---

[1] *Œuvres* de N. Grosparmy et de Nic. Valois, Ms. de la Bibl. de l'Arsenal, Sc. et A., n° 166, in-4°, p. 134.

tous les biens que je laisse entre tes mains et de tes frères : lesquels périront dès lors que les possesseurs d'iceux se corrompront en leurs mœurs, car c'est un secret réservé du bon Dieu pour ses élus qui font ses divins commandements. »

« La patience est l'échelle des philosophes, dit ailleurs le même Valois [1], et l'humilité est la porte de leur jardin, car quiconque persévérera sans orgueil et sans envie, Dieu luy fera miséricorde, et d'un par un qui n'est qu'un sont faits trois, des trois sont faits deux, et des deux, non sans un long combat, qui doit être terminé par la prudence de l'ouvrier, sera fait un, clair, beau, transparent, lequel supléera à tous les défauts de ses frères estropiez. »

D'après Valois [2], « on perd la science en perdant la pureté de cœur : et, pour ce, ont les Juifs et les Arabes icelle perdue comme indignes..., qui fut donnée par le Tout-Puissant à Moyse sur la montagne, et icelle ainsi gardée de père en fils sans escriture jusqu'à Esdras, et depuis Esdras jusqu'à David... Mais iceluy roy David, se corrompant dans ses amours, par le vice abominable de paillardise, fut non seulement destitué de cet art... Mais par sur tous a esté Salomon, fils de David, lequel estoit si moult sçavant et subtil personnage, qu'il arguoit et disputoit depuis le plus hault cèdre du Liban jusqu'à la plus petite plante d'isoppe. »

---

[1] *Œuvres*, Ms., p. 170.
[2] *Œuvres*, Ms., p. 229.

Pour arriver à l'Œuvre, selon le même alchimiste[1], maintes choses sont requises :

1° *Le temps* : quoiqu'elle puisse se faire en toute saison, « le printemps avance l'œuvre ; »

2° Il faut que *le lieu* soit « secret et libre et non contraint, ainçois apte à tout faire sans nulle contrainte ; »

3° Il faut que les *personnes* soient « douces, égalles, patientes, constantes et propres, et ne contrariant nullement l'un l'autre. »

Quant aux matières, « toute chose engendre son semblable... Nature contient Nature... Toute teinture sèche est inutile en sa siccité. »

Valois voulait surtout que l'adepte étudiât et imitât la Nature. Après avoir donné une recette pour préparer la Pierre, il ajoute[2] :

« Tout ce travail n'est qu'imiter la Nature en ses dépurations, distillations et congellations philosophiques. Aussy est-il dit : Regarde comme Nature travaille, et l'imite au plus près qu'il te sera possible ; car tu n'as besoin que d'amolir ce corps sur lequel tu travailles..., avec de l'eau que je t'enseigneray. Mais tiens ce secret caché, et ne le révelle à personne. »

Cet alchimiste n'avait pas d'ailleurs une grande confiance dans les livres de ses devanciers.

« Celuy qui transmua le premier, n'avoit aucun livre, dit-il[3], mais suivoit Nature, regardant comment et

---

[1] *Œuvres*, Ms., p. 212.
[2] *Œuvres*, Ms., p. 140.
[3] *Œuvres*, Ms., p. 174.

avec quoy elle travaille, car qui veut y parvenir il faut être homme craignant Dieu, puis regarder comment toutes choses se produisent. »

Valois trouvait sa science « si noble, qu'elle peut se comprendre dans une heure, c'est à sçavoir la science simplement, et non pas toutes les dépendances d'icelles, car nul vivant n'a encore eu toutes ces conoissances, puisqu'elles sont infinies et s'estendent sur toutes les choses du monde [1]. »

Le seigneur Nicolas Grosparmy, qui fut le maître de Valois, n'entendait pas, du reste, écrire ses livres pour les ignorants :

« Et, pour ce, regardent les ignorans, dit-il [2], s'ils pourront bastir après nous (car nous ne parlons, sinon aux philosophes), et cuident que nous n'ayons fait nos livres que pour eux; et nous les avons faits pour en jetter hors tous ceux qui ne sont de nostre secte : et jaçoit qu'iceux fussent présens au commencement et en faisant l'Œuvre, jà pour ce ne sçauroient-ils plus du commencement que de la fin, ni pour la voir achever devant leurs yeux. »

Il pensait [3] que nul ne peut faire l'Œuvre, « si premièrement n'a passé par l'universelle philosophie, et que par icelle philosophie en son entendement ne l'ayt comprise. »

Grosparmy appelle aussi sa science *don de Dieu :*

[1] *Œuvres*, Ms., p. 184.
[2] *Œuvres*, Ms., p. 22.
[3] *Œuvres*, Ms., p. 22.

« oncques ne fut mémoire, dit-il, qu'avaricieux la possédât. »

Valois, qui s'intitule *compagnon* du seigneur Grosparmy, attribuait la puissance la plus étendue à l'alchimie :

« Car jadis, dit-il[1], par icelle science, complètement entendue, estoient faits plusieurs miracles, comme de commander mesmes à la Nature et aux élémens : ce que les misérables Juifs ont cuidé attribuer aux miracles de Jésus-Christ estre faits par la vertu et addresse d'icelle science : parquoy comme indignes ont perdu icelle, et d'iceux transportée aux chrestiens, qui aujourd'huy l'ont, et sera employée à l'honneur et gloire d'iceluy Seigneur ; ainsi, comme il est requis que tout homme qui à icelle s'adonne a tout ce qu'il plaist à Dieu, en vain à icelle mettras ta cure. »

Quoique séparés dans leurs recherches, les alchimistes ne se regardaient pas moins comme unis par le but.

« Devant une ville assiégée, dit Valois[2], il n'y a qu'un seul ost (corps d'armée), comme une eau divisée en plusieurs gouttes ne sont qu'une eau, lesquelles rejointes ne font qu'un mesme corps : ainsy ces hommes sont bien séparez pour incommoder ladite ville et tacher de trouver entrée en icelle ; mais, quand la breche est faitte, tous donnent l'assaut dans un corps, chacun tendant au pillage ; voila l'Œuvre des philosophes. »

[1] *Œuvres*, Ms., p. 254.
[2] *Œuvres* Ms., p. 140.

Nécessité du secret.

Les alchimistes opéraient avec mystère et dans le secret. On n'obtenait qu'avec beaucoup de peine la faveur d'être initié au Grand Œuvre.

« Il est temps, lit-on dans l'*Interruption du Sommeil cabalistique*[1], de fermer ce temple de vérité : prenés-en la clef et ne l'ouvrés jamais que pour aller rendre vos vœux à Dieu sur l'autel de perfection, rendant grâces au Tout-Puissant de vous avoir eslargy cette riche moisson, tant par un dévot silence, qu'en hymnes, cantiques et actions de grâces : et gardés le secret de cette Œuvre, si vous voulés obtenir sa bénédiction en vostre travail, et faictes comme Hyppocrate qui tenoit tousjours un doigt sur sa bouche, affin de n'avoir aucune occasion de parler, tenés tousjours vos consciences pures, et vous tenés en la présence de Dieu qui voit et connoist tout et qui vous récompensera selon que vous l'aurés fidellement servy. »

Suivant un autre ancien auteur, « Plotin fut mangé des poux pour avoir revélé le sacré mystère et les secrets qu'il avoit juré de ne point reveler ; et si le secret des hommes doibt estre caché, à plus forte raison celuy de Dieu... Il y a aussi raisons humaines qui nous invitent à ce silence, car celuy qui se vante d'avoir ce secret (quoyque la science en soit plus divine qu'hu-

---

[1] Ms. de la Bibl. de l'Arsenal, cité ci-dessus, p. 179.

maine), le voila dans le mépris de tout le monde... et l'alchymie... n'est plus que le jouet du peuple, et de saincte qu'elle est, le commun la tient pour la magie noire et diabolicque et pleine d'illusions; les alchymistes sont réputés faux monnoyeurs, larrons, perfides, trompeurs, enfin sont en horreur presqu'à tout le monde. »

Grosparmy[1] veut aussi le secret de la science : « Et jaçoit ce que les envieux amys du monde, comme sont légistes, décretistes, officiers et autres clercs jongleurs, veuillent réprouver et dire le contraire, à nous n'en chaut. Et, pour ce, te prions estre secret et te garder de telles gens comme eux et autres faux traistres, mangeurs de peuple, renieurs de Dieu, enfans du diable et à diables donnez, dont les plusieurs s'efforcent de nous rober nostre philosophie, mais ils se trouvent si robez qu'ils en perdent la vie. Et, outre, s'il advient que Dieu te la donne, par quelque avanture, tiens-la secrette et spécialement des grands seigneurs et de tous autres gens, fors d'aucun compagnon, lequel tu ayes éprouvé et trouvé t'estre véritable sans aucune fiction, et qu'il soit bien morigéné et serve Dieu, sa Mère et ses saincts, en accomplissant les œuvres de miséricorde, et n'en veuille jà vivre plus délicieusement, ne suppéditer autruy : afin que Dieu ne prenne vengeance de toy. »

Après avoir menacé de la damnation éternelle ceux

---

[1] *Œuvres*, Ms., p. 7.

qui révèlent le secret de l'Art, Grosparmy conseille de ne le faire connaître qu'avec précaution, même à ceux qui paraissent dignes d'être initiés :

« Et, pour ce, dit-il [1], si tu nous entends, affuble-toy de vestement de philosophie sans révélation, car quiconque revelle le secret il commet crime contre la divine Majesté et sera damné perpétuellement, comme cause de la perdition du monde ; et, pour ce, te deffendons sur peine d'anathématisement et malédiction divine, que le secret ne veuilles réveller, sinon à celuy que tu connoistras estre vray et loyal vers Dieu, et vray disciple de philosophie, en luy révellant par parabole ce qu'il faut, sans en prendre profit, en démontrant tant seulement que l'humidité ja terminée, par réitérations de liquéfaction, soit réduite en souffre et en vif-argent, et te suffise d'en dire plus, car, s'il est de la secte des philosophes, il te pourra bien entendre, car par vive voix à nul homme mortel ne doit estre révellé, pour ce qu'il est à Dieu à donner et non mie aux hommes. »

David de Planis-Campy [2] donne des raisons encore plus sensibles pour engager les alchimistes à garder leur secret, surtout par prudence :

« Exemple de l'Hermite, dit-il, qui se descouvrit au Bragardin, lequel mourut par la main de ce banny, après qu'il l'eust fait possesseur de sa richesse inesti-

---

[1] *OEuvres*, Ms., p. 59.
[2] *L'Ouverture de l'École de philosophie transmutatoire*, par David de Planis-Campy. Paris, C. Sévestre, 1633, in-8°.

mable; secondement, de Richard l'Anglois, lequel, après avoir déposé son secret entre les mains d'un roy d'Angleterre, fut fait mourir malheureusement dans la Tour de Londres. Et pour ne nous éloigner de cestuy-cy, R. Lulle reçut un mesme traictement, de sa facilité; car, voyant que Édouard ne luy avoit point tenu promesse de tourner ses armes contre les Infidelles, s'en alla en Afrique prescher la foy de Jésus-Christ, où il fut escorché tout vif. Je ne puis icy passer la mort de Jacques Cœur, lequel, en considération de ce secret qu'il possédoit, obtint de Charles VI pouvoir de forger monnoie d'argent pur, qui estoient des gros vallant trois sols, surnommez de J. Cœur, au revers desquels y avoit trois cœurs qui estoient ses armoiries, et desquels on en voit quelques fois, et cependant on le fit mourir... Or, pour abréger ces exemples, que ne t'est-il pas arrivé, cher Fœnix de nostre aage, pour t'estre trop humainement communiqué à ce tiraneau, qui en récompense t'a traicté si inhumainement? »

L'auteur du *Guide charitable*[1], dans sa préface, blâme néanmoins les alchimistes du secret qu'ils ont gardé; « car, dit-il, le travail laborieux de la première opération, la longueur de la seconde, la diversité des régimes, la variété des couleurs qu'il faut exactement observer, et une application continuelle, renoncer à

---

[1] *Le Guide charitable qui tend la main aux Curieux pour les débarrasser de ce fascheux labyrinthe où ils sont toujours errants et vagabonds*, manuscrit de la Bibliothèque de l'Arsenal, Sc. et A., n° 152 *a*, in-4°.

toute sorte d'affaire, à la conversation, aux promenades, aux jeux, en un mot, mourir à la vie civile, tout cela, dis-je, rebute bien des gens, et après tout cela, on n'arrive souvent pas à la fin désirée. »

Théorie primordiale.

Les alchimistes croyaient à l'unité primordiale de la matière.

Valois [1] débute ainsi :

« Dieu est éternel et tout-puissant, qui a engendré son Fils, desquels procede le Saint-Esprit, un seul Dieu et Trinité, qui a fait le ciel et la terre et tout ce qui y habite. Il a aussy fait le soleil, la lune et les étoiles, lesquelles jettent leurs influences dans le ventre du vent, comme dans le premier vaisseau de nature qui se convertit en la substance de toutes les choses qui sont au monde, c'est-à-dire à chaque regne séparément, sans qu'aucun puisse aller de l'un à l'autre, mais multipliant en eux, par leur propre vertu, leur semblable, sans rétrogradation d'iceux que par la réduction en la première matière universelle, qui est le lymbe et le caho de la Nature. »

« Plusieurs ont tenu, dit l'*Interruption du Sommeil cabalistique*[2], qu'il n'y avoit point de première matière, les autres l'ont cru réelle, et d'autres seule-

---

[1] *Œuvres*, Ms., p. 132.
[2] Ms. de la Biblioth. de l'Arsenal, déjà cité, p. 1.

ment en puissance, chacqun apportant des raisons probables et des authorités pour soutenir leur opinion, et la plus saine partie tient qu'elle est, mais entre l'estre et le néant, ou bien entre quelque chose et rien. »

Les alchimistes accordaient une sorte de vie à toutes les substances inorganiques qui avaient la propriété de se développer au sein de la terre, et qui pouvaient passer progressivement d'un état imparfait à un état plus parfait. Ils aimaient à comparer la formation des métaux à la génération animale :

« Comme génération ne peult venir de qualitez trop remontez, fait-on dire à Raymond Lulle [1], et de la différence qui est entre le masle et la femelle, et de la chaleur philosophique : pourquoy il peult estre élucidé que de femelle trop froide ne de masle trop chault génération ne peult estre fete, pour la extremité et inattrempence de leurs quallitez : et, pour ce, on doit prendre une femelle qui veult fere notre magistère... au regard de la proportion de la chaleur de son masle, selon ce que le cours de Nature demende. »

Le *Discours d'un auteur incertain, sur la Pierre des Philosophes*, conservé à la bibliothèque de l'Arsenal [2], compare la naissance de la Pierre à l'enfantement d'une femme :

« Par exemple, dit-il, lorsqu'une femme est sur le

---

[1] Ms. de la Bibl. de l'Arsenal, Sc. et A., n° 160, in-4°, contenant le *Testament*, la *Pratique* et le *Codicille*, de Raymond Lulle (en français).

[2] Ms., Sc. et A., n° 180, in-8°, p. 31.

poinct d'accoucher, il faut que l'os de la cuisse se disjoigne, afin que l'enfant sorte dehors, et qu'incontinent il se rejoigne, ce qui ne se peut faire que par la puissance divine, parce que si, dans une autre occasion, cet os estoit disjoint, il faudroit que le chirurgien y mist la main pour le remettre en sa place. Ainsy par similitude advient-il à la nativité de notre Pierre, que quelques-uns, sans offenser la divine Majesté, ont comparée à l'enfantement de la glorieuse et immaculée Vierge Marie, qui estoit vierge devant et après. »

La plupart des alchimistes, remarquant que tous les êtres créés doivent leur naissance à d'autres êtres de la même espèce qui existaient avant eux, ont soutenu que les minéraux devaient naître d'autres minéraux, et ils ne doutaient pas qu'il y eût une semence des métaux.

« Dieu a mis un ordre en la Nature avant touttes choses, dit l'auteur de l'*Interruption du Sommeil cabalistique*[1], affin que les individus de chaque espece fussent conservés et perpétués; c'est pour cela qu'il a donné le sperme aux animaux, les semences aux plantes, les surgeons et le plan pour multiplier les arbres, et le germe aux substances métallicques et minéralles, et que, par une génération universelle, chaque chose peut engendrer son semblable. C'est pourquoy ceux-là errent grandement qui prennent des corps étrangers et hétérogenes pour travailler en cet Œuvre, et que

---

[1] Ms. de la Bibl. de l'Arsenal, cité plus haut, p. 31.

tout ainsy que le soleil et l'homme engendrent l'homme, le taureau un taureau, là ainsy l'or engendre l'or... Si la semence, le sperme ou le germe est receu dans la propre matrice et assisté par l'agent externe, gouverné par un docteur de justice qui le sache administrer, comme requiere la matière et selon le temps de son commencement de l'accroissement de l'estat et déclinaison du fœtus, celuy-là peut voir le germe de l'or qui se peut régénérer dans le ventre ds sa mère, et sa mère n'est autre chose que l'eau qui arrouse toute la terre. »

Selon Valois, « toutes choses sont composées de trois : de terre qui fait le corps, d'eau qui fait l'esprit, et de feu qui fait l'âme. »

Roch Le Baillif[1] s'explique ainsi :

« Aristote dit matiere, forme et privation, estre principe de tout ce qui est... Quant à la matiere, est celuy divin ouvrage composé de trois principes, sçavoir : soulfre, sel et liqueur. Et hors iceux ne se trouve rien en la matiere. Le *soulfre* est tout ce qui se brusle; le *mercure* ce qui s'en va en l'air et se consume en fumée; et le reste est le *sel*. Lesquels séparez, est impossible retrouver la matiere en son entier. Car, au soulfre, graisse ou raisine des choses, n'y a plus de mercure ny de sel ou cendre. Ny le sel n'est plus

---

[1] *Le Démostérion*, de Roch le Baillif, édelphe, médecin spagiric : auquel sont contenus trois cens aphorismes, sommaire véritable de la médecine paracelsique. Rennes, Pierre le Best. 1578, in-4°, p. 14.

susceptible du feu, parce qu'il n'y a plus de soulfre. Ny en la vapeur en pareil qui n'est que l'eau. Car vapeur retenue est l'humide, auquel n'y a plus de soulfre ny de sel : parquoy ne peult brusler. En tous corps leur effect est tel, que la liqueur, mercure ou humide, donne nourrissement. Le soulfre, graisse ou raisine, accroissement. Et le sel, chaux ou alkali, tient le tout serré et congelé ensemble. Tellement qu'aux choses où ce principe abonde le plus, plus est la chose ferme, et subjecte à dissolution toutesfois. Et où la liqueur surmonte en nombre, poids et mesure les deux autres, le subject est plus mol. Et si le soulfre les surpasse, il rend le corps sec et tabide. Et, pour bien concevoir l'ordre, fault noter (comme j'ay dict) tout ce qui ha corps consister en iceux trois principes : et iceux prendre force et accroissement de leurs semblables, comme du soulfre de nostre nourrissement se nourrist le soulfre de nos corps, et ainsy des deux autres. »

Selon le seigneur de Grosparmy [1] :

« Le chaos fut divisé en trois parties : de la plus pure, Nostre-Seigneur créa les anges et les archanges, et de la seconde moins pure, il créa les cieux, les étoiles et les planettes, et de la tierce partie, moins pure, il créa la *quintessence* en une masse appelée la *masse confuse*, de laquelle masse fut faite la merveilleuse division par la volonté de Nostre-Seigneur et fut divisée par les quatre éléments, et demeura chacun

[1] *Œuvres*, Ms., p. 41.

élément élémenté de la quintessence, et situé et assis chacun en son propre lieu. De la seconde partie et la plus pure des quatre éléments, Nostre-Seigneur créa le feu, et de la troisième partie, plus pure après ledit feu, fut créé l'air, et de la quatrième partie, plus pure après l'air, fut créé l'eau; et de la cinquième partie, moins pure de toutes les autres, fut créée la terre. »

Un manuscrit, contenant *le Testament, la Practique et le Codicille* (en français), de Raymond Lulle, donne ce tableau des quatre éléments et de la quintessence :

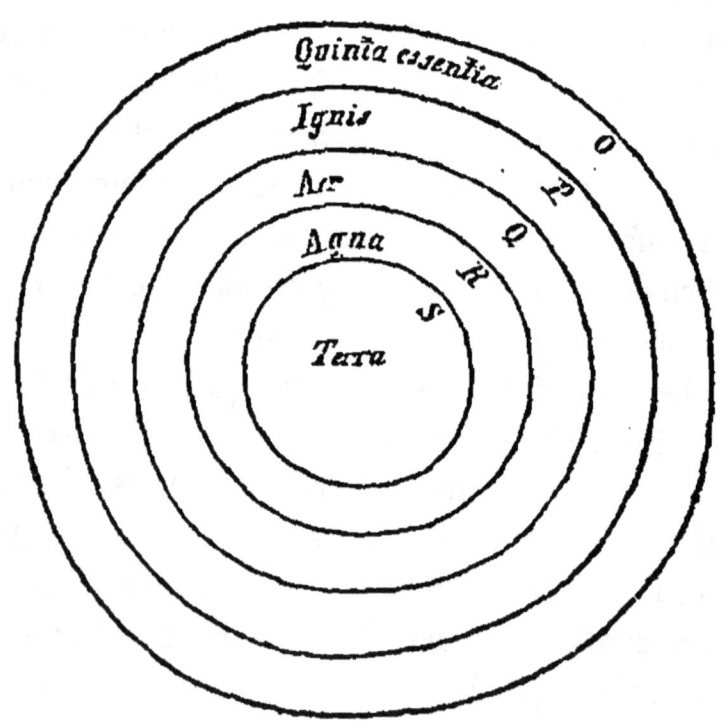

« Il est certain, dit l'*Apologie du Grand OEuvre*[1],

---

[1] Voy. p. 22 de ce curieux ouvrage, cité plus haut.

que tous les composez des quatre éléments se réduisent en trois principes, à sçavoir, en *souffre, sel* et *mercure*, qui selon leurs divers mélanges composent toutes les choses sublunaires, quoiqu'infinies en nombre, en propriétez et en vertu. C'est un beau sujet de méditation et un digne motif d'admirer l'Autheur de la Nature, de voir la grande variété de fleurs, de feuilles et de fruits, de pierreries et de métaux : cette diversité d'especes parmy les animaux ne provient que du divers mélange des trois choses. Cette vérité paroît très évidente, puisque dans la résolution de tous les composez nous y voyons ces trois choses, et rien de plus : nous y voyons une partie terrestre, une aqueuse, et une sulphurée; nous y voyons un corps, une âme et un esprit. »

Le *Guide charitable*[1] avoue qu'il est difficile de séparer les éléments des métaux.

« C'est pourtant avoir un entêtement ridicule, dit Schroder, et manquer de bonne foy, de soutenir cette séparation impossible, contre une infinité d'expériences, puisqu'un de mes amis et moy avons été assez heureux pour tirer de l'or une belle huile très rouge qui surnageoit l'eau. »

« La conversion des éléments n'est autre chose, suivant le *Guide charitable*[2], que de faire que la terre (ou le soufre) qui est fixe devienne volatile, et que l'eau (ou le mercure) qui est volatile devienne fixe, par une

---

[1] Ms. de la Bibl. de l'Arsenal, déjà cité, p. 53.
[2] *Idem*, p. 26.

continuelle cuisson dans l'œuf philosophique, sans jamais l'ouvrir, que la Pierre philosophale ne soit dans sa dernière perfection. »

« Nostre finale intention, dit Valois[1], n'est donc autre que de prendre cet or, le nétoyer par antimoine ou ciment, puis l'ouvrer dans nostre eau, et faire séparation du corps, de l'esprit et de l'âme, lesquels il faut moult laver et blanchir icel corps, affin que l'âme soit moult glorifiée en icelui, pour, après cette conjonction, extraire le mercure des philosophes. »

« Les métaux, en général, s'engendrent dans les entrailles de la terre, dit le *Guide charitable*[2], d'une substance saline en forme liquide, ou d'un suc visqueux, par le ministère de la fermentation qui se termine à les changer en corps durs. La fermentation procède d'un principe séminal salin des métaux, qui donne par ce moyen la consistance aux sucs souterrains métalliques, et ce principe universel est ordinairement salino-sulphureux. Comme tous les métaux ont tous la même racine, ils ne diffèrent entre eux qu'en degré de perfection. Si on avoit une semence métallique parfaite, on pourroit par son ministère meurir parfaitement les métaux qui ne sont pas meurs : c'est là la Pierre philosophale. »

Valois, dans un passage qui manque à quelques

---

[1] *OEuvres*, Ms., p. 184.
[2] Ms. cité ci-dessus, p. 10.

manuscrits de ses Œuvres[1], compare la formation de l'or à la digestion animale :

« Les substances des viandes sont converties par la digestion naturelle, dit-il, en la substance du corps de l'homme : de même la substance du menstrue est communiquée et convertie en celle du métail, par digestion proportionnée à sa qualité. Si tu n'entends pas mes propos, tu ne pourras comprendre ceux du bon R. Lulle, que je te recommande surtout. Garde-toy bien des gloses et des mutilations des envieux, et ne tiens rien que de suspect en chose de telle conséquence. Une seule erreur t'en produira mil, et nul homme hors du bon chemin ne trouvera jamais de vérité. »

Les *Sept Chapitres*[2] attribués à Hermès, disent :

« Mon fils, je vous apprens que l'onguent de notre terre est un soufre, orpiment, gomme, colchotar, qui est soufre, orpiment, et même divers soufre, et semblables choses ; chacune desquelles est plus vile que n'est l'autre, et il y a diversité entre elles. De ces choses vient encore l'onguent de la colle, qui est poils, ongles et soufre. De là vient aussi l'huile des pierres et le cerveau qui est orpiment; de là même vient l'ongle des chats qui est gomme ; et l'onguent des

---

[1] Voy. *les Cinq Livres de N. Valois*, Ms. de la Bibl. de l'Arsenal, Sc. et A., n° 166 *bis*, p. 125.

[2] Guill. Salmon les a réimprimés dans la *Bibliothèque des Philosophes chimiques*. Paris, Ch. Angot, 1672, 2 vol. in-12; nouv. édit. augm. (par J. Mangin de Richebourg). Paris, Cailleau, 1741, 3 vol. in-12, fig.

blancs, et l'onguent des deux argens vifs orientaux, qui pourchassent les soufres, contiennent les corps. »

Les transformations merveilleuses que l'homme voit s'accomplir sous ses yeux dans les corps organisés, et même dans quelques substances inorganiques, paraissent légitimer aux yeux des adeptes l'idée de la transmutation des métaux.

« Les laboureurs ne scavent que trop, dit la préface de la *Bibliothèque des Philosophes chimiques*, que le blé qu'ils sèment dans leurs champs se change en yvroie. Les jardiniers remarquent qu'il y a plusieurs graines qui dégénèrent en d'autres espèces. Tout le monde sçait que les grenouilles n'ont rien moins, au commencement qu'elles se forment, que l'apparence et la figure de grenouilles, n'étant composées que d'une grosse tête et d'une petite queue, et qu'elles demeurent long-temps en cet état, auparavant que d'être entièrement formées. La même chose arrive aux crapauts qui se font de semence et par la voie ordinaire de la Nature. Et quand Aristote n'auroit pas dit que les chenilles se changent en papillons, et que de ces chenilles, il y en a qui se forment sur les feuilles vertes des herbes, et surtout du choux, personne n'en pourroit douter. Mais que dira-t-on des macreuses qui se font d'un bois pourri dans la mer? Comment faudra-t-il appeler la production des rats, des araignées, des mouches, des vers, et d'une infinité d'autres insectes dont parle Aristote au cinquième livre de l'Histoire des Animaux, qui naissent de la putréfaction de plusieurs choses qui n'ont aucune ressemblance, ni en la matière, du moins en ce que l'École appelle matière seconde, ni dans ce qu'elle nomme la qualité, avec ces insectes et ces autres animaux qui s'en forment. »

Certains alchimistes croyaient que les modifications subies par les métaux avant d'arriver à l'état d'or et d'argent étaient soumises à l'influence des astres, et que c'était sous l'action secrète d'un corps céleste que s'opérait leur perfectionnement dans la nature des métaux. Cette action planétaire était nécessairement lente et exigeait des siècles.

« Il est vrai, dit la *Table d'Émeraude* d'Hermès[1], sans mensonge, certain et très véritable : ce qui est en bas est comme ce qui est en haut, et ce qui est en haut est comme ce qui est en bas, pour faire les miracles d'une seule chose. Et, comme toutes les choses ont été, et sont venues d'un, par la médiation d'un, ainsi toutes les choses ont été nées de cette chose unique par adaptation. Le soleil en est le père; la lune est sa mère; le vent l'a porté dans son ventre; la terre est sa nourrice. Le Père de tout, le *Teleme*, de tout le monde, est ici. Sa force ou puissance est entière, si elle est convertie en terre. Tu sépareras le terre du feu, le subtil de l'épais, doucement, avec grande industrie. Il monte de la terre, et il reçoit la force des choses supérieures et inférieures. Tu auras par ce moyen la gloire de tout le monde; et, pour cela, toute obscurité s'enfuira de toi.

[1] Réimpr. dans la *Biblioth. des Philosophes chimiques*, t. Ier.

« C'est la force, forte de toute force ; car elle vaincra toute chose subtile et pénétrera toute chose solide.

« Ainsi le monde a été créé :

« De ceci seront et sortiront d'admirables adaptations, desquelles le monde en est ici.

« C'est pourquoi j'ai été appelé Hermès Trismégiste, ayant les trois parties de la philosophie de tout le monde. »

« Le soleil est si nécessaire à la vie de touttes choses, lit-on dans l'*Interruption du Sommeil cabalistique*[1], que si le monde estoit animé, son âme seroit le soleil qui en animeroit tous les membres et les mouveroit à touttes leurs actions ; ainsy Dieu qui est universel et immortel n'est qu'un, et comme il est unique, il a créé cette unicque lumière pour se distribuer universellement en touttes les œuvres, tant inférieures que supérieures, ce qui nous fait connoître que tout est obligé à cette unique source. »

« Sachez donc, mon fils et le plus cher de mes enfans, dit Valois[2], que le soleil, la lune et les étoiles jettent perpétuellement leurs influences dans le centre de la terre : ces influences arrivent jusqu'au centre de la terre, se dépurant de sable en sable jusqu'à la dernière goutte de leur humidité aërienne ; or, l'air est donc plein de ces influences, la terre en est aussy toute fourmillante, et il n'y a rien dans tout l'univers

---

[1] Ms. de la Bibl. de l'Arsenal, déjà cité, p. 75.
[2] *Œuvres*, Ms., p. 106.

qui n'en soit rempli, parce que c'est le centre de toutes choses et l'âme universelle de tous les corps. Mais cette semence est grandement abondante en deux qualités principales, c'est à sçavoir chaleur et humidité, de laquelle on voit sortir tout ce qui est au monde par l'aprochement toutefois du premier masle, qui est le ferment qui se joint à ladite semence. »

La table des matières traitées dans l'ouvrage du sieur de Nuisement [1] nous fait bien connaître, par une suite de déductions philosophiques, tout le système des plus savants alchimistes du dix-septième siècle. Voici les titres des chapitres qui composent cet ouvrage :

« I. Que le monde est vif et plein de vie.

« II. Que le monde, puisqu'il vit, a esprit, âme et corps.

« III. Que tout ce qui a essence et vie est fait par l'esprit du monde et de la première matière.

« IV. Comme le soleil est dit, par Hermès, père de l'esprit du monde et de la matière.

« V. Comment la lune est mère de l'esprit du monde et de la matière universelle.

« VI. Que la racine de l'esprit du monde est en l'air.

« VII. Comment la terre nourrit cet esprit universel.

« VIII. Que cet esprit du monde est cause de la perfection en tous.

« IX. Spécification de l'esprit universel aux corps.

---

[1] *Traittez de l'Harmonie et Constitution générale du vray sel, recueilly par le sieur de Nuisement.* La Haye, T. Maire, 1639, in-12.

« X. Que l'esprit du monde prend corps ; comment il se corporifie.

« XI. De la conversion de cet esprit en terre, et comment en cette terre sa vertu demeure entière.

« XII. De la séparation du feu d'avec la terre, du subtil d'avec l'épais, et par quelle industrie elle doit se faire. »

Énigmes et symboles.

Les alchimistes cachaient, sous un langage énigmatique et sous des caractères symboliques, leurs recherches à la poursuite du Grand Œuvre et les substances qu'ils manipulaient dans leur laboratoire.

L'auteur de la préface de la *Bibliothèque des Philosophes chimiques* s'exprime ainsi à propos des énigmes et des symboles dont sont remplis les livres alchimiques :

« Nous ne pouvons voir la lumière que parmi ces obscurités et ces énigmes. Ce n'est que parmi ces épines que nous cueillerons cette rose mystérieuse : nous ne sçaurions entrer dans les riches jardins des Hespérides pour y voir ce bel arbre d'or et en cueillir les fruits si précieux, qu'après avoir deffait le dragon qui veille toujours et qui en deffend l'entrée ; et nous ne pouvons enfin aller à la conquête de cette toison d'or, que par les agitations et par les écueils de cette mer inconnue, qu'en passant entre ces rochers qui se choquent et se combattent, et qu'après avoir surmonté les monstres épouvantables qui la gardent. »

Les *Sept Chapitres* attribués à Hermès[1] décrivent ainsi les diverses phases de l'opération alchimique :

« Mais lorsque nous unirons le Roi couronné à notre Fille rouge, cette Fille, par le moyen d'un régime de feu si bien tempéré, qu'il ne puisse rien gâter, concevra un Fils, qui sera uni à elle et qui sera pourtant au-dessus. Elle nourrit ce Fils, et le rend fixe et permanent avec ce petit feu. Et ainsi le Fils vit de notre feu.

« Et quand on laisse le feu sur la feuille de soufre, il faut que le terme des cœurs entre sur lui, qu'il en soit lavé, et qu'ainsi son ordure sorte hors de lui. Il se change alors, et quand il est tiré du feu, sa teinture devient rouge comme les chairs vives.

« Notre Fils, qui est né roi, reçoit sa teinture du feu ; après quoi, et la mort, et la mer, et les ténèbres le quittent, parce qu'il devient vivant ; il se dessèche et se fait poudre ; et il a une lueur vive et éclatante.

« Le Dragon, qui garde les trous, suit les rayons du Soleil. Notre Fils, qui est mort, reprendra la vie. Il sortira du feu étant roi, et se réjouira de son union et de son mariage. Ce qui étoit occulte et caché deviendra manifeste, et le lait de la Vierge sera blanchi.

« Ce Fils, ayant reçu la vie, combat contre le feu ; il a une teinture, la plus excellente de toutes les teintures. Car alors il a le pouvoir de faire du bien, en communiquant cette teinture à ses frères. Et il con-

---

[1] Voy. le t. Ier de la *Bibliothèque des Philosophes chimiques*.

tient en soi la philosophie, puisqu'il en est le fruit et l'ouvrage.

« Venez, fils des sages; réjouissons-nous tous ensemble; faisons éclater notre joie par des cris d'allégresse, car la mort est consumée. Notre Fils règne, et il est revêtu et paré de sa pourpre. »

Philalèthe [1], pseudonyme de l'Anglais Thomas Vaugan, explique aussi, sous un voile allégorique, la formation de la Pierre philosophale :

« De là se fera, dit-il, le Chaméléon ou notre Cahos, dans lequel sont cachés tous les secrets en puissance et en vertu, et non pas actuellement. C'est là l'enfant hermaphrodite, qui, dès son berceau, a été infecté par la morsure du chien enragé de Corascène, ce qui fait que l'hydrophobie (c'est-à-dire la crainte continuelle qu'il a de l'eau) le rend fol et insensé; jusque-là que, quoique l'eau lui soit plus proche qu'aucune autre chose naturelle, il en a pourtant horreur et la fuit : quels destins !

« Il y a, toutefois, deux colombes, dans la forêt de Diane, qui adoucissent sa rage furieuse, si l'on sçait les y appliquer par l'art de la nymphe Vénus; alors, de peur qu'il ne retombe dans l'hydrophobie (et afin qu'il n'aye plus d'aversion de l'eau), plonge-le et le submerge dans les eaux, en sorte qu'il y périsse. Ce chien qui se noircit de plus en plus, et toujours enragé,

---

[1] Son traité célèbre de la Transmutation des métaux est réimprimé dans le Supplément de la *Bibl. des Philosophes chimiques.* (Paris, 1754, in-12.)

ne pouvant souffrir ces eaux, presque noyé et suffoqué, montera et s'élèvera sur la surface des eaux. Chasse-le en faisant pleuvoir sur lui, et en le battant fais-le fuir bien loin ; ainsi les ténèbres disparaîtront. »

D'anciens vers français, imités des *Sept Chapitres*, qui étaient attribués à Hermès [1], représentent, sous une forme allégorique, la série des opérations à exécuter pour obtenir la Pierre philosophale :

> Car une semence en ce lieu
> Est commencement et milieu
> Et fin de cet Œuvre admirable ;
> C'est aussi, comme on a escrit,
> Un sel, une eau et un esprit,
> Lesquels estant unis ensemble,
> Ne font qu'un baume, ce me semble,
> Et puis à ce baume parfait
> Mercure est baillé en effet.

Une huile en sort, que Mercure fait disparaître.

> Puis Mars, en queste par raison,
> Fait mettre Mercure en prison
> Par les chevau-légers du camp,
> Et le donne en garde à Vulcan ;
> Alors les couleurs paroissant,
> Vont l'une après l'autre naissant.

Voici venir la couleur blanche :

> Puis la Lune, d'un habit gris,
> Argenté des eaux qu'elle a pris,

---

[1] On trouve ces vers à la suite des *Œuvres* de Valois et de Grosparmy, Ms. cité, p. 224.

> Avec larmes et tout en deuil,
> Pleure son mary le Soleil.

On continue à chauffer le métal dans la cornue :

> Jusqu'à temps que Vénus la belle
> Arrive, portant entour d'elle
> Manteau rouge doublé de vert,
> Dont tout son beau corps est couvert.
> . . . .
> Après, du ciel ou air issant,
> Sort un Animal très-puissant
> Avec plusieurs petits encore,
> Lesquels soudain Vulcan dévore.
> . . . .
> Puis vient un Vieillard transparent,
> De cet animal s'emparant,
> Duquel finit icy la chose
> Que tout au long icy j'expose...

Le Grand Olympe, poëme alchimique du seizième siècle, donne une description analogue[1], empruntant ses figures à la mythologie. D'abord il tire son allégorie des quatre âges du monde : à l'âge d'or succède l'âge d'argent :

> Après vient Saturne le noir,
> Que Jupiter, de son manoir
> Issant, déboute de l'empire
> Auquel mesme la Lune aspire ;
> Aussy fait bien dame Vénus,
> Qui est l'airain, je n'en dis plus,

---

[1] Ce poëme étrange a été recueilli comme annexe avec les Œuvres de Grosparmy et de Valois, Ms. cité plusieurs fois.

> Sinon que Mars, montant sur elle,
> Sera du fer l'aage mortelle,
> Après lequel apparoistra
> Le Soleil quand il renaistra.

Ensuite il parle de Python :

> Pourtant venons, s'il est possible,
> A Python, grand serpent horrible,
> Lequel, entre maints animaux,
> Tant présens, passez, que nouveaux,
> D'icelle déluge et de ses boües
> Qui sont restées par nos roues,
> Est engendré, moyennant sol,
> Ferment de cet élément mol :
> Ce grand serpent qui la montagne
> Couvre quasi et accompagne,
> Tant il est grand et plein d'horreur,
> Qu'à tous hommes il fait terreur;
> Sinon Apollon, dont atteinte
> Ne fut son âme de la crainte.

Enfin il passe à Protée :

> Tantost la forme d'un serpent
> Ce fils du dieu Neptune prend,
> Puis la forme d'un beau jeune homme,
> Qu'enfant philosophique on nomme ;
> Puis encore, bien me souvient,
> Qu'en la forme de pierre il vient,
> Qui puis est en blanche eau fondante
> Comme feu, ainsi qu'il étoit
> Quand R. Lulle le portoit
> Dans un boete moult luisante
> D'or fin émaillé et plaisante,
> Et que moy dans yvoire fin
> Ay longtemps gardée en cofin.

On trouve une allégorie d'un tout autre genre dans la *Vision advenue en songeant à Ben Adam, au temps du règne du roy d'Adama, laquelle a été mise en lumière par Floretus à Bethabor*[1] :

« Et j'entendis de rechef une voix du ciel, parlant à moy et disant : « Va, et prens ce livret ouvert, de la main de cet ange qui se tient sur la mer et sur la terre? » et j'allay vers l'ange et luy dis : « Baille-moy ce livret? » Et je pris ce livret de la main de l'ange et le luy donnay pour l'engloutir. Et, comme il l'eust mangé, il eust des tranchées au ventre si fort, qu'il en vint tout noir comme du charbon, et comme il estoit dans cette noirceur le soleil luisit clair comme au plus chaud midy, et de là changea sa forme noire comme un marbre blanc, jusqu'à ce qu'enfin le soleil estant au plus haut, il devint tout rouge comme le feu, et alors le tout s'évanouit... Et du lyeu où l'ange parloit... s'éleva une main tenant un verre, dans lequel il sembloit y avoir une poudre de couleur de rose rouge... Et j'entendis un grand écho disant : « Suivés la Nature, suivés la Nature! »

Voici la description des sept figures symboliques d'Abraham le Juif, qui furent trouvées dans son ouvrage, dit-on, par Nicolas Flamel[2], et qui étaient exposées dans la maison de ce célèbre maître écrivain à Paris, à la fin du quatorzième siècle.

---

[1] Ms. de la Bibl. de l'Arsenal, Sc. et A., n° 168, in-8°, p. 14.
[2] *Figures d'Abraham le Juif*, manuscrit de la Bibliothèque

« *Première figure*. Au quatrième feuillet est dépeint le premier agent : sçavoir est un jeune homme en l'air dans une nuée, ayant une salade en teste et une cuirasse à la romaine, des aisles aux talons, et tenant de la main droite un caducée frapant sa salade. A la main gauche est un vieillard, aussy dans une nuée, représentant ♄ (Saturne), habillé de bleu jusqu'aux genoux, ceint, nues jambes, tenant une faux pour couper les jambes à ☿ (Mercure), ayant des aisles à ses épaules et une horloge de sable sur sa teste.

« *Deuxième figure*. Est figurée une montagne remplie de sept cavernes et sept serpents terrestres volatils. Les uns hors de leurs cavernes, noirs par le dos et flavastres par le ventre, leurs ailes noires, excepté celuy qui dévore un autre serpent qui n'a point d'aisles et luy a des aisles d'or. Sept autres griphons, sortans de leurs nids ou cavernes de ladite montagne, revestus de leur plumage et aisles blanches, le reste du corps et griffes jaunes, se désirans combattre l'un l'autre; au bout de la montagne est un griffon qui veut manger un autre griffon; et à main droite, au pied de deux roches est un serpent qui veut manger l'autre; et au haut de la montagne est un rameau ayant le pied bleu et les branches et feuilles d'or, portans fleurs blanches et rouges agitées du vent d'aquilon.

« *Troisième figure*. Est dépeint et représenté un jar-

de l'Arsenal, in-4°, avec sept miniatures très-curieuses, S. et A., n° 154.

din clos de hayes, où y a plusieurs quarreaux. Au milieu y a un vieil creux de chesne, au pied duquel à costé y a un rosier à feuilles d'or et les roses blanches et rouges, qui entoure ledit chesne jusqu'au haut, proche de ses branches. Et au pied dudit creux de chesne bouillonne une fontaine clere comme argent, qui se va perdant en terre; et plusieurs qui la cherchent estoient quatre aveugles qui la houent et quatre autres qui la cherchent sans fouiller, estant ladite fontaine devant eux, et ne peuvent la trouver, excepté un qui la pèse en sa main.

« *Quatrième figure*. Est dépeint un champ, auquel y a un roy couronné, habillé de rouge à la juifve, tenant une espée nue : deux soldats qui tuent des enfants de deux mères qui sont assises à terre pleurans leurs enfans ; et deux autres soldats qui jettent ledit sang dans une grande cuve pleine dudit sang, où le soleil et la lune, descendans du ciel ou des nues, se viennent baigner : et sont six soldats armez d'armure blanche, et le roy fait le septième, et sept innocents morts, et deux mères, l'une vestue de bleu qui pleure s'essuiant la face d'un mouchoir, et l'autre qui pleure aussi, vestue de rouge.

« *Cinquième figure*. Est dépeint un caducée, deux serpents s'engloutissant l'un l'autre, la verge d'or, les serpents bleus sur le dos et flavatores au ventre.

« *Sixième figure*. Est dépeinte une figure d'un serpent crucifié, mort et cloué à une croix de deux clouds, la teste à la branche droite et la gueule à gauche.

« *Septième figure.* Est dépeint un désert, auquel y a quatre fontaines au milieu, dont deux fontaines supérieures : sourdent de chacune deux fleuves, d'où sortent plusieurs petits serpenteaux qui se promènent par le désert, peints de bleu sur le dos et flaves sur le ventre. Et les deux autres inférieures qui sont au-dessous : sort de chacune un fleuve, d'où sortent encores serpenteaux qui rampent parmy les déserts. »

D'après le Recueil de M. Duclos *sur la transmutation des métaux*[1], les figures du juif Abraham, aussi bien que celles dont l'invention appartenait à Nicolas Flamel, symboliseraient les quatre opérations nécessaires à la création de la Pierre :

« La première représente la mortification du mercure vulgaire meslé avec du sel commun et du vitriol, par le dieu Mercure, à qui Saturne coupe les jambes de sa faulx ;

« La deuxième représente la sublimation de ce mercure mortifié, par une fleur agitée du vent sur le sommet d'une montagne et gardée par deux dragons ailés ;

« La troisième représente la revivification de ce mercure sublimé, par une fontaine qui sort du pied d'un rosier planté dans un beau jardin ;

« La quatrième est de la préparation de l'argent ou de l'or ouverts par le mercure vulgaire non préparé, ce que représente le bain du soleil et de la lune dans le sang des enfans ;

---

[1] Ms. de la Bibliothèque de l'Arsenal, S. et A., n° 171, in-4°.

« La cinquième, pour signifier la solution et volatilisation régulière du fixe, par un serpent qui dévore l'autre sur une baguette. Les deux serpents, dont l'un dévore l'autre, sont les deux parties du métal résout, l'une terrestre, l'autre aqueuse, qu'il faut fixer l'une par l'autre ;

« La sixième, pour désigner la coagulation et fixation du volatil, par un serpent entortillé sur une croix ;

« La septième et dernière est pour le dernier cercle, qui est la multiplication représentée par des fontaines dans un désert et par des serpents dans les ruisseaux de ces fontaines. »

Un recueil de pièces sur l'alchimie[1] contient ce récit du Voyage symbolique d'un adepte :

« Avec la protection du Très-Haut *tetra-pentagrammaton*, dont la souveraine bonté m'a conservé toujours ce précieux milieu *quod tenuere beati*, dans mon pèlerinage laborieux entre le ciel... et le globe pierreux, j'ai respiré... et trouvé ma nourriture entre les deux poleres arctique et antarctique, dans le plus haut du ciel et la sphère de Saturne, à l'aspect très-bonefique de Vénus. Par la favorable introduction de Mercure, je me suis vu conduit dans le cabinet du Soleil..., où j'ai reconnu que la vraye et maistresse Pierre angulaire et cubique est la base et le vray centre de la lumière, sortant de soy-mesme des ténèbres de ce cail-

---

[1] Ms. de la Bibliothèque de l'Arsenal, S. et A., n° 181 *bis*, in-folio, t. II, p 75.

lou blanc, de cette onction qui enseigne toutes choses, de cette sagesse céleste qui assiste continuellement le throne du Très-Haut, dont découle cette huyle de joie, ce baume de vie triangulaire, le vray escarboucle de nos anciens pères et prédécesseurs..., » etc.

Métaux.

La *Cabale intellective*[1] nous a conservé des vers mnémoniques, désignant les métaux dans leurs rapports avec les planètes dont ils prenaient les noms en alchimie :

> Le Soleil marque l'or, le vif argent Mercure ;
> Ce qu'est Saturne au plomb, Vénus est à l'airain ;
> La Lune de l'argent, Jupiter de l'étain,
> Et Mars du fer, sont la figure.

« L'or, dit la *Somme de la perfection*, de Geber[2], est un corps métallique, jaune, pesant, qui n'a point de son, et fort brillant, qui a été également digéré dans la mine et lavé pendant un long temps par une eau minérale ; qui s'étend sous le marteau, qui se fond par la chaleur du feu, et qui, sans se diminuer, souffre la coupelle et le ciment... Il est certain que ce qui peut donner véritablement et radicalement la teinture, l'uniformité et la pureté de l'or, à quelque mé-

---

[1] Ms. de la Bibl. de l'Arsenal, S. et A., n° 72, in-4°, p. 15.
[2] Traduit dans la *Bibliothèque des Philosophes chimiques*, t. I, p. 159.

tuil que ce soit, peut généralement de tous les métaux en faire de l'or. Et j'ai remarqué que le cuivre, ayant été converti en or, par un effet de la Nature, il s'ensuit qu'il peut l'être aussi par l'artifice. Car j'ai vu, dans les mines de cuivre, d'où il couloit de l'eau, qui, entraînant avec elle des paillettes de cuivre fort déliées, et les ayant lavés et nettoyées continuellement et pendant un long temps, et cette eau étant venue ensuite à tarir, et ces paillettes ayant demeuré trois ans ou environ dans du sable tout sec, j'ai reconnu, dis-je, que ces paillettes ont été cuites et digérées par la chaleur du soleil, et j'ai trouvé parmi ces mêmes paillettes de l'or très-pur. »

« L'argent-vif, qui, selon l'usage des anciens, s'appelle autrement mercure, dit encore la *Somme de la perfection*, de Geber, est une eau visqueuse, faite d'une terre blanche sulphureuse, très-subtile, et d'une eau très-claire, lesquelles ont été cuites et digérées dans les entrailles de la terre par la chaleur naturelle des mines, et mêlées et unies fort exactement par leurs moindres parties, jusqu'à ce que l'humidité ait été également tempérée par le Sec, et le sec par l'Humide. C'est lui qui, selon l'opinion de quelques anciens, étant joint avec le soufre, est la matière des métaux. Il s'attache facilement à Saturne, à Jupiter et au Soleil ; plus difficilement à la Lune, et plus difficilement encore à Vénus qu'à la Lune ; et de là l'on peut découvrir un grand secret. Car il est ami des métaux, et, étant de leur nature, il s'unit aisément avec eux et il sert de moyen ou milieu pour joindre les teintures. Et il n'y a que l'or seul qui aille au fond du mercure et qui se noye dans lui. Il dissout Jupiter, Saturne, la Lune et Vénus, et ces métaux se mêlent avec lui, et sans lui l'on ne sçauroit dorer nul métal... Le mercure n'est pas néanmoins notre matière, ni notre médecine, à le prendre tel que la Nature le produit; mais il peut y contribuer aussi bien que le soufre. »

On trouve aussi, dans la *Somme de la perfection*, de Geber [1], un passage d'où il résulte que la facilité qu'ont les métaux à recevoir l'argent-vif dénote leur perfection :

« J'ai ci-devant fait voir clairement, dit-il, que les corps ou métaux qui avoient beaucoup d'argent-vif, étoient les plus parfaits, et que c'étoit la raison pour laquelle ils s'attachoient beaucoup mieux à l'argent-vif que ne font les autres. Et il est certain, par conséquent, que les corps qui reçoivent et boivent plus avidement l'argent-vif, s'approchent le plus de la perfection, ainsi que nous le témoigne la grande facilité que le Soleil et la Lune, qui sont les deux corps parfaits, ont à le recevoir et à s'attacher à lui. D'où il s'ensuit que tout métal imparfait, qui aura été transmué par quelque médecine, et qui ne recevra pas facilement l'argent-vif en sa substance, doit être fort éloigné de la perfection. »

[1] *Bibl. des Philosophes chimiques*, t. I, p. 379.

Qu'est-ce que la pierre.

« Au commencement, dit Georges Ripley[1], Dieu créa toutes choses de rien, en une masse confuse contenant en soy toutes choses indifféremment, de laquelle il fit une claire distinction en six jours. Or il en doit estre ainsy en nostre magistère, car il a sa source en une seule chose : aussi les philosophes l'appellent-ils *petit monde*, un et triple : magnésie, et soufre, et mercure, proportionnez par nature..... Il y a trois mercures, qui sont les clefs de cette science, que le grand R. Lulle appelle ses *menstrues*, sans lesquels certes rien ne se fait, dont deux sont superficiels et le troisième essentiel de Soleil et de Lune... Ce mercure est le principal fondement de nostre Pierre... J'oseray mesme te dire que cette Pierre est la vapeur ponticiale du métal, mais il te faut estre habile pour l'acquérir, car ce menstrue est invisible, combien qu'avec la seconde eaue philosophale, par la séparation des éléments, il peut apparoistre à la veue en forme d'eau claire. »

A en croire l'auteur du *Discours sur la Pierre des Philosophes*[2], rien ne serait plus commun que la matière philosophale :

« Je diray donc que la matière de laquelle est faite la Pierre des philosophes, fut aussitost faite que l'homme

---

[1] *Le Livre des douze Portes*, Ms. de la Bibl. de l'Arsenal, S. et A., n° 167, in-4°, p. 1.
[2] Ms. de la Bibl. de l'Arsenal, déjà cité, n° 180, p. 21.

et qu'elle s'appelle *terre philosophale*... Mais nul ne la connoist, sinon les vrais philosophes, qui sont les enfants de l'Art : encore que souvent elle passe par les mains de plusieurs hommes et particulièrement des fouilleurs de mînes, grossiers, marchands et vendeurs (car, comme disent les philosophes, au centre est la terre vierge et le véritable élément), et que la Pierre, que nous cherchons avec tant de soin, se trouve partout et se vend publiquement à très vil prix... Et Dieu a fait cela, afin que le pauvre put l'avoir aussi facilement que le riche..., comme vous pouvez l'entendre par le sonnet suivant :

> Il est un esprit corps, premier né de Nature,
> Très-commun, très-caché, très-vil, très-précieux,
> Conservant, détruisant, bon et malicieux,
> Commencement et fin de toute créature :
>
> Triple en substance, il est de sel, d'huile et d'eau pure,
> Qui coagule, amasse et arrose ez bas lieux,
> Tout pur, sec, unctueux, et moite des hauts cieux,
> Habile à recevoir toute forme et figure.
>
> Le seul art par Nature à nos yeux le fait voir :
> Il celle dans son cœur un infiny pouvoir,
> Garny des facultez du ciel et de la terre.
>
> Il est hermaphrodite et donne accroissement
> A tout où il se mesle indifféremment,
> A raison que dans lui tous genres il enserre. »

Artephius[1] décrit ainsi le *magistère* des philosophes :

---

[1] *Trois Traictez de la Philosophie naturelle, non encore imprimez.*

« Il nous faut sçavoir que la chose qui a la teste rouge et blanche, les pieds blancs et puis rouges, et auparavant les yeux noirs, que cette seule chose est nostre *magistère*. Disons donc le Soleil et la Lune, en nostre eau dissolvente, qui leur est familière et amie, et de leur nature prochaine qui leur est douce, et comme une matrice, mère, origine, commencement et fin de vie : qui est la cause qu'ils prennent amendement en cette eau, parce que la Nature s'esjouit avec la Nature, et que la Nature contient la Nature, et avec icelle se conjoint du vray mariage, et qu'ils se font une nature seule, un corps nouveau, ressuscité et immortel. Et ainsi il faut conjoindre les consanguins avec les consanguins : alors ces natures se suivent les unes les autres, se putréfient, engendrent et s'éjouissent, parce que la Nature se régit par la Nature prochaine et amie. Nostre eau donc (dit Daulhen) est la fontaine belle, agréable et claire, préparée seulement pour le Roy et la Reine (le Soleil et la Lune, c'est-à-dire l'or et l'argent), qu'elle connoist très bien, et eux elle. Car elle les attire à soy, et eux demeurent en icelle deux ou trois mois à se laver, et les fait rajeunir et rend beaux. »

Suivant un vieil auteur, qui connaissait bien l'élixir des philosophes :

« Solution est réduction d'une matière seche et arrestée, en mercure courrant (que nous appellons après *élixir*) par le moyen de son menstrue et par le premier degré du feu tempéré à la chaleur du soleil au mois de febvrier. Et ladicte solution ou élixir finit aussitôt que le Roy est réduit en mercure, et aussi elle n'est qu'épaissie en la putréfaction : pourquoy il n'est faict point de solution sans putréfaction, mais bien de putréfaction sans solution. »

« Il est une Pierre de grande vertu, dit Valois[1], et est dite Pierre et n'est pas pierre, et est minérale, véjétale et animale, qui est trouvée en tous lieux et en tout temps, et chez toutes personnes : laquelle il faut putréfier au fumier neuf jours, puis en distiler les éléments ; de laquelle naistra un sperme multiplicatif de tous métaux, c'est-à-dire une semence minérale qui, se perpétuant de soy-mesme, atteindra la perfection d'une génération infinie. »

« La Pierre, dit le même alchimiste[2], c'est un feu enclos dans une eau, qui se forme en corps terrestre, d'une manière non obligée ny affectée à chose quelconque, mais capable de se convertir en tout corps, à cause de sa pureté : c'est un pur sel blanc, terre feuillée, vierge, qui n'a encore rien produit. »

Artephius[3] parle ainsi du feu, de ses différences et de son régime :

« Notre feu est minéral : il est égal, il est continuel, il ne s'évapore point, s'il n'est trop fortement excité ; il participe du soufre ; il est pris d'autre chose que de

[1] *Œuvres*, Ms., p. 140.
[2] *Œuvres*, Ms., p. 101.
[3] Voy. la *Bibliothèque des Philosophes chimiques*.

la matière; il détruit tout, il dissout, congèle et calcine, et il y a de l'artifice à le trouver et à le faire, et il ne coûte rien ou du moins fort peu. De plus, il est humide, vaporeux, digérant, altérant, pénétrant, subtil, aërien, non violent, incomburant ou qui ne brûle point, environnant, contenant et unique. Il est aussi la fontaine d'eau vive qui environne et contient le lieu, où se baignent et se lavent le Roi et la Reine. Ce feu humide suffit en toute l'œuvre, au commencement, au milieu et à la fin, parce que tout l'art consiste en ce feu. Il y a encore un feu naturel, un feu contre nature, et un feu innaturel et qui ne brûle point, et enfin, pour complément, il y a un feu chaud, sec, humide et froid. »

L'auteur d'un *Discours*, plein d'énigmes chimiques, que possède la bibliothèque de l'Arsenal [1], pense que « la matière de la Pierre des philosophes est le mercure commun, mais animé par le soufre de l'or et par celui du fer. La plupart des philosophes sont de ce sentiment, ajoute-t-il : il ne s'agit que de réussir à cette animation. »

« Je proteste au Dieu vivant, dit un soi-disant philosophe arabe [2], que je déclareray le plus grand secret et le plus caché des philosophes : sçavoir est que tout ☿ (mercure?), soit celui des métaux et des moyens mi-

---

[1] Ms. déjà cité, n° 180.
[2] *Médecine universelle*, par un Philosophe arabe, Ms. de la Bibl. de l'Arsenal, S. et A., n° 181, in-8°, p. 3.

néraux, ou celui qui se tire des herbes et autres choses élémentaires, est la matière de la Pierre des philosophes. Bien entendu qu'il faut plus ou moins de préparation ou de coction, à chacun; parce qu'il est plus chaud, ou plus froid, plus cuit ou plus crud, plus sec ou plus moite, et qu'il est plus ou moins parfait. »

David de Planis-Campy[1] récapitule ainsi les diverses couleurs et qualités attribuées par les philosophes hermétiques à la matière philosophale :

« Quant à la couleur, donc, de la matière, plusieurs disent qu'elle est noire, blanche, rouge, bleue, verde, tyrienne ou de couleur de pourpre, bref de toutes les couleurs qui sont ou qui peuvent estre...

« Florus, en la *Turbe*[2], dit donc qu'elle est noire... Zénon, qu'elle est rouge... Rosinus, qu'elle est blanche en apparence et rouge intérieurement. Au *Grand Rosaire*, la Matière, parlant, dit : « Je suis noir, blanc, rouge, verd, et je ne ments point. » Et Dastin : « La chose laquelle a la teste rouge, les pieds blancs et les yeux noirs, est notre vraye matière. » Ce qui est confirmé par Agmon, sur la fin de la *Turbe*, où il dit que cette matière est blanche, rouge, noire, de couleur d'airain, de couleur tyrienne ; bref, de toutes les couleurs du monde...

« Les uns disent que la matière est une chose lé-

---

[1] *L'Ouverture de l'École de philosophie transmutatoire*, p. 97.
[2] *La Tourbe des Philosophes ou l'Assemblée des disciples de Pythagoras*, est réimprimée dans le tom. I de la *Bibliothèque des Philosophes chimiques*.

gère, et les autres, pesante... Elle est aussi légère, aërienne, spongieuse, muable par le feu, muable par l'eau, muable par le vent.

« Quant au tact, suivant Morienus, il est mol ; suivant Geber, Arn. de Villeneuve et R. Lulle, il est dur...

« Suivant les uns, son gout est doux ; suivant d'autres, il est amer.

« Morienus dit que son odeur est puante et semblable à l'odeur des sépulchres des morts... Mundus dit, au contraire, qu'elle est d'une odeur suave. »

Une fois en possession de la semence métallique, on pouvait la multiplier indéfiniment :

« Car, pour un grain de la substance métallique, dit Valois, on peut la multiplier jusques à nombre infini, le monde durant. Car, si un grain de la composition dudit ouvrage chet sur cent, la deuxième chera sur mille, la troisième sur dix mille, et la quatrième sur cent mille. Car, ainsy comme tu vois d'un grain de bled en venir mile et de mile cincq cens miliers, entens ainsy des métaux, car tout se fait par Nature, dont l'Art est le ministre. »

Agents de la pierre.

Selon Valois[1] :

« La Pierre est métallique : il ne faut travailler, pour la trouver, ni sur les animaux ni sur les végétaux. Et

---

[1] *Œuvres*, Ms., p. 154.

quoique les opérateurs d'aujourd'huy, par leurs opérations et calcinations et autres, pensent convertir et changer une espèce en l'autre, si est-ce qu'ils sont beaucoup abusés, parce que l'on ne peut changer les natures des choses, et cela apartient seulement au Facteur qui est la Nature mesme. Ainsy telles gens sont endoctrinez du diable et non de Dieu. »

Un alchimiste du dix-huitième siècle, qui n'a fait que répéter les théories de ses devanciers en leur prêtant une forme moins symbolique et plus vulgaire, nous offre cette recette pour préparer l'esprit mercuriel :

« Prenez donc, au nom de Dieu, d'une mine d'argent-vif rouge et semblable au cinabre, et de la meilleure mine d'or que vous pourrez trouver; broyez-les bien ensemble en poids égal, avant que de les exposer au feu, et versez dessus de l'huile mercuriale, faite de l'argent-vif sublimé et purifié sans addition; mettez le tout au feu à digérer pendant un mois, et aurez un extraict qui sera plus spirituel que corporel; faites-le distiller doucement au bain-marie, vous verrez sortir le phlegme, et l'huile demeurera au fond bien poisante, qui tire à soy en un moment tous les métaux : versez dessus cette huile trois fois autant d'esprit-de-vin, jusqu'à ce que l'esprit-de-vin devienne en couleur de sang et d'une grande douceur; ostez par inclination cet esprit-de-vin coloré, et puis en versez d'autre sur cette matière, le faisant circuler, comme vous avez desjà fait : ce que vous recommencerez tant de fois que votre esprit-de-vin ne puisse plus tirer de rougeur, ny de douceur; après, prenez tout l'esprit-de-vin qui sera coloré comme un rubis, versez-le dessus du tartre blanc bien calciné, et distillez le tout à feu de cendre assez fort, et l'esprit-de-vin demeurera avec le tartre, mais l'esprit de mercure passera. »

On a consigné dans des vers mnémotechniques le nom du *Sujet des Sages*, c'est-à-dire le véritable principe de la Pierre [1] :

> Il est une partie dans l'homme,
> Dont le nom six lettres consomme,
> Auxquelles un P adjoustant,
> Puis S en M permutant,
> Tu trouveras sans nul ambage
> Le vray nom du Suget des Sages.

Les mots de cette espèce d'énigme hermétique sont *Lumbus* et *Plumbum*.

On chercha longtemps le *sujet des sages* dans le mercure ordinaire. D'autres prétendirent trouver l'argent de la Pierre dans l'arsenic; d'autres, dans l'étain ou l'antimoine. Roger Bacon proscrivit les métaux, les uns comme trop fixes, les autres comme trop pauvres. Arnaud de Villeneuve préconisa le sel. On essaya presque tous les sels, le sel marin, le salpê-

---

[1] *Livre des véritables opérations de la Pierre philosophale et d'autres secrets curieux*, par François Falette, Ms. de l'Arsenal, n° 179, in-4°, p. 25.

tre, etc. On s'adressa aussi aux substances végétales, la chélidoine, la primevère, la rhubarbe, etc. Plus tard, on chercha la Pierre philosophale dans la matière animale. Presque tous les produits du corps humain furent essayés : les os, la chair, le sang, la salive, les poils, le lait, les menstrues, les urines, les excréments, etc.

On trouve l'examen chimique des urines dans le *Recueil de M. Duclos sur la transmutation des métaux*[1] :

« Il me paroit que ce que l'on entend par le sel fixe de l'urine des enfans est un sel de la nature du sel commun qui se trouve dans toutes les carrières et qui est bien plus fixe en celuy qui se trouve dans l'urine des personnes plus avancées en âge; dans l'urine desquelles le sel qui s'y trouve de la nature du sel commun, est bien moins fixe. »

Homberg expérimenta même la substance qui sert à engendrer l'homme. D'autres alchimistes, songeant que les métaux se forment dans la terre, s'imaginèrent pouvoir les produire au moyen de la terre vierge, et fouillèrent profondément le sol pour la trouver.

« Or donc, la Pierre proprement dite n'est une autre chose, dit Valois[2], que quintessence très pure de chaque chose, laquelle est dégagée et extraite de la

---

[1] Ms. de la Biblioth. de l'Arsenal, S. et A., n° 171, f° 1, v°.
[2] *Les cinq Livres de Nic. Valois*, Ms. de la Bibl. de l'Arsenal, S. et A., n° 166 bis, p. 141. Ce Ms. offre beaucoup de différences avec le n° 237.

terre impure qui la tenoit comme gesnée en son intérieur. L'or a icelle quintessence plus parfaitement en lui que les autres corps, tant à cause de sa longue et parfaite digestion dans les entrailles de la terre, que de la pureté et subtilité d'icelle terre. »

« Il y a autant de danger quelquefois, dit le même auteur[1], à travailler sur le règne minéral que sur le règne végétal et animal. La raison est que nulle nature métallique, quelle qu'elle soit, n'a de semence en elle, parce qu'il n'y a métail, si pur qu'il soit, qui n'aye des impuretés, et nulle impureté ne peut apporter de semence, parce que la semence est une quintessence très noble qui ne peut sortir que d'un corps très parfait. »

Quelques alchimistes, cherchant l'âme du monde, prétendaient la trouver dans l'air. Pour en obtenir des parcelles, on analysa l'eau de pluie, la neige, la rosée, qui avaient été en rapport avec l'air. On pensa que les pierres tombées du ciel en devaient contenir quelque chose ; on supposa même que quelques animaux, comme les crapauds, les lézards et les serpents, se nourrissaient de l'âme du monde, quand ils vivaient plusieurs jours sans manger : on les mit à la diète, puis on les distilla pour en extraire cette substance tant désirée.

Selon l'*Œuvre physique*[2] de Duboys, « il faut pren-

---

[1] *Œuvres*, Ms., p. 155.
[2] Ms. de la Biblioth. de l'Arsenal, S. et A., n° 170, p. 0.

dre l'eau de pluye durant l'équinoxe ou durant le mois de mars ou avril, la mettre à l'ombre, bien bouchée, jusques à ce que son feu central la purifie, ce qui se reconnoit lorsqu'elle est devenue jaunatre et a jetté force ordures au dessus; il la faut distiller par l'alambic, et s'il y a une pinte d'eau, il faut en distiller seulement trois demy septiers, de peur que les sels confus, qu'elle auroit peu contracter, ne montent. Faut donc jetter le demy septier tout-à-fait qui reste; après, redistiller les trois demy septiers, et ainsy elle est propre à l'œuvre. ».

D'après l'*Interruption du sommeil cabalistique* [1]:

« L'argent-vif des philosophes et le feu central qui dévore le métail, c'est l'eau vive et la cassette de la Vérité; c'est pourquoy Démocrite disoit qu'elle estoit cachée dans un puits, et les Latins, ayant bien connu l'eau comme source de touttes choses, l'ont appellée *aqua, quasi a qua fiunt omnia*. Ce ne sera donc pas sans raison si nous affirmons que l'eau est la première matière des métaux. »

Artephius exalte aussi l'argent-vif des philosophes, sous le nom sacramentel d'*azoth* [2]:

« Cette eau seconde est aussi appellée l'Ame des corps dissouts, desquels corps nous avons desjà lié ensemble les âmes, afin qu'elles servent aux sages philosophes. O combien est précieuse et magnifique cette eau! Car sans elle l'Œuvre ne se pourroit parfaire;

---

[1] Ms. de l'Arsenal, déjà cité, n° 175, p. 10.
[2] *Trois Traictez de la Philosophie naturelle.*

aussi est-elle nommée le vaisseau de la Nature, le ventre, la matrice, le réceptacle de la teinture; la terre et la nourrisse; elle est cette fontaine en laquelle se lavent le Roy et la Reine, et la Mère qu'il faut mettre et sceller sur le ventre de son Enfant, qui est le Soleil; qui est sorty et venu d'icelle, et lequel elle a engendré. Voilà pourquoy ils s'ayment mutuellement comme la mère et le fils, et se conjoingnent si aisément ensemble, parce qu'ils sont venus d'une mesme et semblable racine de mesme substance et nature. »

Dans le traité qui porte le nom de Morien [1], le roi Calid demande à ce savant quelle est l'odeur d'une certaine eau, avant qu'elle soit faite et après qu'elle est faite; Morien lui répond :

« Avant qu'elle soit faite, elle a une odeur forte et elle sent mauvais; mais, après qu'elle est faite, elle a bonne odeur. Ce qui fait dire au Sage : « Cette eau ôte l'odeur du corps mort et qui est déjà privé de son âme; » car le corps en cet état sent fort mauvais, ayant une odeur telle qu'est celle des tombeaux. C'est pourquoi le Sage dit : « Celui qui aura blanchi l'âme, qui l'aura fait monter une seconde fois, qui aura bien conservé le corps et en aura ôté toute l'obscurité, et qui l'aura dépouillé de sa mauvaise odeur, il pourra faire entrer cette eau dans le corps; et lorsque ces deux parties viendront à s'unir ensemble, il paroistra

---

[1] *Entretien du roi Calid et du philosophe Morien, sur le magistère d'Hermès*, dans le tome II de la *Bibliothèque des Philosophes chimiques*.

beaucoup de merveilles. » C'est pourquoi lorsque les philosophes s'assemblèrent devant Marie, quelques uns lui dirent : «Vous êtes bienheureuse, Marie, parce le divin secret caché et qui est toujours honoré, vous a été révélé. »

Suivant le *Guide charitable*[1] :

« Il y a eu des philosophes qui ont comparé leur matière à une salade ou plutôt à ce qui doit l'ensaisonner, car, comme il faut du vinaigre, de l'huile et du sel, aussi ces philosophes ont appelé leur mercure un vinaigre très-aigre, à cause qu'il dissout tous les métaux, leur soufre une huile ignée; et l'esprit qui lie le soufre et le mercure, ils l'ont appelé un sel. »

« La Nature ne scauroit régénérer l'or qu'avec luy mesme, dit l'*Interruption du sommeil cabalistique*[2], sans addition d'aucun corps estranger : autrement, ce qui seroit meslé prendroit une régénération vitieuse et monstrueuse, parce que ce qui n'est pas or seroit toujours dans la régénération d'iceluy, et l'or pâtiroit un vice en la régéneracion d'iceluy : ce que la Nature ne scauroit tolérer; et la raison veut que Nature soit amendée par Nature, et rien d'estranger ne soit mis entre les semences masculines et féminines; autrement, nulle génération ne scauroit estre faite... La régénération de l'or doit estre faite en eau et en esprit, pour luy donner l'immortalité... Quelle eau et quel esprit prendrons-

---

[1] Ms. de la Bibl. de l'Arsenal, déjà cité, n° 152 *a*, p. 28.
[2] Ms. de l'Arsenal, déjà cité, n° 175, p. 5.

nous, sinon l'eau mesme et l'esprit qui a donné l'estre à l'or et luy a donné la vie? L'eau n'est-elle pas le propre du métail? L'air ne luy donne-t-il pas la vie, comme il l'a donné à tous les animaux? Il sera donc expédient et nécessaire tout ensemble de prendre l'eau ignée de l'eau, et l'air congelé d'icelle, pour dissoudre l'or et le rendre en sa première matière, qui est la mesme eau ignée et le mesme air congelé, lesquels meslez ensemble dissoudront les métaux aussy doucement et naturellement que le feu fond la glace; et cette solennelle dissolution est la base et le fondement de l'Art, sans laquelle l'or demeureroit sans mouvement et sans vie. »

Selon Valois[1], le premier principe est l'or, le second est l'eau:

« Ils entendent par leur *mer* la qualité de ladite eau, parce qu'elle est partout, en tout lieu: elle est dans le ciel, puisque le ciel l'engendre; dans l'air, puisque ce n'est qu'air, et dans la terre, pour y produire toutes choses. Secondement, ils nomment leur mer l'Œuvre entier, et dès que le corps est réduit en eau, de laquelle il fut premièrement composé. Cette eau est dite Eau de mer, parce que c'est vrayment une mer dans laquelle plusieurs sages nautonniers ont fait naufrage, n'ayant pas cet astre pour guide, qui ne manquera jamais à ceux qui l'ont une fois connu. C'est cette estoile qui conduisoit les Sages à l'enfantement du Fils de Dieu, et cette mesme qui nous fait voir la naissance du jeune Roy. »

[1] *Œuvres*, Ms., p. 149.

« On ne peut passer du noir au rouge, dit Grosparmy[1], sans qu'il soit premièrement blanchy, car blancheur n'est que noirceur lavée, et jauneur est digestion accomplie. Par ainsy appert que qui scait bien convertir l'or en argent médicinal, de léger peut convertir l'argent en or... Car, quand l'homme se lève au matin, il peut connoistre à son urine s'il a bien reposé; que si son urine est jaune, c'est signe de digestion parfaite, et si elle est blanche, c'est faute de digestion et de repos... Ainsy est-il de la substance mercurieuse de nostre Pierre, laquelle ne peut se digérer sans l'ayde de la chaleur naturelle extraite d'argent fin avec le feu de fin or. »

Le Trévisan avait peu de foi dans les quatre éléments et autres matières non métalliques :

« Laissez, disait-il[2], alums, vitriols, sels et tous atramens, borax, eaux-fortes quelconques, animaux, bêtes, et tout ce que d'eux peut sortir (cheveux, sang, urine, spermes, chairs, œufs), pierres et tous minéraux. Laissez tous métaux seulets; car, combien que d'eux soit l'entrée, et que notre matière, par tous les dits des philosophes, doit être composée de vif-argent, et vif-argent n'est en autres choses qu'ès métaux... Mais, pour avoir entendement que c'est-à-dire que les muer et réduire en leur premier estre, vous devez sça-

---

[1] *Œuvres*, Ms., p. 26.
[2] *Le Livre de la Philosophie naturelle des métaux*, de Bernard, comte de la Marche Trévisanne. Voy. le t. II de la *Bibliothèque des Philosophes chimiques*, p. 349.

voir que la matière est celle chose de quoi est faite une forme ou quelque chose, comme la première matière de l'homme est le sperme d'homme et de femme. Mais les ignorans cuident entendre ce mot de réduction à la première matière, ainsi : c'est à sçavoir de la réduire, comme ils disent, ès quatre élémens. Car les quatre élémens sont les premières matières des choses créées... Les quatre élémens sont aussi bons pour faire un asne et un bœuf, comme pour faire les métaux. Car premier il faut que les élémens se fassent, par Nature, vif-argent et soufre, devant que les élémens puissent être dits la première matière des métaux : comme, par exemple, quand un homme est composé, il n'est pas composé des quatre élémens, qui sont encore quatre élémens, mais Nature les a déjà transmuez en la première matière de l'homme. »

Préparation de la Pierre. — Transmutation.

Suivant l'auteur du *Guide charitable*[1], en sa préface :

« Toute la dépense de la Pierre ne sera pas bien considérable. Les premiers principes du Grand Œuvre sont à vil prix... Les vaisseaux de verre, le fourneau, le charbon, et quelques ustensiles... Mais il faut un peu d'or..., car il ne peut y avoir de véritable teinture sans or. »

---

[1] Ms. de la Bibl. de l'Arsenal, déjà cité.

Le *Trésor de l'univers*, attribué à Raymond Lulle[1], donne la science de l'invention du feu sans feu, pour faire la quintessence, sans dépense, sans travail, et sans perte de temps :

« Vous prendrez le ventre d'un cheval, qui soit bien digéré (je veux dire, homme de Dieu, de la très-bonne fiente de cheval), et vous l'enfermerez dans quelque vase ou dans un creux fait dans la terre, que vous bornerez tout autour de pâte faitte de cendre, et dans le milieu de fumier bien clos : vous y placerez le vase de distillation et de circulation, jusqu'au milieu et plus, parce qu'il est nécessaire que le sommet du vase soit placé à l'air froid, afin qu'elle (la quintessence) monte par la force du feu de la fiente, et que par celle du froid elle se tourne en eau, et descende pour remonter de rechef. Et ainsi vous aurez, sans frais, du feu sans feu, et la circulation continuelle de la quintessence, sans peine et sans travail. »

« L'œuf philosophique, dit le *Guide charitable*[2], doit être d'un bon verre de Lorraine, fait en oval ou en rond, clair et épais ; plus il aura d'épaisseur, plus il sera propre, pourvu qu'on puisse remarquer les opérations du dedans ; il ne faut pas qu'il soit plus épais dans un endroit que dans un autre, mais qu'il n'ait ni bouteille ni paillette ; il doit avoir le col long de huit à neuf pouces ; il faut qu'il puisse contenir quatre onces d'eau

---

[1] Ms. de la Bibl. de l'Arsenal, S. et A., n° 159, in-4°, p. 12.
[2] Ms. de la Bibl. de l'Arsenal, déjà cité, p. 57.

distillée... Il faut qu'il soit hermétiquement fermé. »

Quant aux opérations transmutatoires, elles ne sont pas décrites d'une manière tout à fait intelligible dans un vieux manuscrit contenant le *testament*, la *praticque* et le *codicille* de Raymond Lulle[1] :

« La préparation de l'esperit pierreux et fermentateur est que on preingne du juc ou du suc de la lumière, et on extraict par tenue à petit feu la sueur; et lors tu auras en ton povoir l'un de nos vifs argens en liqueur, par forme d'eaue blanche, qui est lavement et purgement de notre Pierre et de toute sa nature, et cecy est l'un des principaulx secretz qui soit en la première porte, laquelle on peult bien entendre par les raisons dessusdites. Et, en ceste liqueur ou eaue, on rectifie le grant Dragon et le gecte hors du grant désert de Arabie, car tantost il se estainchera de soif et périra en la marmite : et, pour ce, on peut legerement sçavoir que petite chaleur est abatue par grant froidure et egreur. Ce Dragon soit tourné au royaume de Ethioppe, dont est natif naturellement. Car, pour vray, nous disons que, s'il n'est tourné en la terre qui l'a porté, tantost il s'enfuyra en estrange région ; et, pour ce, on doit de certain sçavoir que tout autre climat ou terre porte la mort à notre Pierre, célée aux ignorans et par nous congnue. »

Le paragraphe suivant, qui nous paraît moins obscur et vraiment curieux, est emprunté à un re-

[1] Ms. de la Bibl. de l'Arsenal, déjà cité, n° 160.

cueil manuscrit d'extraits de différents ouvrages sur la Pierre philosophale[1] :

« Dans le genre humain, vous trouverez trois sexes : le masculin, le féminin et l'hermafrodite. Or, dans notre ouvrage, l'or est le masle, l'argent la femelle, et l'androgine c'est le mercure; qui doivent tous trois concourir à un même ouvrage. Que si d'autres assurent le contraire, comme ceux qui disent que la matière de la Pierre est le tartre, le vitriol, l'antimoine, le vinaigre, l'urine, le menstrue, la semence, le sang, le chélidoine, la lunaire, la salamendre, et autres semblables choses, ou ils ignorent l'Art, ou ils entendent autre chose qui aura ou la ressemblance, ou la couleur, ou la consistance, ou enfin quelques autres qualitez semblables... Pleust à Dieu qu'ils eussent fortement imprimé dans leur esprit cet axiome des philosophes : « Le semblable engendre son semblable. »

Nous ne sommes pas sûrs de bien comprendre les opérations chimiques qui sont décrites ainsi dans la *Tourbe des philosophes*[2] :

« Arisleus dit : La clef de cette Œuvre est l'art de blanchir. Prenez donc le corps que je vous ai montré et que notre Maître vous a dit, et en faites de subtiles tablettes, et les mettez dans l'eau de notre marine (mercure), laquelle eau est permanente, et notre corps est gouverné d'elle : et puis mettez tout à un feu lent jus-

---

[1] Ms. de la Bibl. de l'Arsenal, S. et A., n° 177, in-8°, p. 2. Voy. le t. II de la *Bibliothèque des Philosophes chimiques*.

qu'à ce que les tablettes soient rompues et réduites en eau. Mêlez et cuisez continuellement jusqu'à ce qu'il se fasse bouillon poivreux, et le cuisez et tournez en son eau jusqu'à ce qu'il soit congelé et vous fasse varier les yeux comme les fleurs que nous appelons fleurs de soleil. Cuisez-le jusqu'à ce qu'il n'y ait rien de noir et que la blancheur apparoisse, et puis le gouvernez et cuisez avec la gomme de l'or, et mêlez tout par feu, sans y toucher, jusqu'à tant que tout soit fait rouge. Et ayez patience et ne vous ennuyez point, et l'abbreuvez de son eau, qui est sortie de lui, laquelle est eau permanente, jusqu'à ce qu'il soit fait rouge. Celui-ci est l'Airain brûlé, et la fleur et le levain de l'or, lequel vous cuirez avec l'eau permanente, qui est toujours avec lui, et digérez et cuisez jusqu'à ce qu'il soit desséché. Faites ceci continuellement jusqu'à ce qu'il n'y ait plus d'humidité et que tout se fasse une poudre très-subtile. »

D'après l'auteur des *Lettres d'un philosophe*[1], « Flamel dit que les premiers agens, que les philosophes ont cachez, sont les deux serpens, qui, s'entretuant, s'étouffent dans leur propre venin, qui les change après leur mort en une eau vive et permanente. Arnaud de Villeneuve, dans sa lettre au roi de Naples, appelle la matière prochaine de l'air et du feu des philosophes, le Composé ou la Pierre qui contient une

---

[1] *Lettres d'un philosophe sur le secret du Grand Œuvre* (Anagramme du nom de l'auteur : DIVES SICUT ARDENS.) Paris, Laurent d'Houry, 1698, in-12.

humidité qui couve dans le feu. Remarquez bien cela : Les enfants de la science et de la sagesse doivent le trouver fort intelligible, car c'est là cette Pierre qui n'est pierre que par ressemblance, et non par nature. Mais ny Arnaud ny aucun philosophe n'a voulu décrire précisément les simples qui font cet admirable composé. Les uns disent qu'il est fait de deux ; les autres assurent que c'est un assemblage de trois natures différentes, mais d'une même origine ; et d'autres écrivent qu'il a quatre agents qui sont tout le composé ; cependant il est certain qu'ils ont tous dit la vérité sous divers égards, mais je trouve que Paracelse est celuy de tous qui comprend en moins de mots tout le magistère de l'Art. »

Dans l'ancien *Dialogue de Marie et d'Aros*[1], Aros s'écrie :

« O prophétesse ! dites-moi, je vous prie, si vous avez trouvé dans les livres des philosophes, que l'on put faire l'Œuvre d'un seul corps ?

« Oui, répond Marie, et cependant Hermès n'en a point parlé, parce que la racine de la science est... [2] et un venin qui mortifie tous les corps, qui les réduit en poudre et qui coagule le mercure par son odeur. Et je vous proteste, par le Dieu vivant, que lorsque ce venin se dissout en une eau subtile, de quelque manière que

---

[1] Réimpr. dans le t. I de la *Bibliothèque des Philosophes chimiques*, p. 83.

[2] Le mot manque dans la traduction comme dans l'original écrit en latin.

cette dissolution se fasse, il coagule le mercure en véritable Lune à toute épreuve. Et si l'on en fait projection sur Jupiter, il le change en Lune. Je vous dis de plus que la science se trouve en tous les corps, mais les philosophes n'en ont rien voulu dire, à cause de la brièveté de la vie et de la longueur de l'ouvrage. Et ils l'ont trouvé plus facilement dans la Matière, qui contient le plus évidemment les quatre élémens, et ils ont multiplié et obscurci cette Matière par les divers noms qu'ils lui ont donnés. »

Un alchimiste du seizième siècle, nommé Linthault [1], a fixé de la sorte, un peu énigmatiquement, tous les degrés du Grand Œuvre :

« 1° Nous composons, c'est-à-dire nous faisons A du corps et du ☿.

« 2° Nous putrifions et digérons à double chaleur ledit A.

« 3° Estant putrifié et digéré, nous le résolvons.

« 4° Estant résoud, nous le séparons et divisons.

« 5° Estant séparé et divisé, nous le purgeons et néloyons.

« Et ainsi est accomplie la première opération de la pratique. »

Ailleurs il donne encore cette recette :

« Dissolvez le corps, prends le souphre et néloye le et le modifie, sublime l'esprit, joins l'esprit avec le souphre, et tu auras tout l'Art philosophique. »

[1] *L'Aurore*, recueil d'œuvres alchymiques, par Linthault, Ms. de la Biblioth. de l'Arsenal, S. et A., n° 179, in-4°.

Un autre alchimiste résume en ces termes les différents procédés de ses prédécesseurs :

« Nous finirons ce petit traité en faisant un précis de tout le *magistère* de Mynsicht, qui fera voir la conformité de ses principes avec le *Rosaire de Tolède*, qui est un ouvrage excellent et aprouvé de ceux qui sont initiés dans les mystères de l'alchymie. Cet ouvrage confirme que les corps n'ont point d'action les uns sur les autres (par ce mot de *corps*, les chymistes entendent les métaux), ni les esprits n'ont point aussi d'action sur d'autres esprits, parce que la forme ne reçoit d'impression d'une autre forme, ni la matière d'une autre matière. Ainsi l'un n'agit pas sur l'autre, parce que une chose n'a pas de puissance sur son semblable. Toutefois, les corps reçoivent altération des esprits, comme la matière de sa forme, ayant également action et passion l'un sur l'autre. Le corps teint et l'esprit pénètre, mais le corps ne teint pas, si auparavant il n'est teint luy-même, parce que une terre épaisse n'a aucune entrée à cause de sa grossièreté ; mais c'est l'esprit subtil qui teint et pénètre les métaux... Ainsi, pour que les corps soient teints et tingans, il faut qu'ils soient sublimés et spiritualisés, car il est écrit, dans le livre intitulé *des Sept chapitres*, que la Pierre est cachée dans les mines et au profond des métaux ; la couleur la rend éclatante : c'est une âme et un corps sublimé, mais elle n'est esprit et éclatante, que lorsque les minéraux qui en doivent être la matière sont spiritualisés par les opérations de la science chimique. C'est aussi ce que Mynsicht nous a enseigné dans son *Unicornu minéral*, à tirer la racine de notre Pierre, du vitriol vert naturel, que nous avons prouvé être le vitriol romain, afin d'en extraire un esprit, un soufre ou une huile rouge, et de la Tête morte un sel qui n'ait plus aucune saveur du vitriol de Vénus. De ce soufre de Vénus, on doit s'en servir pour tirer le *crocus Martis* et en former les chrystaux du vitriol de Mars, qui donneront à la retorte une huile ou un soufre d'un rouge foncé, « sans « lequel, dit Philalelphe, le feu de la lampe ne peut « être allumé. » De la Tête morte on tirera un sel avec les mêmes précautions qu'on aura fait pour avoir celuy du vitriol de Vénus ; on joindra ces deux sels en égal poids, pour avoir le double mercure des philosophes dans sa perfection ; et mêlant le double de ce mercure avec une partie du soufre très-foncé ci-dessus, et mettant le tout dans un œuf philosophique, lequel on mettra dans l'athanor, en faisant un feu continuel selon l'exigence de la matière durant deux cent quatre-vingts ours ; tous les régimes et les couleurs étant finies, on doit avoir la Médecine universelle et la Pierre au rouge, qui, après une seconde circulation, c'est-à-dire ayant mêlé une once de cette Pierre avec deux onces des sels de la première préparation, et les ayant mis dans un nouveau matras, lequel on placera dans l'athanor sur un feu qui luy soit convenable, les couleurs et l'opération seront faites dans un mois au plus tard : ensuite de quoy, on amalgamera notre Pierre avec l'or vulgaire ;

après qu'il aura été préparé comme nous l'avons dit, on mettra le tout dans un œuf philosophique qu'on placera dans l'athanor, en donnant le feu du dernier assaut trois jours et trois nuits consécutifs, et on aura alors une Pierre d'un mérite extraordinaire, qui teindra les métaux imparfaits à l'infini. Voyla cette Pierre très-parfaite, qui contient en soy la nature des choses minérales, animales et végétales; elle est encor apellée *triple* ou *trine-une*, parce qu'elle est composée de trois substances, de corps, d'âme et d'esprit, et qu'elle a les trois couleurs, sçavoir : le noir, le blanc et le rouge; elle est encore apellée *une* ou *unique mercure*, qui réunit en soy très-éminemment les qualitez des quatre élémens; enfin, elle est apellée le *grain de froment*, lequel, s'il ne pourit et ne meurt par les opérations chimiques, n'aporte aucun fruit. »

Le faux Etteilla (Alliette) décrit ainsi la marche de l'opération :

« Commençons l'œuvre.

« La matière première mise dans un petit vase, tel un gobelet, et bien adaptée par un peu de mercure et de soufre unis, vous l'arrosez de soufre et de mercure non unis. Le combat qui se passe alors surpasse tout ce que l'on en peut écrire ; mais la paix naît du triomphe de l'un des deux, et ils sont amis en plus ou moins de temps, suivant l'habileté de l'artiste.

« Quand ils sont unis, mettez le sel (il n'est vraiment point salé) : alors le combat est cent fois plus violent ; mais, chose admirable, l'esprit universel se plaît plus que jamais, et, pour aider les combattans, il pompe le fluide qui avoisine le vase ; mais, comme ce fluide élémentaire n'est point pur (peut-être n'est-ce pas là la raison), on ne voit en ce vase que choses hideuses ; enfin, le combat fini, tout est exténué de fatigue, et l'œuvre en cet état est ressemblant au mensonge des ignorans, tant il est hideux à voir, mais meilleur à posséder, car les nombres 4 et 3 sont déjà soustraits, puisqu'il ne reste que la plus parfaite unité.

« Lorsque le combat est fini, au bout de vingt et un et de trente et un jours, ce qui fait cinquante-deux tout au plus, quel étonnement ! Un chaos, un cloaque noir, huileux, un privé, jettant une exhalaison insupportable. Oui, un liquide affreux, que tu peux enfermer dans une œuvre de verre, ou mieux faire tomber goutte à goutte sur un petit gril, fait d'allumettes, élevé du fond de ton second vase sur quatre épingles.

« Ta liqueur, ou ce monstre, se coagulera en tombant, et après plus ou moins de temps (de six semaines jusqu'à sept mois), étant au noir, plus que noir, ton esprit de Pluton perdra sa rage avec ses forces, se dépouillera de sa peau, et fuira en esprit, emportant avec lui tout son venin.

« Sa peau te restera, et elle servira d'aliment à des animaux de toute nature, tous bien affreux ; ils finiront tous mal, parce qu'ils sont nés de la chair et non de l'esprit, et alors ton œuvre s'offrira à toi, tel tu le vois, noir, sillonné de couleur roux de bois, et teint de gros verd.

« C'est ici le temps de lui couper les aîles ; car il se dessécheroit par ses larmes.

« Change-le de vase sans dessus dessous sur un nouveau gril...

« En ce sixième vase est le tour entier du Zodiaque : dix volumes ne suffiroient pas pour tracer tout ce qui s'y passe ; l'attention même qu'il faudroit avoir pour rendre l'ordre des opérations de la Nature demanderoit du temps, de la patience, et une autre plume. Je dirai donc simplement que dans ces quatre saisons on y voit la Nature se développer pas à pas avec le même ordre et le même rapport de temps, c'est-à-dire d'un à quatre ; on y voit :

« Le soleil, la lune, les étoiles, les nuées, le tonnerre, la pluie, la rosée, les frimas, la glace, la neige, les montagnes, les antres, les volcans, les vallées, les forêts, les vergers, les campagnes, les pâturages, les mers, les sources, les fleuves, les lacs, les rivières, les arbres, les fleurs, les fruits, les métaux, les minéraux, les pierres, les pierres fines, les animaux ; les poissons y nagent, les oiseaux y volent, et l'esprit de l'homme en couvre la surface. Oh ! homme, tu ne sais pas ce que tu es ! »

« Nous avons nécessairement besoin d'une sage-femme lors de la naissance de l'enfant, dit l'auteur de *La lumière sortant des ténèbres* [1] ; mais, si elle le re-

---

[1] Voy. t. III de la *Bibliothèque des Philosophes chimiques*, p. 403.

çoit sans précaution, on doit appréhender qu'il ne lui échappe ; ou si, l'ayant reçu devant le temps, elle le serre trop avec ses linges, il courra risque d'être suffoqué ; et enfin, si elle n'a bien soin de séparer l'arrière-faix et les autres superfluités, il est à craindre, ou qu'il n'en meure, ou qu'il n'en soit perpétuellement infecté. On ne sçauroit trop en pareille occasion recommander la prudence et la vigilance, car chaque chose a son heure déterminée pour la naissance, aussi bien que son automne pour la maturité.

« Le temps de la naissance n'est point déterminé par les philosophes, qui varient fort entre eux sur cela ; mais il suffit d'avertir le lecteur, que tout fruit se doit cueillir en sa saison et que la Nature, qui se plaît dans ses propres nombres, est satisfaite du nombre mystérieux de sept, surtout dans les choses qui dépendent du globe lunaire, la lune nous faisant voir une quantité infinie d'altérations et de vicissitudes dans ce nombre septénaire. »

En parlant des premières opérations de l'Art, Grosparmy[1] se sert de cette comparaison médicale :

« Et quand la matière est tournée à corruption, elle est dite malade ; et cette maladie contient en elle santé confusément, ainsy comme le malade qui est mis au bas par force de laxatif. Lors le bon ouvrier doit ressembler au bon médecin, lequel quand il a mis son patient au bas par laxatifs, pour évacuer la matière dure et

---

[1] *Œuvres*, Ms., p. 57.

compacte, lors il luy faut user de confortatifs et puis de restauratifs pour recommencer la chose perdue. »

La préface de la *Bibliothèque des Philosophes chimiques* donne, le plus clairement possible, l'ordre des opérations pour obtenir l'or par transmutation :

« Le mercure des philosophes (qu'ils appellent *la femelle*), étant joint et almagamé avec l'or (qui est le mâle) bien pur et en feuilles ou en limaille, et mis dans l'œuf philosophal (qui est un petit matras, fait en ovale, que l'on doit sceller hermétiquement, de peur que rien de la matière ne s'exhale), on pose cet œuf dans une écuelle pleine de cendres, qu'on met dans un fourneau, et lors ce mercure, par la chaleur de son soufre intérieur, excité par le feu que l'artiste allume au dehors et qu'il entretient continuellement dans un degré et dans une proportion nécessaires, ce mercure, dis-je, dissout l'or sans violence, et le réduit en atomes, puis en son mercure, qui en est la semence : ce qu'il fait, parce qu'il est de même nature que le mercure de l'or, mais un peu plus âcre, n'étant pas si digéré ; à raison de quoi les philosophes l'appellent leur *eau pontique* et leur *vinaigre très-aigre*. Dans cette opération, l'aigle dévore le lion, le fixe devient volatil, le corps esprit, et aussi le volatil devient fixe, et l'esprit se corporifie. Ainsi la dissolution de l'un est la fixation de l'autre.

« L'esprit tire l'âme du corps, et l'âme unit l'esprit et le corps ensemble. Ensuite la matière devient comme de la poix fondue, puis insensiblement d'un noir très-noir. C'est ce que les philosophes ont appelé la *tête de corbeau*, leur *plomb*, ou *saturne*, et les *ténèbres cimmériennes*... Puis, la matière devient blanche : c'est la *lune*, et la *teinture blanche*, pour l'argent, l'*huile de talc*, et la matière pour faire les perles de la manière que l'enseigne R. Lulle... Ensuite, la matière devient verte..., puis rouge. C'est alors la *salamandre* qui vit dans le feu, c'est-à-dire le soufre incombustible, et il ne peut plus, de lui-même, et étant tout seul, être porté et élevé à une plus haute perfection... En l'imbibant avec le mercure des philosophes, on le multiplie. »

Dans un recueil manuscrit de pièces sur l'alchimie [1], on remarque cette description d'une expérience chimique, qui aurait réussi, au dire de l'auteur anonyme :

« L'artiste prend une once d'or et six onces de mercure, les amalgame et les broye bien fort sur le marbre, jusques à ce qu'ils soient bien meslez ensemble ; lors il y met quatre onces d'ame de Saturne, puis il broye encore tant que le tout soit réduit en paste ; puis il met cela dans un matras, et ayant bien bousché le vaisseau, il donne feu lent par trente jours et nuits, et deux fois la sepmaine il faict tenèbre en bas avec une patte de lièvre : ce qui s'est élevé de ☿ ; puis, quand le tout a esté fixé, il a mis la matière dans un autre vaisseau et l'a de rechef faict cuire par soixante jours, et

---

[1] Ms. de la Bibl. de l'Arsenal, S. et A., n° 181 *bis*, 2 vol. in-fol., tome Ier, p. 67.

en ces cuissons il a trouvé la matière premièrement noire, puis blanche, puis rouge, et après cela il a encore mis ceste poudre dans un autre vaisseau bien lutté, et luy a donné grand feu par huict jours; puis, il a donné le feu par dessus et par dessoubs, et a trouvé la matière rouge comme sang et fixée. Il en a mis un poids sur plusieurs poids de mercure fumant, et le tout a esté or. »

Le même recueil [1] décrit en vers énigmatiques la marche de l'opération transmutatoire :

> Prends l'eau que tu ne vois, qui naturellement
> Est jointe à un feu doux dans la mesme minière :
> L'or s'y devestira de sa robe première,
> Pour l'œuvre commencer d'Hermès heureusement;
>
> Et enfermant ton Roy dans son bain chaudement,
> Affin qu'aidé de l'Art plus de force il acquere,
> Attendras tant qu'il soit reduit en poussière,
> Et que l'ame se joigne à son corps fixement :
>
> En la conjonction de la terre et de l'eau,
> Tu noyeras promptement la Teste du corbeau;
> De Saturne, Jupin sortira véritable,
>
> Qui, à Latone joint d'une estroitte union,
> En elle engendrera Diane et Apollon,
> Apollon des mortels sur les dieux adorable

Plus loin [2], nous trouvons cette recette hermétique, qui mérite d'être expérimentée :

---

[1] Tome II, p. 98.
[2] Tome II, p. 158.

« Au nom de Dieu, prenez un denier d'or fin, trois deniers d'argent, fondez ensemble, y jettez dix deniers de Saturne, qui est le vray médiateur; ne le tenez guère en fonte, mais jettez aussytost un lingot que mettrez en limaille subtile, puis meslez en œuf philosophique, sigillez hermétiquement, puis au four secret; et *dum videris nigredinem, gaude, quia bene petrefacis: infra enim nigredinem absconditur albedo et rubedo.* Cette noirceur, partant d'un petit feu continué nuit et jour, vous rendra vostre matière en huile, enfin se congelera et commencera à devenir blanche; et augmentez vostre feu d'un degré, et durera quarante jours, et commencera à venir la rougeur, et augmenterez le feu d'un degré, que continuerez jusqu'à ce que soit rouge comme sang... Et se fait de trente en trente jours. »

Le même recueil [1] indique le moyen de tirer l'or du fer; voici cette recette, avec l'étrange orthographe du *souffleur* :

« Pernés un creuset dans lequel le terre de Saturne puise contenir au grande feu. Puis, pernés une livres de sable de riviere, autamps de plon, mettés-les dans le creuset à gran feu jusque à se qu'il sòy fondeu et reduit en ver; puis pernés de sé ver et le metté dans le dict creuset, et par deseub metez la cantitée de fer qu'il poura devorer à un for gran feu panden 12 heures; après quoy vous le retirés et trouvés vostre

---

[1] Tome II, p. 348.

verre qui a emportée toute la teinture, et l'or qui pouvet estre fer : après quoy vous broiiée le tout et le meté dans l'eaux régalle qui se charge de tout l'or; après quoy vous la faicte évaporée, puis pernés l'or qui est au feu et le fecte fondre dans un creuset. »

Plus loin [1], le recueil donne cette autre recette pour tirer l'or du plomb, avec la même orthographe :

« Pernés un quintal de plon et le meté en un fourneau faict comme un four, et le faicte calsiné jusque à se qu'il soit en gernailles; puis perné les dite gernailles et les meté en un fourneau ellevé en fason de tour, et meté une couche de nostre poudre et une couche de charbon insi jusque à se que la tour soit plaine; puis meté le feu et faicte fondre le tou qui sortira par en bas; puis pernés ce qui cera sorti et le meté à la coupelle et tirerés l'or que le plon vous aura produi. Et du reste, vous le rejoindrés avec autre plon. Tout sete ouvrage ce doit faire en troies jours. »

Témoignages favorables.

L'auteur de l'*Apologie du Grand Œuvre* [2] ne doutait pas que beaucoup de philosophes n'eussent possédé le Grand Œuvre :

« Le grand Hermès, appellé Mercure Trismégiste, dit-il, qui a eu toute la connoissance de la Nature, qui

---

[1] Tome II, p. 340.
[2] Voy. cet ouvrage, cité plus haut; p. 65.

mesme s'est eslevé jusques à découvrir quelques rayons du mystère ineffable de la sacrée Triade; Pythagore, Socrate, Platon, Aristote, Salomon; Calid, roy des Égyptiens; Geber, roy des Arabes; Morienus, Romain, entre les anciens; Artephius, Sinesius, R. Lulle, Arn. de Villeneuve, Bernard, comte de Trévisan, Roger Bacon, Basile Valentin, et tant d'autres personnages marquez au meilleur coing de tous les siècles, qui asseurent tous, non-seulement que cet Œuvre est possible, mais qu'ils l'ont achevé et parfait, en ont usé pour leur santé, ont vescu plus long-temps que le commun des hommes et ont assisté leur prochain ; sont-ils pas plus croyables que les renforcées troppes des ignorans? »

Roch Le Baillif, dans la préface de son *Démosterion*, cite, comme exemples aux incrédules, « R. Lulle, duquel on void encore aujourd'huy, en la Tour de Londres, les fagots d'or qu'il bastit et donna au roy Édouard lors vivant; Suidas, auteur grec, qui raconte que l'empereur Auguste, ayant subjugué l'Égypte, feit brusler tous les livres qui enseignoient la façon de faire l'or, de peur que ceste science apprise ne fust occasion de donner une estorce à l'estat des Romains; Nicolas Flamel, Parisien, lequel, de pauvre escrivain qu'il estoit, et ayant trouvé en un vieil livre une recette métallique qu'il esprouva, fut l'un des plus riches de son temps... Jean de Meung, ce grave théologien, en l'accomplissement de son romant de la *Rose*, ressemble avoir apporté les vieilles pièces du voyage de Colchos pour la conqueste de la Toison d'or. Et, si Thevet dict vray (il dict vray, car le grand roy François l'affermoit, estant prince véritable), Jacques Cuëur avoit ce précieux don de la Pierre au blanc, jusques là d'avoir obtenu de son maistre Charles VI pouvoir de forger monnoye d'argent pur, qui estoient des gros, vallans trois sous, surnommez de J. Cueur, au revers desquels y avoit trois cueurs qui estoient ses armoiries, et desquels il s'en void bien souvent. »

Dans ses *Antiquités gauloises* [1], Pierre Borel affirme aussi que Nicolas Flamel possédait le secret de faire de l'or :

« Le roy envoya chez Flamel monsieur Cramoisy, maistre des requestes, pour savoir si ce qu'on luy en avoit raconté estoit véritable ; mais il le trouva dans l'humilité, se servant mesme de vaisselle de terre. Mais pourtant on sçait par tradition que Flamel se déclara à luy, l'ayant trouvé honneste homme, et luy donna un matras de sa poudre, qu'on dit avoir esté conservé longtemps dans cette famille, qui l'obligea à garentir Flamel des recherches du roy. »

C'était peut-être cette même poudre, dont on retrouva un échantillon trois siècles plus tard, comme on le voit dans le *Recueil de M. Duclos, sur la transmutation des métaux* [2], p. 153 :

---

[1] *Trésor des Recherches et Antiquités gauloises et françoises*. Paris, 1655, in-4°, p. 161.
[2] Bibliothèque de l'Arsenal, Ms., déjà cité, n° 171.

« Le docteur Anselme de Boot, médecin flamand, ayant trouvé, entre les livres de la bibliothèque de son père, un vieil manuscrit en parchemin, couvert de deux petits ais à moitié rompus, et voulant faire mettre une autre couverture à ce livre, dont le titre étoit : *Cymbalum aureum*, il en ôta cette couverture de bois, en un côté de laquelle il aperçut une cavité, et en cette cavité il trouva un feuillet de parchemin écrit et plié, et dans ce parchemin une petite envelope de papier qui contenoit un grain de certaine poudre rouge.... Il jugea que cette poudre pouvoit être l'échantillon de la poudre des philosophes, dont il fut assuré par la projection qu'il en fit faire sur du mercure échauffé, lequel fut changé en bon or. »

L'auteur d'une curieuse notice[1], sur le seigneur Nicolas de Grosparmy, raconte que « les filles de Grosparmy, étant mariées, firent partage entre elles de la succession de leur père ; le lot où étoient tous ses manuscrits ou livres, échut au sieur de Moussi. Ils étoient écrits sur du veslin et bien reliés, entre lesquels il y en avoit un qu'on apeloit le Livre d'or, parce que sa couverture étoit de plaques d'or fait par projection. »

Grosparmy[2] raconte lui-même que, pendant douze ans, il se trompa dans ses expériences de souffleur, en suivant des ouvrages erronés sur l'alchimie :

[1] Cette notice se trouve à la suite des *Cinq Livres de Nicolas Valois*, Ms. de la Bibl. de l'Arsenal, n° 166 *bis*, déjà cité.
[2] *Œuvres* de Grosparmy et Valois, Ms., p. 1.

« Sachent tous, dit-il, que je, Nicolas de Grosparmy, natif du pays de Normandie, par la volonté divine allant par le monde de région en région, depuis l'aage de vingt-deux ans jusques en l'aage de trente-huit, cherchant et désirant savoir l'art d'alchymie..., le dit temps durant, ay enquis comme l'un des métaux peut se transmuer en l'autre, et, en ce faisant, ay soutenu moult de peines, dépenses et reproches, et ay abandonné la communication du monde et la pluspart de ceux qui se disoient mes meilleurs amys, pour ce qu'ils m'avoient nuy estant en nécessité... Et icelle chose ay quis, et ay esté avec maints compagnons cherchant ledit art comme je faisois, cuidant le trouver par le moyen, et pour avoir amitié et entrée avec eux, me suis fait leur serviteur et ay soutenu la peine de leurs ouvrages, et ay veu et estudié plusieurs livres, ausquels la science est contenue en deux manières, l'une fausse et l'autre vraye. »

Valois[1] raconte aussi à son fils, qu'il fut longtemps, comme son maître Grosparmy, aveuglé et égaré par les mauvais auteurs; mais enfin il vit clair et entra dans la bonne voie, après avoir étudié Arnaud de Villeneuve, Raymond Lulle et autres :

« Or j'avois bien quarante-cinq ans, quand cela arriva, dit-il, en l'an 1520, et au bout de vingt mois nous vîmes ce grand roy R. Lulle assis en son trosne royal, faisant au premier projection sur le blanc, puis

---

[1] *Œuvres*, Ms, déjà cité, p. 138.

sur le rouge : ce que tu feras comme moy, si tu veux prendre peine à estre ce que tu dois, c'est-à-dire pieux, doux, bénin, charitable, et craignant Dieu. Il ne faut pas tant de frais, parce que, comptant le temps que j'estois au chemin, que je te laisse par escrit jusqu'à la perfection de l'Œuvre, il ne faut que dix-huit mois, auquel temps ladite œuvre fut parfaitte et accomplie, encore qu'elle fut faillie une fois. Nous estions deux qui travaillions, et l'un supléa au défaut de l'autre, tant au travail qu'au conseil. »

A la page 23 du *Petit Traité du voyage de Frédéric Gallus vers l'hermitage de Saint-Michel*, qui suit la *Vision advenue en songeant à Ben Adam* (manuscrit de la bibliothèque de l'Arsenal), on lit ce qui suit :

« En l'année 1602, au mois de juillet, on nous parla à Grats d'un philosophe qui demeuroit à Augsbourg, nommé Jean Amélius : qui fut cause que nous prîmes nostre chemin pour aller à Augsbourg... Lequel estoit un distillateur et un prétendu alchymiste ; il nous mena dans son laboratoire, nous montra son vain travail... Mais ce n'estoit rien que tromperie ; il consommoit son argent et celuy de beaucoup d'honnestes gens... Il nous envoya vers une personne de la race de Trautmansdorff, qui devoit estre dans le cloître de Saint-Michel...

« Les habitants de cette contrée estimoient fort l'hermite et en racontoient des grandes merveilles. Nous arrivâmes auprès de luy... Il nous donna audience, mais ne voulut pas avouer savoir rien de la philosophie... Il exigea de nous un serment et un escrit de nostre main, signé de nostre sang, par lequel nous promissions de ne révéler, de tout le temps de nostre vie, rien de ces choses... Sur cela, il commença à raconter sa haute condition, et qu'estant né en l'an 1462 et ayant pour lors cent quarante ans, il avoit tant appris de la philosophie occulte, que l'or de la terre, la pompe, volupté et les richesses n'estoient que de la boue auprès de la connoissance du vray Universel. Et quand il eut passé toute la nuict et tout le jour ensuivant à discourir sur divers secrets, il nous demanda si nous désirions voir l'Universel... Nous acceptâmes... Sur cela, il tira d'une petite muraille une petite boëte d'or (après avoir premièrement éteint la lumière)... et aussitôt on vit une clarté sur toute la table.

« Sa grandeur (de la Pierre) estoit comme une grosse fève et de la forme d'un œuf d'oiseau. Après, il ralluma la chandelle et montra la teinture auprès de la chandelle, laquelle teinture estoit de la couleur d'un grenat de Bohême ; la lumière de la chandelle prédominoit néantmoins la lueur de la teinture de la petite boëte, comme du bois pourry rend de nuit une lueur dans l'obscurité, ou comme l'or estincelle dans la copelle. Après cela, il me la donna entre les mains, et pesoit environ deux onces deux gros...

« Quand il fut jour, il nous mena dans son petit jardin, mais auparavant il cueillit dans le bois trois bonnes poignées de véronique et de rue... Il prit une tasse d'étain, broya ces deux herbes, puis en exprima le jus dans deux petits verres ; il prit de la teinture environ de la grosseur d'un grain de moustarde et la partagea en deux parties, et en mit l'une sur de la rue et l'autre dans le suc de la véronique, et à l'instant l'essence se sépara, en tournoyant, du phlegme et de la rue, en bleu, et de la véronique, en jaune doré, laquelle essence nageoit au dessus de la grosseur d'un demy pois... De cette façon les herbes et touttes les choses créées ont eu la vertu telle qu'elles l'avoient devant qu'elles tombassent dans la corruption par la chute d'Adam... »

En 1611, l'auteur revint vers son ermite; mais, quand il arriva à Landshut, en Bavière, on lui dit que ce vieillard était mort l'an 1609.

Dans un manuscrit de la bibliothèque de l'Arsenal, n° 180, rédigé sous forme d'un dialogue entre un philosophe anglais, un philosophe espagnol et l'auteur, on lit ce récit du philosophe anglais :

« Il y a quarante ans, un religieux vint à Londres, qui guérissoit toutes les maladies... Le maître, que je servois alors et qui étoit fort enflammé pour cette science, m'envoya à sa recherche... Je le trouvai en la maison d'un pauvre malade qui n'avoit pas uriné depuis six jours... Et, après quelques conférences, ce religieux s'invita de lui-même à dîner chez nous... Ayant dîné, il dit : « Allons voir la chambre philosophique? » où, estant entré nous trois seulement, il commença à sourire et à branler la tête de voir tant de vaisseaux...

Il nous dit : « Baillez-moi quatre onces de vif-argent « et autant d'étain, et les mettez dans un creuset sur « le feu... » Il jeta dessus un morceau de cire, de la grosseur d'un pois, souffla, etc., renversa le creuset... Cette matière, examinée avec soin, se trouva contenir sept onces de très-fin or qui ne marquoit point le parchemin... Mon maître demeura comme en extase et remply de merveilles. » Le lendemain, le religieux n'était plus à Londres, et notre narrateur, envoyé par son maître, le chercha vainement dans toute l'Europe.

Suivant un autre alchimiste, le comte de Trévisan aurait eu non-seulement la science, mais encore la Pierre, en sa puissance; il avait connu d'ailleurs, en divers royaumes et États de l'Europe, quinze personnes qui possédaient ce même secret, mais leur unique application était d'en dérober la connaissance aux autres hommes.

Cependant, si l'on en croit Valois[1], la plupart des souffleurs étaient des ignorants, et même « le comte Bernard n'avoit nul expériment de cette science, qu'il cuidoit sçavoir parfaittement. »

J. B. Van Helmont, qui avait toujours combattu l'alchimie comme fausse et illusoire, dit pourtant, dans son livre touchant l'Arbre de vie :

« *Cogor credere Lapidem aurificum et argentificum esse, quia, distinctis vicibus, manu mea, unius grani pulveris super aliquot mille grana argenti*

---

[1] *Œuvres*, Ms., p. 184.

vivi ferventis projectionem feci, adstanteque multorum corona, nostri omnium cum admiratione negotium insigne successit prout libri promittunt. »

Il assure, dans un autre endroit, que « l'amy qui luy donnoit de cette poudre avoit bien, pour transmuer, deux cent mille livres pesant en or très fin. » Il ajoute qu'avec un demi grain de cette poudre il avait transmué plus de neuf onces d'argent-vif en or très-pur; et il conclut, de ce fait accompli sous ses yeux, que la Pierre des philosophes est véritable : **Ergo Lapis philosophorum sit vera in natura.**

Salmon, dans la préface de la *Bibliothèque des Philosophes chimiques*, se porte garant du témoignage de cet alchimiste :

« Van Helmont, qui est connu dans toute l'Europe pour une personne de qualité, de probité, et pour un illustre dans les sciences, dit, en trois différents endroits de son livre, qu'il a vu la transmutation et que lui-même l'a faite. Voici comme il en parle dans ce traité : « J'ai vu et j'ai touché plus d'une fois la Pierre
« philosophale ; la couleur en étoit comme du safran en
« poudre, mais pesante et luisante comme du verre
« pulvérisé. On m'en donna une fois la quatrième par-
« tie d'un grain. J'appelle un grain, dont les six cents
« font une once. Je fis la projection de cette quatrième
« partie de grain, que j'enveloppai dans du papier, sur
« huit onces d'argent-vif, échauffé dans un creuset. Et
« d'abord tout l'argent-vif, ayant fait un peu de bruit,
« s'arrêta et ne fut plus coulant ; et, s'étant congelé, il

« se rassit en une masse jaune. L'ayant fait fondre à
« fort feu, je trouvai huit onces d'or très-pur, moins
« onze grains. De manière qu'un grain de cette poudre
« auroit changé en très-bon or dix-neuf mille cent
« quatre-vingt-six grains d'argent-vif. »

Faussaires et aveuglés.

Le sieur de La Martinière[1], médecin du roi Louis XIV, raconte plusieurs essais infructueux qu'il avait tentés pour obtenir la Pierre philosophale; on peut dire, il est vrai, qu'il n'avait pas été heureux dans le choix de ses matières :

« Ayant leu dans plusieurs auteurs, que la matière dont se fait la Pierre des philosophes se trouve partout dans les fumiers, et que tous les hommes portent et jettent hors d'eux et la foulent aux pieds, est ce qui me fit croire qu'il faloit que ce fut de la matière fécale, ou de l'urine, ou de la morve, ou du crachat, ou de toutes ces quatre choses-là ensemble : ce qui m'obligea de faire ramasser de la matière fécale dans un alembic, pour en tirer l'esprit, que je mis dans un autre vaisseau de verre, que je luttay hermétiquement, et en fis un blanc, que j'essayay en la transmutation des métaux, sans réussir.

« Je fis fort calciner les fèces (dépôts) de la matière

---

[1] *Le Chymique inconnu, ou l'Imposture de la Pierre philosophale*, par La Martinière. Paris, chez l'auteur. S. d. (vers 1660), in-12, p. 108 et suiv.

fécale de laquelle j'avois eu l'esprit; et quoy qu'elles ne changeassent d'autre couleur que de poudre noire, je l'essayay en la transmutation des métaux, qui ne réussit pas.

« Je fais cracher plusieurs personnes dans des pots, à jeun, pendant huit jours ; je mets tous ces crachats dans un athanor ; je fais faire dessous un feu de proportion, tant que tous ces crachats devindrent en une pierre de vilaine couleur blanchâtre, que je calcinay et en fis l'essay en la transmutation des métaux, qui ne réussit pas.

« Je fis moucher pendant plusieurs jours quantité de personnes à jeun, dans des vaisseaux; en ayant ramassé toute la morve, je la mis encore dans l'athanor, sous lequel ayant fait un feu de proportion, j'en tiray une pierre d'une vilaine couleur jaunâtre, que je mis en poudre, et l'essayay en la transmutation des métaux, à quoy je ne réussis pas.

« Je fis boire de bon vin à jeun à un mélancolique, j'en pris son urine, que je mis circuler dans l'œuf philosophique jusques à la quintessence que je fis séparer; j'en fis l'essay en la transmutation des métaux, comme aussy de son sel, en quoy je ne réussis pas.

« Je fis amasser morve, crachats, urine, matière fécale, de chacun une livre, que je fis mélanger ensemble, et mettre dans un alambic, pour en tirer l'essence, laquelle étant toute tirée, j'en fis un sel, que j'essayay en la transmutation des métaux, mais en vain, ne réussissant pas.

« Je retiray les fèces de toutes ces vilenies, qui étoient au fond de l'alambic, je les fis calciner, j'en fis une poudre grisatre, tirant sur un rouge noir, j'en fis l'essay en la transmutation des métaux : je ne réussis pas. »

Pierre de La Martinière changea ses matériaux, sans avoir plus de succès :

« Ayant fait l'essay des mercures de minéraux en particulier et en général, et des sels pareillement, sans avoir peu réussir en la transmutation des métaux, je fis l'essay des mercures de marcasites ; de toutes pierres, demy minéraux, de toutes herbes, bois, fruits, feuilles et racines, de tous animaux, tant en particulier, comme amalgamez ensemble, sans réussir à la transmutation.

« J'ostay par feu de lampe la teinture d'or à l'or, le fis devenir noir comme charbon. Je donnay la teinture d'or à du plomb, luy ostay la sienne, fis devenir noir du plus noir de l'estein ; je rendis de la mesme couleur l'argent ; je fis changer la couleur noire à l'or, en fis prendre une blanche : de laquelle couleur je fis aussi venir le fer, luy ayant osté la noirceur, que je fis prendre au cuivre ; auquel luy ayant osté sa rougeur, la fis prendre à l'or, que je mis en poudre, que je semay sur les autres métaux que j'avois préparez, pretendant par icelle les transmuer en or, mais en vain, ne réussissant pas. »

Il passa ensuite à d'autres divertissements :

« Dans le temps que nous travaillions en la recherche de cette Pierre sans la pouvoir trouver, ajoute-t-il, une dame de condition, qui depuis longtemps s'amusoit en cette folie, nous conseilla de mettre l'œuf d'un cocq ou d'une jeune poulette dans un matras de verre; l'enterrer dans un fumier, l'arrouser pendant quarante jours d'eau chaude, et qu'au bout de la quarantaine, il se formeroit un ver dans l'œuf, dans lequel il falloit mettre du mercure commun, qui le nourriroit huit jours; à la fin de laquelle huitaine falloit tirer le matras où étoit l'œuf, le mettre à petit feu, pour en faire une poudre grise impalpable, qui par la continuation du feu deviendroit blanche, laquelle est la poudre de projection... Je fis comme elle m'avoit enseigné, avec l'œuf d'une poulette, faute de celle d'un cocq, le naturel des cocqs d'Allemagne n'étant pas de pondre. De la poudre blanche que je fis, j'en fis l'essay en la transmutation des métaux, qui ne réussit pas. »

Enfin, il arrive à trois espèces de substances plus subtiles et non moins réfractaires, que cette dame essaya :

« La première étoit de la semence humaine, de laquelle, comme étant la plus pure de toutes, luy avoit été asseuré que c'étoit de cela que se faisoit la composition de la Pierre philosophale : est ce qui lui avoit fait suborner des femmes par argent, pour faire corrompre leurs maris, afin de ramasser leurs semences : ce qu'elle fit et luy en donnerent une petite phiole, qu'elle avoit bien bouchée et mise au soleil pendant un an et demy; mais que l'impatience l'ayant prise, voyant que cette semence ne tournoit ny en pierre, ny en sel, lui fit suborner de rechef ces femmes et ces hommes, qui lui fournirent encore une nouvelle phiole, qu'elle mit dans l'œuf philosophique, et en fit une poudre, d'une couleur d'un blanc grisatre, et palpable, laquelle essaya en la transmutation des métaux, qui ne réussit pas.

« La deuxième, de la cervelle d'homme ; elle prit la teste d'un sorcier condamné pour ses malefices..., en distilla la cervelle ; en garda l'esprit dans une phiole bien bouchée : et des fèces d'icelle cervelle, après les avoir bien calcinées plusieurs fois, n'en pouvant faire autre chose qu'une poudre très-noire, l'essaya en la transmutation des métaux, à quoy elle ne réussit pas.

« La troisième, les menstrues : qu'il en falloit prendre de celle d'une vierge, et en tirer l'essence, pour la mettre en une phiole au soleil et à la lune, et qu'en un an cette essence se congeleroit en la Pierre philosophale ; me dit l'avoir fait et que de plus des fèces desdites menstrues, qu'elle en avoit fait une poudre impalpable, de couleur d'un rouge noir, qu'elle avoit essayé en la transmutation des métaux, sans avoir réussi. »

Dans son avant-propos, La Martinière annonce, en style métaphorique, qu'il veut démasquer ce qu'il appelle les fourberies des alchimistes :

« Nonobstant les orages et les tempêtes grondantes, agitées par les bourasques de l'envie, dit-il, je me suis hazardé de cingler à pleines voiles après ces vaisseaux vuides, pour les démonter de leurs canons abusifs, pour faire caller les voiles de leurs méchantes industries, et ôter le gouvernail de leurs mauvais apas, pour empescher leurs corsaireries de plus pouvoir acrocher les vaisseaux qui voguent sur l'Océan de la Simplicité, qu'ils attirent par le signal trompeur, voilé d'une vérité fourbeuse, pour les faire périr par les charmes chymériques qu'ils tirent de la Chymie, nom dérivant du mot grec χυμος, qui veut dire suc : qui fait voir que le propre effet du Chymique est d'extraire les sucs et essences des corps physiques, qui sont animaux, végétaux et minéraux ; outre que, par son art, il doit rechercher les secrets de Nature, pour en faire les compositions et remèdes nécessaires pour la santé de l'homme : cause pour laquelle il doit être conservé, au contraire de ces affronteurs, multiplicateurs d'or, qui, comme chenilles et sauterelles pernitieuses, rongent et gâtent les fleurs du repos de la santé du corps et de l'esprit, réduisant les plus riches à la mendicité, lorsque, pretans l'oreille à leurs cajols, ils s'y laissent emporter, et, par là consommant toute leur substance, se ruinent entièrement, et laissent leur famille tellement abaissée que jamais elle ne se relève. »

Il tourne en ridicule les philosophes hermétiques, « se nommans, dit-il, philosophes par emphase et excellence, mais que, au contraire, on peut avec justice appeller *philosophes mal nommez* ou *fols philosophes*, leur recherche n'étant que folie, veu que un jardinier ne plantant que des choux dans une terre, il n'y peut venir des citrouilles, et s'il y sème autant de choux que de citrouilles, il les fera multiplier également en les cultivant bien. Mais, quoyque les choux et les citrouilles soient dans une même terre et cultivez de même, les choux ne se transmueront point en citrouilles et les citrouilles en choux, de même l'on ne peut changer l'or en cuivre et le cuivre en or, la chose étant impossible. Mais me pourront demander nos fols philosophes : « Pouvez-vous nier que de la semence de l'or ne s'en-« gendre dans la terre aussi bien que celle des autres « métaux, et qu'avec de la semence de l'or on ne «.puisse faire de l'or ? » Non, leur répondray-je, pour tâcher s'ils peuvent me faire connoître que de tous métaux on en peut faire de l'or par ce raisonnement. »

La Martinière pense qu'Albert le Grand, R. Lulle, saint Thomas d'Aquin, saint Bernard, A. de Villeneuve et autres, quand ils parlent de la Pierre philosophale, n'entendent parler d'autre chose que de Dieu. Puis, il s'étend particulièrement sur A. de Villeneuve, et trouve tout naturel que ce savant médecin ait eu de grandes richesses :

« Vous devez remarquer, continue-t-il, que Rhodope, qui fut esclave avec Ésope, par son métier de putin devint si riche, qu'elle en fit bâtir la troisième pyramide d'Égypte, qui est au nombre des sept merveilles du monde ; et Laïs, pareillement courtisane, qui gagna tant par son commerce, que ne sçachant que faire des biens qu'elle en avoit acquis, s'offrit de faire relever l'enceinte et les murs de la ville de Thèbes, qui avoit sept lieues de tour, à condition que l'on mît sur les portes cette inscription : « Philippe a démoli, Laïs a rebâti. » Sans comparaison, Arnaud de Villeneufve, par l'art de la médecine en laquelle il étoit fort sçavant et recherché des plus grands princes de la terre, quoyque riche de son patrimoine, a pu avoir gagné des sommes immenses de deniers, aussi bien qu'Érasistrate qui, d'une seule ordonnance pour guérir Antiochus de sa langueur, en receut pour récompense, de Séleucus son père, soixante mille écus... Et le médecin de Louis XI, ayant par mois dix mille écus de gages, pouvoit montrer bien des richesses, sans l'aide de votre philosophale Pierre, qu'il avoit pourtant, en captivant l'esprit du roy, qui, de crainte de mourir, luy faisoit produire de l'or tant qu'il en vouloit. »

Le même auteur explique à sa façon les grandes richesses de Nicolas Flamel, richesses que la tradition la plus constante attribuait à la possession que ce maître écrivain aurait eue du secret de faire de l'or avec la poudre de projection :

« Flamel ayant été appelé, dit-il, à un inventaire pour écrire ce que l'on vendoit, il s'y trouva un petit livre écrit à la main, en partie de caractères hébreux, en partie de certaines marques inconnues, qui fut donné à Flamel pour trois sous. Quelques jours après, Flamel et Pernelle sa femme furent en pèlerinage à Saint-Jacques-de-Galice. Revenant, firent rencontre d'un rabin juif auquel ils s'accostèrent... Flamel montre ce livre au rabin, qui, l'ayant leu, dit à Flamel être les véritables règles pour faire la Pierre philosophale; que s'il luy vouloit vendre, qu'il luy en donneroit ce qu'il en désireroit... » Flamel offrit au rabin de travailler ensemble comme compagnons fidèles. Flamel et sa femme demeurèrent environ huit jours à Orléans pour attendre que le rabin eut fait quelques affaires qu'il avoit. Là, Flamel et Pernelle se mirent au mieux avec les Juifs. « Dans le temps que Flamel, Pernelle et le rabin cherchoient la Pierre philosophale, le roy fit commandement aux Juifs de vider la France sans rien emporter, se confisquant leurs biens... » Ceux-ci laissèrent en dépôt leurs biens à Flamel; et tous ayant péri, les uns assommés à Rouen, les autres noyés au Havre, Flamel se trouva riche de leurs dépouilles. Sa femme et lui, pour n'être point inquiétés, firent courir le bruit qu'ils avoient trouvé la Pierre philosophale.

La Martinière raconte qu'il reçut un jour la visite de deux individus qui prétendaient avoir en leur puissance la poudre de projection; pour le convaincre de la vérité de leur dire, ils lui en apportèrent un paquet, en lui recommandant de la faire fondre dans un creuset avec une pistole.

« Tenant le paquet qu'ils m'avoient donné, ajoute-t-il, qui étoit un morceau de papier ployé dans lequel étoit un peu de poudre rouge, la curiosité m'obligea de la faire fondre avec mon or, pour voir ce que cela seroit, sçachant que je ne pourrois perdre que mon charbon et ma peine, l'or ne se diminuant pas par le feu... Pour ce faire, je fis un feu de fonte... et je retire le creuset que je laisse refroidir... Je le renverse, et au fond ayant trouvé un culot d'or qu'ils me dirent de montrer à plusieurs orfèvres, se levant, me dirent adieu jusques à demain... » Le culot de bon or se trouva peser deux pistoles. Mais La Martinière découvrit que la poudre du petit papier était un mélange de vermillon et de poudre d'or ; il en fit de semblable et là montra aux deux trompeurs, qui se virent obligés de s'avouer battus et en furent pour leur argent. Comme l'un des deux fripons priait La Martinière de lui rendre au moins l'or qu'ils lui avaient apporté : « Vrayment, monsieur, luy dit l'incrédule, vous avez mauvaise grâce de demander de l'or à celuy à qui vous avez promis de luy en multiplier tant qu'il voudra, par le moyen de ce secret, qu'Alphidius dit être réservé pour les pauvres et raisonnables, que je ne possède pas, mais que bientost je posséderay par vôtre moyen, comme vous me l'avez promis. »

La Martinière nous fait connaître une discussion qu'il eut avec un fervent adepte, au sujet du Grand Œuvre et de la Bénite-Pierre :

« Un extravagant en cette recherche de Pierre, contre lequel je soutenois son impossibilité, m'osa dire qu'il y croyoit plus qu'en Jésus-Christ. Luy ayant demandé qu'il eut à m'expliquer quelque chose de sa réalité, me répondit qu'outre sa masse a en elle une certaine quintessence céleste, attirée du ciel par l'Art des philosophes, qui luy donne cette vertu de transmuer tous métaux impurs en un pur. Sur quoy je luy réparty qu'il étoit aveuglé du voile de Satan, de prononcer de telles paroles et de croire à une imposture ridicule, en laquelle il n'y a aucune vérité; veu que des quintessences célestes on ne peut tirer aucune composition, et que de ces quintessences on n'en peut tirer que des contemplations, des merveilles de nôtre Créateur, et que la quintessence que les hommes tirent du ciel est la bénédiction de Dieu par les bonnes œuvres et prières que l'on luy fait. »

Le même auteur rapporte une aventure arrivée en l'an 1652, à un nommé Floriot, barbier du feu duc d'Orléans, lequel tenait sa boutique à Paris au carrefour Saint-Germain-l'Auxerrois, proche le port de l'École. « Ce barbier, qui, dit-il, avoit en horreur la chymie et se railloit des pauvres philosophes souffleurs, se moquant de la Pierre philosophale, faisoit le poil, il y a quatre ou cinq ans, à trois de ces philosophes, dont l'un se nommoit Mercié, l'autre Dumesnil et aussi de Bussy, l'autre de Clermont, qui se faisoit aussi appeler Déclain et Maridor... : qui se résolurent de luy faire croire malgré luy, pour luy avoir le poil d'une autre façon qu'il ne l'avoit des autres. Pour cet effet, un jour, Dumesnil, fesant faire sa barbe, montre en particulier, à Floriot, un petit lingot d'or, qu'il dit avoir fait avec du vif-argent... » Floriot le fait vérifier par plusieurs orfèvres : c'étoit bien de l'or; et il le vendit dix pistoles. « Dumesnil, faisant le

joyeux, luy tient ce discours : « Si vous me voulez
« croire, vous quitterez vôtre boutique et viendrez
« avec nous dans une loge que nous voulons louer pour
« vivre comme frères, pour en peu de temps rouller
« le carrosse... » Il y consent et quitte son logis sans
le consentement de sa femme. Il met son bien en communauté avec ses amis, et « fut conclud qu'il exerceroit la barberie envers eux, afin que leur secret fust
plus caché... » Un beau jour, pendant son absence, ils
partirent, emportant tout ce qu'il y avoit de bon dans
le logis.

Un autre de ces philosophes en piperie vint voir
La Martinière et lui demanda s'il n'avoit point de livre
sur le Grand Œuvre. Ce dernier répondit que non.
Alors l'autre reprit « qu'il s'en étonnoit, étant l'attache
de tous les bons esprits. M'en fait, continue La Martinière, quantités d'éloges, mais énigmatiques, du Cachet de Mercure, de l'Aigle volant, du Noir qui est plus
noir que le noir, de la Tête du corbeau, du Cerf fugitif,
du Lyon vert, du Crapau enflé, et autres beaux discours. » Finalement, le quidam propose au docteur de
lui apprendre ce secret gratis, si toutefois il veut fournir le charbon et les alambics. « Sur cette réponse,
reprend La Martinière, je me mis à rire et luy dis : « Je
m'étonne fort de ce que vous n'avez pas le moyen d'acheter ce qu'il faut, sans avoir recours à moy, et comme
par vôtre riche secret, que vous dites posséder, vous
n'estes pas mieux monté que sur vos jambes ! » L'autre
répliqua que c'était par prudence, pour ôter tout soup-

çon. La Martinière lui dit alors « qu'il avoit raison, y ayant à craindre que le roy ne le contraignît de souldoyer son armée, ou le retenir captif, pour, par son secret, changer de ses minières le fer en or. Voyant que je n'étois pas son homme et que je me mocquois de luy, il prit congé de moy et ne l'ay pas veu depuis. »

La Martinière, un autre jour, alla voir un gentilhomme qui le reçut, tenant à la main un livret « caractérisé, en divers endroits, de notes de musique, plein chant, figures astronomiques, points, mots barbares, chiffres, lettres hébraïques, grecques, chaldéennes, syriaques, samaritaines, sauvages, marques de mathématiques et médecine, et autres. Je demanday à ce gentilhomme quel livre c'étoit; il me dit que c'étoit un livre qu'il ne pouvoit assez lire et qu'il tenoit plus cher que sa vie, puisque par luy il apprenoit cette tout admirable composition, avec laquelle on transmue tout ce que l'on touche en or et argent, ce qu'il alloit faire. J'eus peur, dans ce moment, que comme la femme de Loth, qui fut transmuée en statue de sel, que ce gentilhomme ne me transmuast en statue d'or ou d'argent, pour me mettre en parade au dessus de la porte de son cabinet, et là y estre exposé à la rigueur de l'air, comme Mélisse, femme de Périander... » Pendant ce temps, un vieil officier réformé souffloit le feu du fourneau : « Je me donne au diable, dit-il, si notre mercure n'est congellé, fixé, et tourné en la plus belle Lune qu'il soit possible de voir ! » Alors le gentilhomme montre un lingot d'or transmué, et « l'officier réformé, quoy qu'il cut plus d'inquiétude pour ranger les charbons autour ou creuset, qui étoit au feu, et souffler sous un fourneau, que quatre marmitons de la cuisine du roy d'Yvetot de larder à triples rangs un rossignol qui vient de naître, tire de sa poche plusieurs petits lingots de couleur blanche : « Celuy-là, dit-il, est du mercure pur, « fixé en Lune; cet autre là est du Vénus transmué en « Lune, et celuy-là du Saturne calciné et purifié de « ses excrémens, rendu ainsi en parfaite couleur de « Lune. » La Martinière se moqua de leur sottise et leur refusa tout argent.

Suivant un autre récit de La Martinière, un certain Vénitien, nommé Cornaro, fut jeté en prison comme faux monnoyeur; il en sortit par la protection d'un duc qui espérait apprendre par lui le secret de faire de l'or. Cornaro vit qu'il avait affaire à un homme facile à duper; il risqua quarante pistoles qu'il mit en poudre et la mélangea avec une certaine terre, dont il fit quatre parts qu'il porta chez quatre épiciers différents, leur disant que c'était de la terre de Cunam, très-utile aux chimiques; il en fixa le prix à vingt sous la livre. Le lendemain, il en envoie chercher par un des gens du duc, et, l'ayant mise dans un creuset avec dix pistoles, il en retire dix-sept. Ayant ainsi complétement trompé le duc, il lui demanda vingt mille écus pour faire d'un seul coup une grande multiplication; quand il les eut entre les mains, il se garda bien de les fondre, et partit, en les emportant, le plus vite qu'il put.

Un certain Dubois, fils d'un barbier de village et

filleul d'un médecin de campagne, reçut quelque éducation à Paris et s'y fit capucin. Étant un jour retourné dans son pays, il fut bien surpris de voir que son parrain le médecin faisait de la monnaie avec un amalgame d'or, d'argent et de cuivre, et que son père le barbier se chargeait de mettre en circulation cette fausse monnaie. Les deux compagnons prétendaient se servir, pour la fabriquer, de la véritable poudre de projection. Le capucin, qui avait la plus grande envie de jeter le froc aux orties, leur vola cette poudre, avec tout l'argent qu'ils avaient fabriqué et leurs habits, dont il se couvrit pour se rendre à Genève. Là, il changea de religion, et revint à Paris avec son secret ; mais le cardinal de Richelieu, après avoir été témoin de quelques essais qui avaient réussi, le fit arrêter et pendre comme faux monnayeur devant l'église de Saint-Paul.

« Un maître chirurgien de Paris me montra, au mois de septembre de l'année 1669, dit encore La Martinière, un livre qu'il composoit, enseignant les règles pour parvenir à la parfaite connoissance de la Pierre philosophale, qu'il nomme *Médecine universelle*. Ayant leu les discours de ce livre bien écrit, mais galimatialisé, sans rimes ny raisons, plus digne d'estre jetté à l'eau, pour estre porté par une nymphe aquatique en l'Océan, pour servir de torchecul à Neptune, crainte qu'il ne gâte sa chaire percée, que d'estre leu : ayant demandé l'explication de ce qu'il enseignoit à l'autheur, il me fit réponse qu'il falloit avoir l'esprit bien relevé pour l'entendre, qu'il ne pouvoit pas me l'expliquer. »

Un alchimiste fameux, mais méchant grammairien, nommé Zachaire, qui était allé successivement à Bordeaux, à Toulouse, à Cahors, où il s'occupait de philosophie hermétique au lieu d'étudier les lois, raconte[1] qu'il dépensa ainsi beaucoup à *souffler*; mais son zèle pour la science l'empêchait de s'apercevoir qu'il y perdait son temps et son argent; il ramassa huit cents écus et se dirigea sur Paris.

« Je partis, dit-il, de ma maison, le lendemain de Noël, et arrivis à Paris trois jours après les Rois, où je fus un moys durant presque incogneu de tous. Mais, après que je eu commencé à fréquenter les artisans, comme orfèvres, fondeurs, vitriers, faiseurs de fourneaux et divers autres, je m'acoustay tellement de plusieurs, qu'il ne fust pas un moys passé que je n'eusse la cognoissance à plus de cent opérateurs. Les uns travailloyent aux tainctures des métaux par projection, les autres par cimentations, les autres par dissolutions, les autres par conjonction de l'essence, comme ils disoient, de Lémery, les autres par longues décoctions; les autres travailloyent à l'extraction des mercures des métaux, les autres à la fixation d'iceux; de sorte qu'il ne passoit jour, mesmement les festes et dimenches, que ne nous assemblissions ou au logis de quelqu'un (et fort souvent au mien), ou à Nostre-Dame

[1] *Opuscule très-excellent de la vraye philosophie naturelle des métaux*, par D. Zachaire. Lyon, Pierre Rigaud, 1612, in-12

la grande, qui est l'église la plus fréquentée de Paris, pour parlementer des besoignes qui s'estoient passées aux jours précédents. Les uns disoyent : « Si nous « avions le moyen pour y recommencer, nous ferions « quelque chose de bon; » les autres : « Si nostre vais- « seau eust tenu, nous estions dedans; » les autres : « Si « nous eussions eu nostre vaisseau de cuivre bien rond « et bien fermé, nous aurions fixé le mercure avec la « Lune, » tellement qu'il n'y en avoit pas un qui feist rien de bon et qui ne fust accompaigné d'excuse, combien que pour cela je ne me hastasse guères à leur présenter argent, sachant desja et cognoissant très bien les grandes dépenses que j'avoye faict auparavant à crédit et sur l'assurance d'autruy. »

Zachaire se lia pourtant avec un Grec, qui, mêlant du cinabre à l'argent, produisit un lingot d'argent plus gros, opération qui fit du bruit à Paris et coûta, en définitive, plus de trente écus à Zachaire. Il paya encore pour un gentilhomme étranger, qui finit par le leurrer d'un faux secret. Le roi de Navarre, Henri II, appela Zachaire près de lui et fut mécontent de ses opérations. Zachaire revint à Paris, et y étudia les écrits des anciens alchimistes. De retour à Toulouse, il convertit du mercure en or, le jour de Pâques 1550. Passé à l'étranger, il laissa vendre ses biens pour payer ses créanciers, devint amoureux d'une jeune fille de Lausanne, et se fit assassiner.

Un auteur anonyme, qui avait certainement lu les opérations du Grand Œuvre dans un ouvrage sérieux, les décrit comme il suit dans un ouvrage bouffon[1] :

« Mes chers enfants, commencez à bien préparer votre mercure : l'ouvrage sera à moitié fait. Je ne disconviens pas que vous n'ayez beaucoup de difficultés à surmonter pour parvenir à cette opération, qui, sans doute, est le plus difficile de notre ouvrage philosophique... En suivant scrupuleusement les routes de la Nature, vous rencontrerez les mêmes obstacles qu'elle rencontre dans le cours de ses opérations, et vous les surmonterez comme elle les surmonte. *Post laborem scientiam...* Prenez du mercure crud, faites-le cuire selon l'art, c'est-à-dire fixez ce qu'il a de volatile, et volatilisez ce qu'il a de fixe ; rendez liquide ce qui est sec, et sec ce qui est liquide ; alors vous aurez en votre pouvoir le vrai mercure philosophique. Mais surtout ne travaillez point précipitamment : hâtez-vous lentement, il faut le temps à toute chose... Soyez souvent spectateur oisif, et ne vous occupez dans ces moments d'inaction, qu'à considérer la complaisance que la Nature a pour l'art, et à admirer son assujettissement à la volonté des enfants de la science.

« Quant au régime du feu, ayez soin de proportionner la chaleur à la résistance du mercure... Et lorsque le degré du feu vous sera connu, travaillez hardiment. Toutefois, pour plus grande sûreté, qui vous

[1] *Le Grand Œuvre dévoilé en faveur des personnes qui ont grand besoin d'argent, par Celui qui l'a fait.* Paris, 1780, in-12.

empêche de placer un *thermomètre* dans votre laboratoire ? Quiconque prend toutes les précautions possibles est assuré de ne jamais faillir.

« Des trois règnes laissez l'animal et le végétal au vulgaire ignorant, et ne vous attachez qu'au minéral. Entre tant de minéraux que produit la Nature, il en est un, unique, dans lequel est enfermé le grand secret. N'hésitez pas à lui percer les flancs et à chercher dans le plus profond de ses entrailles cette fontaine cachée qui recèle une eau qui est notre véritable mercure philosophique. Cette eau est le bain des éléments, et c'est en elle qu'ils sont unis et mixtionnés par la Nature, et déterminés au genre minéral.

« Vous connoîtrez cette eau mystérieuse par ses qualités : elle n'est ni chaude, ni froide, ni sèche, ni humide. Oui, mes chers émules, elle renferme en elle ces quatre qualités contraires : elle échauffe sans brûler, refroidit sans glacer, humecte sans mouiller, et sèche sans altérer. Enfin, cette eau est l'eau de la mer philosophique sur laquelle les enfants de la lumière voguent sans craindre aucun danger, et où les profanes ne mettent jamais le pied sans faire naufrage : digne châtiment de leur témérité. »

Le même auteur, après avoir raconté symboliquement, dans un songe, toutes les opérations du Grand Œuvre, songe où il voyait le gazon sur lequel il dormait se changer en or, continue ainsi :

« Je recueillis soigneusement cette précieuse poudre (poudre de projection) dont j'emplis mes poches ; je moissonnai aussi le gazon transmué en or et le mis dans mon chapeau qui en fut presque plein... et pris le chemin de mon logis... Chemin faisant, je fis rencontre de quatre paysans, qui, me voyant porter mon chapeau avec peine, aussi pesoit-il extrêmement, s'approchèrent de moi pour voir ce qu'il pouvoit y avoir de si lourd... L'ayant vu, ils crièrent : « Au « secours ! au voleur ! voilà un sorcier. » L'un d'eux renversa le chapeau. Ma moisson ainsi renversée me mit dans une furieuse colère... Je donnai un soufflet à celui qui avoit fait tomber mon chapeau. Ma main, encore imprégnée de cette merveilleuse poudre que j'avois recueillie avec soin, eut la vertu de transformer, en un instant, le corps du pauvre manant en un or véritable; aussi, resta-t-il comme un terme... Je restai seul avec mon homme d'or. J'approchai de lui, je l'examinai; je lui rompis même le petit doigt, ce qui acheva de me convaincre de sa métamorphose et de la propriété de ma poudre... » Tout le village accourait contre le sorcier. L'auteur se sert encore de sa poudre, pour se défendre. Ceux qui en furent atteints devinrent hommes d'or, de paysans qu'ils étaient auparavant. L'auteur emploie ainsi toute sa poudre, mais il parvient à mettre les paysans en fuite ; il est rencontré ensuite par quatre voleurs qui le dépouillent entièrement de ses vêtements et le maltraitent. Par cette dernière partie du songe, l'auteur fait allusion évidemment à la misère qui attend toujours les philosophes hermétiques.

Borel, dans ses *Antiquités gauloises*[1], exprime en assez mauvais langage une opinion fort sensée :

« L'*alchemie*, ou art, ou piperie, ou une poursuite de Nature, que l'on doyve nommer, est, à la vérité, une imposture excellente et garentie de toute punition ; la vanité de laquelle se manifeste, en ce qu'elle promet choses qui combattent contre la Nature, ou qu'elle ne sçauroit accomplir ny atteindre, jaçoit que art aucune ne puisse surmonter la Nature, ains seulement l'imiter, voire la suivre de bien loin, et que la force et vertu de Nature soit de beaucoup plus grande efficacité que celle de l'art. Mais

> Des bons esprits suspecte est l'Alchimie,
> Et ses suppots plaire ne peuvent mie :
> Par tant d'abus les hommes entretient,
> Qu'elle et ses faits en ruine devient.

En essayant de transmuer les formes et espèces des choses et forger une certaine benoiste Pierre philosophale qu'ils appellent, par l'attouchement de laquelle toutes choses soient soudainement converties en or ou argent, selon le souhait de Midas, et si s'efforcent de tirer du ciel haut et inaccessible une certaine quinte essence, par laquelle se font forts les alchemistes de donner non-seulement des richesses excédantes celles de Crésus, mais, qui plus est, de remettre l'homme en sa florissante jeunesse et entière santé, déchassant de luy la vieillesse, et presque le rendre immortel. »

[1] Page 529.

Médecine chimique et astrologique.

D'après Valois[1], l'homme a, dans sa composition, « quatre humiditez, qui sont : le sang chaud et humide, de la nature de l'air; la colère chaude et seiche, de la nature du feu; le flegme froid et humide, de la nature de l'eau; la mélancholie froide et seiche, de la nature de la terre. La conjonction du corps avec l'âme vient de l'égalité de ces quatre humeurs, et l'altération ou maladie, de leur inégalité.. Mais, d'autant qu'entre icelles la cholère, comme dit est, est chaude comme feu; Satan, qui est composé d'yceluy feu en son occulte et d'air en son manifeste, a entrée en ycelle colère, à soy semblable, par le moyen de l'air par lequel nous avons le bénéfice de la veue. »

La Taille de Bondaroy explique ainsi l'influence des éléments sur l'homme[2] :

« De la terre a esté fait et formé l'homme et tout ce qu'on voit contenu en sa rondeur, estant ditte par les poëtes la mère des hommes et des dieux, encore qu'elle soit le moindre élément... Si elle est néantmoins bien nécessaire et de grande force et puissance, faisant ceux et tous les animaux auxquels elle abonde

---

[1] *Œuvres*, ms. cité plus haut, p. 94.
[2] *Géomance abrégée*, de J. de la Taille de Bondaroy. Paris, Breyer, 1574, in-4°, f° 1, v°.

le plus, secs et froids, mélancolicques, pesants, tardifs, avares, mais sages.

« L'eau est un élément froid et humide, plus grand et moins pesant que la terre, et, selon aucuns, le principe des merveilles, le plus excellent, antique et puissant, comme celui qui maistrise et commande à tous. Elle départ son humeur à tous animaux, herbes et plantes, et fait ceux ausquels elle surabonde, froids, flegmatiques, paresseux, mais beaux.

« L'air est un élément humide et chault, plus grand et plus léger que la terre et que l'eau ; il donne vie et respiration à tous animaux, et ne laisse rien vuide en Nature, faisant ceux ausquels sa force ou vertu surabonde, humides et chauds, sanguins, légers, mais gaillards.

« Le feu est le dernier et plus chault élément joignant le ciel de la Lune, chault et sec, plus grand, subtil et léger que les trois autres qu'il environne, tellement que sa sphère et rondeur est mille fois plus grande que la terre, qui, toutesfois, est le fondement des autres éléments, subjecte à recevoir les influences du ciel; il départ aux hommes, bestes et oiseaux, sa chaleur naturelle, sa force et sa vertu, et surtout aux semences, dont toutes choses sont produites. Il est invisible, pur, net, non corruptible et presque incompréhensible... Il passe partout, il est au ciel pour lustre, aux enfers pour peine, en la terre pour nostre usage... Bref, il fait ceux ausquels il maistrise, chaults, secs, subtils, légers, colériques, mais ingénieux. »

Valois[1] s'exprime comme suit sur les vertus de la Pierre philosophale :

« Et sçachez que nostredite Pierre est de vertu incomparable, car elle guérit les maux, et reconforte Nature en mondifiant le sang, et humidist les artères, et, plus fort, restaure jeunesse. Et si un peu d'icelle estoit mis dedans l'entour d'une vigne, elle porteroit raisins dès le mois de may. Et si fait moult d'autres merveilles, car elle rectifie les pierres précieuses, et du crystal fait escarboucle, et si fait la terre maléable. Et sçachez que nostre Pierre n'est autre chose que chaleur naturelle infixée dedans son humidité radicale ; de laquelle peu sont aujourd'hui qui croyent que d'icelle chose veuillons parler, laquelle nos devanciers d'honneur et d'avoir ont possédée si comme Aristote, Galien, Hypocrates et Platon, lesquels l'ont délaissée à nous sous grande couverture. »

Zachaire, traitant, dans son *Opuscule de la philosophie naturelle des métaux*[2], de la façon d'user de la divine Œuvre aux corps humains, pour les guérir de maladies et les conserver en santé, dit :

« Pour user de notre grand Roi pour recouvrer la santé, il en faut prendre un grain pesant après sa sortie, et le faire dissoudre dans un vaisseau d'argent avec du bon vin blanc, lequel se convertira en couleur citrine. Puis, faites boire au malade, un peu après la

---

[1] *Œuvres*, ms., p. 58.
[2] *Bibliothèque des Philosophes chimiques*, t. II.

minuit, et il sera guéri en un jour, si la maladie n'est que d'un mois; et si la maladie est d'un an, il sera guéri en douze jours, et s'il est malade depuis fort longtemps, il sera guéri dans un mois, en usant chaque nuit comme dessus. Et, pour demeurer toujours en bonne santé, il en faudroit prendre au commencement de l'automne et sur le commencement du printemps, en façon d'électuaire confit, et par ce moyen l'homme vivroit toujours joyeux et en parfaite santé jusqu'à la fin des jours que Dieu lui aura ordonné. Lesquelles admirables opérations ils ont attribuées à notre divine Œuvre, pour la grande et exhubérante perfection que notre bon Dieu lui a donné par notre décoction : à ce que par ce moyen les pauvres et vrais membres de Notre-Seigneur Jésus-Christ et vrai rédempteur en soient soulagez et nourris. »

« Celui qui sera en possession d'un si grand don, ajoute le *Guide charitable*[1], doit servir Dieu toute sa vie et travailler pour le bien public, car ce seroit une chose ridicule et extravagante de voir celui qui auroit en sa puissance un si grand trésor, rechercher l'éclat des dignités. »

L'*Œuvre physique*[2] donne un moyen particulier d'employer la Poudre philosophale pour la médecine :

« Je diray donc un mot de l'usage de notre poudre; pour la santé, elle est meilleure blanche que rouge,

---

[1] Ms. de la Bibl. de l'Arsenal, Sc. et A., n° 152 A, p. 88.
[2] Ms. de la Bibl. de l'Arsenal, Sc. et A., n° 170, p. 10.

comme estant plus tempérée. Toutefois, l'on peut se servir de la rouge. Faites avaller deux ou trois grains à une volaille; au bout de quatre ou cinq heures, tuez-la et la faites cuire. Puis, usez du bouillon ou de la chair : elle fait des opérations admirables, non pas hazardeuses, car la volaille a soutenu l'effort et temperé la chaleur de la poudre. »

« Il ne faut pas s'étonner, suivant le *Guide charitable*[1], que plusieurs philosophes ayent voulu tirer du sel marin la matière d'une médecine universelle, puisqu'aujourd'huy les plus habiles philosophes conviennent tous que l'origine de la salure de la mer n'est qu'une corporification sensible du sel universel du monde avec les eaux de la mer; ce sel est invisiblement diffus dans toute la Nature, où il est engendré et entretenu par la lumière des astres... Et il est encore vrai que les philosophes croient que ce sel marin participe plus du sel central et est mieux cuit par la chaleur des rayons du soleil, qu'aucun autre sel. D'autres sont partisans du nitre, qui contient deux sels, un fixe et l'autre volatil. »

Un recueil de pièces manuscrites sur l'Alchimie, conservé à la Bibliothèque de l'Arsenal[2], donne cette recette énigmatique pour faire l'or potable de Raymond Lulle :

« Sur trois onces de sel de tartre calciné en blancheur à forte et longue chaleur de réverbère, mettre

---

[1] Cité plus haut, p. 7.
[2] Sc. et A., n° 181 *bis*, t. Ier, p. 17.

une once de $\mathring{v}$ impreigné du sel volatil de l'esprit du tartre, et le lendemain en retirer le phlegme. Et réitérer tant de fois que ledit sel de tartre ait absorbé le sel volatil de quarante fois son poids du $\mathring{v}$, puis dissoudre ce sel de tartre dans $\mathring{v}$ et s'en servir pour dissoudre l'or. »

Dans la *Mouëlle de l'Alchimie*[1], de Philalèthe, celui-ci demande, à propos de l'or potable, « de quelle couleur, de quel goût, de quelle odeur et de quelle consistance est cette médecine pour rendre la santé et conserver la vie ? »

Rhomée lui répond : « Sa consistance est comme du miel, sa couleur est rouge, son goût est doux et agréable, et son odeur est très-bonne. Elle est notre arcane pour donner en médecine aux animaux et végétaux. »

D'après le *Trésor de l'univers*[2], attribué à R. Lulle, l'or potable, mêlé à d'autres remèdes, « est bon à la chute des cheveux... Il enlève les pustules de la tête et les ordures des cheveux, la tigne et les poux... les douleurs de tête et la migraine... Il retarde la corruption, le sommeil naturel et l'assoupissement... Il guérit la mélancolie ou corruption de l'esprit... la frénaisie, l'épilepsie, l'apoplexie, la paralysie... le spasme... la surdité... la puanteur des narines... le rhume... l'enrouement... le crachement de sang...

---

[1] Ms. de la Bibl. de l'Arsenal, Sc. et A., n° 155, in-4°.
[2] Ms. de la Bibl. de l'Arsenal, Sc. et A., n° 159, in-4°, p. 106.

la phtisie… la sincope… la perte de l'appétit… la faiblesse d'estomac… les vomissements… la colique… les passions de l'anus… l'hydropisie… les passions des reins… le bouchement des conduits… la rétention des menstrues… un trop grand flux… la goutte… l'épidémie particulière et les bubons… les maux de dents… Il rend l'homme jeune et alerte… Il est bon aux hommes et aux femmes stériles… etc. »

« Revenants donc, dit Roch Le Baillif[1], à une sommaire division de la cause des maladies, faut premier confesser que nostre Dieu s'est faict et représenté par deux images à luy semblables, sçavoir : le monde et l'homme, pour se resjouir aux certaines et admirables opérations qui sont au premier (qui est son image), et jouyr à plaisir du dernier, image du premier. Lequel nostre Dieu, pour tel le rendre et former, incontinent la création faicte, le tira de la matrice des éléments et print la plus solide et apparente matière, sçavoir : de la terre, et en luy feist la seconde matrice de laquelle fut tirée la femme : et icelle faicte, et demeurée matrice de tous les hommes jusques à la fin des siècles.

« Tellement que tout astronome sçait bien remarquer en luy mesme le mouvement du ciel, y trouver la ligne méridionalle, l'heure certaine (comme j'ay monstré à quelque amy), et généralement le lieu des sept corps célestes, leurs domiciles et exaltations, et

---

[1] *Demosterion*, déjà cité, p. 19.

au contraire, car par l'artère est représenté le mouvement du Soleil, comme elle est, sortant de son lieu, colloquée au milieu des autres, sçavoir du cœur, et s'avance ou retarde, de son prompt ou tardif mouvement, du lieu où elle passe, car celuy de Saturne est le plus tardif, celuy de Jupiter après, et ainsi des autres. Tellement que le lieu en nostre corps de l'un d'iceux offencé, le mouvement de l'artère y est dépravé, et qui (avec le mal) monstre la direction ou rétrogradation du corps vitié. »

Paracelse [1] croyait surtout à l'influence des astres pour le traitement des maladies :

« Et d'autant, dit-il, que la médecine ne peut valoir sans le ciel, il faut qu'elle soit tirée du ciel; or elle en peut estre extraite, si le bon artiste en oste la terre : de laquelle terre si elle n'est séparée, elle ne peut estre régie du ciel; mais, quand le remède est séparé de sa terre, alors le medium ou moyen est au pouvoir des astres, et est dirigé par iceux, en sorte que ce qui appartient au cœur est conduit et porté au cœur par le Soleil; ce qui dépend du cerveau, par la Lune; ce qui est à la ratte, par Saturne; aux reins, par Vénus; au fiel, par Mars; au foye, par Jupiter, et ainsi des autres membres. Et non-seulement de ces choses, mais il en va ainsi d'autres choses infinies.

---

[1] *Les quatorze livres des Paragraphes de Paracelse Bombast*, etc , traduits par C. de Sarcilly. Paris, Hervé du Mesnil, 1631, in-4°, p. 6.

« Mais, je vous prie, qu'est-ce que la médecine que vous ordonnez pour la matrice des femmes, si Vénus ne la conduit et addresse? Que pourroit-elle aussi profiter au cerveau, si la Lune ne l'y portoit? Et ainsi est-il des autres choses; et ces remèdes demeureroient seullement dans l'estomach, et de rechef sortiroient en leur imperfection par les intestins.

« Certainement, il y a icy une grande erreur, que bien souvent le ciel ne te favorise, et ne peut diriger ni porter ta médecine qu'il estoit besoing qu'il conduisît en son lieu. Car c'est un abus à toy de dire : « La « mélisse est herbe de la matrice ; la marjolaine profite « à la teste. » Les hommes inexperts et ignorants parlent en ceste façon. C'est en Vénus et en la Lune que le tout consiste, d'autant que si tu désires trouver ces qualitez et propriétez en ces herbes, il te faut trouver le ciel propice : autrement, il ne s'en ensuivra aucun effet.

« C'est en ce poinct qu'est le deffault et l'erreur, qui a pris tel pied dans la médecine, quand ils disent : « Donnez-luy médicament; s'il luy profite, tant « mieux, » etc. Ces degrez et telle science de médecine sont cogneues et communes à tous valets de harnois, pour ignorants qu'ils soient, et n'est de besoing, ni de Galien, ni d'Avicenne; mais, vous autres médecins, voicy votre cajol : Il faut (dites-vous) y adjouster des directoires au cerveau, à la teste, à la ratte, etc. Comme quoy osez-vous parler de ces directoires, attendu que vous ne les entendez pas? Ni quels sont les véritables et certains directoires? C'est ce qui vous fait devenir fols, voyant le peu d'effect de vos remèdes. Vous sçavez bien ce qui est directoire au cœur, à la teste, à la matrice, à l'urine et au ventre; mais (ô insensez!) vous ignorez le directoire de la maladie! Et d'autant que vous ne sçavez point cecy, vous ne pourrez, pour la même raison, sçavoir en quoy ni où consiste la maladie, et vous arrive ainsi qu'aux arthitriques, que vous appelez continuellement malades, et ainsy qu'à quelques-uns qui invoquent quelquefois pour saints ceux dont les ames sont en la gesne et aux enfers. Ainsi chez vous tout le mal est au foye, combien qu'il soit au t... du c... Or, attendu que c'est le ciel qui, par son mouvement et essieu, addresse le remede, et non pas le médecin, il est nécessaire que ledit remède soit réduit en substance tellement aérée, qu'il puisse estre regi et addressé par Mars, Saturne, Jupiter ou les autres, selon qu'il est requis. Car qui a jamais vu attirer ou élever en haut une pierre par les astres? Personne, mais seullement ce qui est léger et volatil. C'est ce qui est cause que plusieurs ont cherché en l'Alchimie la quintessence, laquelle n'est certainement autre chose que si ces quatre corps là sont séparez de leurs arcanes, et par ce moyen restera après cette deue séparation l'arcane, qui certainement est un chaos et est régi et porté par les astres, comme la plume par le vent.

« Il faut donc que les remèdes de la médecine soient préparez de telle sorte, que les quatre corps soient séparez de leurs arcanes, et faut après sçavoir quel astre est dans cet arcane; item, quel astre est et préside en cette maladie, et enfin quel astre de médecine est propre contre ce mal.

« De là est la direction. Quand tu donnes au malade une médecine à boire, il est besoing qu'elle soit préparée et séparée par le ventricule, qui en est l'alchimiste ou dispensateur. Que s'il est assez puissant de la réduire à ce point, que les astres la reçoivent, alors elle est digérée; sinon, elle demeure dans le ventricule et est jetée par la selle.

« Qu'est-il de plus beau et de plus sublime au médecin, que d'accorder l'une et l'autre astronomie (à sçavoir: du Macrocosme et Microcosme), en laquelle est posé le fondement certain de toutes les maladies? Donc l'Alchimie est le premier ventricule, qui appreste le remède par les astres, et non pas (comme disent les ignorants) cette Alchimie qui ne vise qu'à faire de l'or et de l'argent. C'est son vray but en ce lieu de faire des arcanes, et les préparer comme il faut et les digérer contre les maladies. C'est par ce chemin qu'il faut aller, c'est là le vrai fondement de la préparation des bons remèdes, car ces choses procèdent de l'expérience et conduite de Nature; ainsi l'homme et la Nature veulent estre d'accord en la santé, ou en la maladie. C'est icy la voye de santé et de la véritable curation, qui est parfaicte par la seule chimie, sans laquelle il ne se peut rien faire en ce subject.

« Or voilà pourquoy je persiste à establir l'Alchimie

pour fondement à la médecine, parce que ces grandes et grièves maladies de teste, comme l'apoplexie, la paralisie, le létharge, le caduc, la manie, la frénésie, la mélancholie, la tristesse et autres semblables, ne se peuvent guérir par les décoctions impures des apothicaires, car, ainsi que la chair ne se peut pas cuire auprès de la neige, ainsi, par tel art grossier des apothiquaires, les remèdes de ces maladies ne se peuvent réduire à l'effect; car, ainsi que chaque chose a son artifice, par lequel elle est préparée pour la fin à quoy elle est propre, ainsi faut-il l'entendre en ces maladies, à sçavoir qu'elles aient leurs arcanes, et, par conséquent, leurs préparations requises et particulières. »

Suivant les *Curiositez inouyes*, de Gaffarel, Crollius avait établi une médication basée sur la ressemblance des plantes avec les parties du corps humain :

« La teste, dit-il, est représentée par la racine de squille qui en a la mesme figure, c'est pourquoy elle est propre à ses maux.

« Les cheveux, par les barbes qui croissent sur les chesnes, appelez *pili quercini*, et par la fleur du chardon, dont le suc distillé la faist croistre.

« Les aureilles, par l'*asarum*, dit cabaret, excellent contre la surdité.

« Les yeux, par la fleur de potentilla, mot incogneu aux anciens, dit fusk, et tourné en tanaise sauvage, dont l'eau de sa fleur est singulière pour la veüe.

« Le nez, par la mente aquatique, l'eau de laquelle fait revenir l'odorat perdu.

« Les dents, par la *dentaria*, qui en apaise la rage.

« Les mains, par la racine d'hermodate, propre pour ses crevasses.

« Le cœur, par le citron et l'herbe appelée *alleluia*, qui luy est souveraine.

« Le poumon, par l'herbe ainsi nommée.

« Le foye, par l'hépatique, favorable à ses maux.

« Voyez les autres simples chez le mesme auteur, qui représente le reste des parties du corps, comme mammelles, ventricule, nombril, ratte, entrailles, vescie, rheins, génitoires, matrice, espine du dos, chair, os, nerfs, pores, veines, et mesme les parties honteuses, comme le *phallus Hollandica*, descrites particulièrement par Adrianus Junius. »

Un livre écrit contre l'astrologue Michel Nostradamus[1] nous fait connaître un singulier remède qu'il conseillait pour guérir les ulcères de vessie :

« Il n'y a pas longtemps, luy dit l'auteur, qu'un honneste homme se retira devers toy pour te demander conseil d'un ulcère qu'il avoit à la vescye. Et après que tu l'euz fait dépouiller tout nud, tu luy donnis un conseil, digne de mémoire pour en estre moqué à jamais, tu luy vins dire qu'il eusse cognoissance avec une petite femme noire : ce conseil est semblable à celuy qui, pour estaindre un grand feu, commandoit y mettre de térébenthine ou d'huile. Et par ainsy l'on

---

[1] *Déclaration des abus, ignorances et séditions de Mich. Nostradamus*. Avignon, Pierre Roux, 1558, in-4°.

peut cognoistre que tu es aussi bon physicien qu'astrologien, car tu n'estois contant lui conseiller de faire croistre et empirer davantage son ulcère, en allant aux femmes, mais tu voulois que la femme feust noire et petite; je ne say si tu le faisois par superstition, ou bien que vouloys dire que les noires sont plus habilles aux armes. »

« En quelques endroits d'Allemagne, dit le Père Lebrun[1], on fait un usage fort singulier d'une baguette de coudre ou de frêne, car on s'en sert pour remettre les os disloqués ou rompus, pour guérir les playes et étancher les hémorragies. La plupart préfèrent le frêne à tout autre bois, et ils l'appellent pour ce sujet *das wundholz*, bois à guérir les plaies... Telles sont les pratiques que Borel[2] rapporte, après le médecin Laigneau, lequel, dit-il, sans se servir d'autre remède que d'une baguette de coudre préparée, s'étoit lui-même remis le bras écrasé sous la roue d'un chariot. On ajoute qu'il faisoit une foule de semblables cures, avec de petits bâtons, qu'il conservoit bien munis des influences de la constellation qui les rendoit si bienfaisants. Tout son secret consistoit à couper d'un seul coup une verge de coudre, lorsque le Soleil entroit dans le signe du Bélier, et à en sceller les deux bouts avec de la cire d'Espagne, de peur que la vertu ne s'évaporât. Il ne falloit ensuite que frotter la

---

[1] *Hist. critique des pratiques superstitieuses*, t. II, p. 367.
[2] Borellus, cent. 3, observ. 77

contusion avec une de ces baguettes, pour faire remettre les os dans leur place, comme si on s'étoit servi de quelque enchantement. Le même médecin préparoit ainsi des baguettes de frêne, au temps de la conjonction du Soleil et de la Lune dans le signe du Bélier, et prétendoit par leur seul attouchement arrêter toutes sortes d'hémorragies. »

Les *Curiositez inouyes*, de Gaffarel, parlent aussi, en ces termes, des remèdes empruntés aux animaux :

« Pomponace et Campanella assurent que si un chien enragé mord une femme enceinte, si on n'y met promptement remède, son fruit vient à se former dans son ventre comme un chien, et qu'il sort par après avec les mesmes linéaments d'un chien, tant il est vrai que, si nous cherchions les effets de la Nature et en sçavions donner les raisons, nous nous mocquerions de ce que nous sçavons. Or je dis que la figure d'un scorpion, marquée naturellement à la pierre, cherche toujours à se perfectionner, et partout où elle trouve des qualitez qui lui sont propres, elle les tire et les prend. Si doncques elle est appliquée sur la plaie faicte par un scorpion, elle y trouve des qualitez imprimées par le scorpion, et les recognoissans propres et convenables, elle les tire et les retient, de façon que la playe, n'estant plus occupée de ces qualitez qui l'envenimoient, elle se consolide et se guarit. En un mot, en ceste affaire, le fort l'emporte sur le faible pour se perfectionner davantage; ainsi en la figure du scorpion, que la Nature a imprimé sur la pierre, se trouvant davantage des qualitez de ceste beste qu'en la playe qu'elle a faite, celles qui s'y trouvent sont attirées par les autres qui sont à la pierre, comme plus fortes et de plus de vertu. Par ce principe, le scorpion escrasé et appliqué sur la morsure la guarit, comme aussi son huile; la morsure pareillement d'un serpent est guarie par sa teste escarbouillée ou bien par le serpent réduit en poudre, ainsi qu'asseurent Crollius et M. du Chesne, sieur de la Violette; celle d'un crocodile, par sa graisse; celle d'un rat, par sa chair mise en poudre; celle d'un chien, par son poil ou sa peau; le venin d'un crapaut, par une pierre qui se trouve à sa teste; et si nous esprouvions la propriété des autres animaux, nous trouverions sans doute en tous la même chose. »

Le fameux nécromancien Picatrix [1] donne un moyen de guérir la morsure du scorpion :

« Une personne de la cour du roy d'Égypte vit un certain jeune homme, lequel, ayant entendu se plaindre d'une blessure mortelle que luy avoit fait un scorpion, tira de sa bourse un paquet de certains sceaux ou cachets semblables à de l'encens, en prit un où paraissoit empreinte l'image du scorpion, et le donna au malade... Et sur-le-champ il fut guéri... Ayant demandé au jeune homme avec quoy il avoit empreint la figure du scorpion, il me montra un anneau d'or

---

[1] *Œuvres*, trad. franç. du latin en franç. et d'espagnol en latin sur l'original arabe en 1256, ms. de la Bibl. de l'Arsenal, Sc. et A., in 4°, n° 85 et 86.

auquel étoit sertie et enchâssée une pierre de bésoar ayant la figure d'un scorpion... Il me dit que cette figure avoit été faite, quand la Lune étoit dans la seconde salle du Scorpion... Je fis faire une image de scorpion de cette figure dans l'heure cy devant ditte, avec laquelle je scelle et cachette sur de l'encens et touttes autres choses qui pouvoient estre cachetez; ensuitte avec des sceaux et cachets je fis merveille à la vue de tout le monde. »

Cardan [1], qui était un bon mathématicien et un grand astrologue, mais un pauvre docteur, et qui se laissa mourir de faim, dit-on, pour accomplir son propre horoscope, nous indique des remèdes bizarres :

« Et cecy ne doit sembler merveilleux que le cuir de l'ergot dextre d'un autour, mis sus le pied dextre d'un podagre, et du senestre sus le pied senestre, peut soulager la douleur. Ainsi le nombril d'un enfant, coupé, quand l'enfant naist, porté en un anneau d'argent, afin de toucher la chair, a grandement proffité à ceux qui estoient préparez aux douleurs de la colique, ce que j'ay veu : en sorte que par tel remède ils ont esté bien sains par plusieurs ans : peut estre que leur fiance mise en cela leur profitoit, car il ne faut croire que cecy advienne à tous. Toutes choses qui sont tenues suspenses, sont tousjours douteuses, et l'utilité en est suspecte; l'expérience n'est tant suspecte. Un mien amy a expérimenté que la grande racine de la pi-

---

[1] Les *Livres de Hiérosme Cardanus*, traduits de latin en franç. par Richard le Blanc, p 437, r°.

voine masculine, cueillie le jour de la pleine Lune et pendue au col, est très utile aux podagres; toutesfois, je n'ose asseurer qu'elle soit utile à tous podagres. Plusieurs remèdes seurs peuvent estre pris de nostre corps, pour cause de la convenance et conseus. Au temps passé, la moumie dicte *mumia* estoit un sang concret et figé des corps des Égyptiens, aromatisez de myrrhe, d'aloës et d'autres odeurs aromatiques, comme est la cassie, dicte *cassia*, et l'*amomum*. Ce médicament estoit un souverain remède à la partie d'où couloit le sang, et pour les entrailles rompues et meurtries. »

L'abbé Thiers [1] nous apprend que la cautérisation était depuis longtemps en usage, sous la forme d'une pratique de dévotion, contre la morsure des chiens enragés :

« Dans le comtat d'Avignon, dit-il, en Provence, en Dauphiné et ailleurs, il y a des prêtres qui font chauffer un morceau de fer ou une des clefs de l'église et qui l'appliquent aux hommes et aux femmes, aux chiens et aux bestiaux, pour les guérir de la rage, ou pour les en préserver. Ce morceau de fer et cette clef s'appellent la Clef de saint Pierre, parce que l'on s'en sert plus communément dans les églises qui sont dédiées à saint Pierre que dans les autres. On en marque d'ordinaire les hommes et les femmes dans les églises. »

---

[1] *Traité des Superstitions selon l'Écriture sainte*, par J. B. Thiers, curé de Vibraye. Paris, A. Duzallier, 1692, 4 vol. in-12, t. Ier, p. 370.

L'abbé de Vallemont [1] conseille cette préparation de la poudre de sympathie pour guérir les plaies :

« On prend telle quantité que l'on veut de vitriol romain, vers la fin de juillet ou le commencement d'aout, c'est-à-dire dans le temps que le Soleil est dans le signe du Lyon. On fait dissoudre ce vitriol dans l'eau ; celle de pluye est la meilleure. Après cela, on filtre cette eau avec du papier broüillard. Cela fait, on met cette eau sur un peu de feu, afin qu'elle s'évapore et qu'on trouve au fond du verre, le matin suivant, le vitriol en petites pierres d'un très beau verd, qu'on expose au soleil, afin qu'il s'y calcine et blanchisse. On fait cette dissolution, filtration, coagulation et calcination trois fois, afin de rendre la substance du vitriol plus pure et plus homogène. Après cela, on expose le tout aux rayons du soleil, afin que le vitriol achève de se calciner et de blanchir parfaitement. Cette poudre ne se met point sur la playe, mais sur un linge ou sur une épée où il y aura du sang ou du pus. On tient la playe couverte d'un linge bien blanc; on le leve tous les jours et on sème, sur la matière qu'il emporte de la playe, un peu de nouvelle poudre de sympathie. Ce qu'on pratique jusqu'à une parfaite guérison. »

Simon Goulard a trouvé, dans de vieux auteurs, le moyen d'obtenir la guérison merveilleuse de la piqûre

---

[1] *La Physique occulte, ou Traité de la Baguette divinatoire*, par L. L. de Vallemont. Amsterdam, Brackmann. 1693, in-12 219.

de la tarentule, qui paraît heureusement ne plus piquer personne :

« Jean-Baptiste Neapolitain[1] atteste que la tarantule est ainsi nommée, à cause de Tarente en l'Apouille, et que tout le pays abonde en telle multitude de ces insectes venimeux, que peu de gens en eschapent l'ateinte. Leur picqueure est plus aspre que celle d'une mouche guespe. Ceux (dit-il) qui en sont frappez ont des accidents divers ; plusieurs chantent incessamment, puis pleurent et entrent en resverie ; mais presque tous sautent et dansent. Les paysans moissonnans, qui ne s'en donnent garde, en sont souventes fois percez au vif, et tels bestions se tiennent cachez en des trous qu'ils font dedans les terres enblavées. On guérit les piquez au son de quelques instruments de musique qui les resjouissent et remettent au dessus. Voilà merveilles, dit Camerarius[2], et ne sçauroit rendre certaine raison pourquoi les morsures de ce bestion venimeux ne reçoivent autres remèdes que des mélodies et chansons musicales. Pourtant faut-il confesser qu'il y a quelque secrette vertu en la musique, pour esmouvoir les esprits. »

Paracelse[3] maltraite beaucoup les médecins, qui ne demandaient pas leurs remèdes aux opérations de l'Alchimie et aux influences astrales :

---

[1] Au deuxième livre de sa *Magie naturelle*, chap. xxi.

[2] Au deuxième vol. de ses *Méditations historiques*, liv. V, chap. i.

[3] Page 59 de ses *Paragraphes*, trad. par C. de Sarcilly.

« Considérez bien ces choses en vous-mesmes, dit-il, et alors vous cognoistrez et jugerez facilement pour quelle cause ils me haïssent, me calomnient et me persécutent. Combien que tout cela ne soit rien en la médecine, estant un accident assez ordinaire, et pourtant le blâme ne doit offenser l'homme de bien. Car les médecins sont pires l'un envers l'autre que les macquereaux, et par certaine envie que ils ont inséparable de leur profession, ils se blasonnent et invectivent l'un l'autre, ne s'accordant jamais en leurs consultations et advis particuliers. Ce qui doit (ce me semble) assez faire voir la fraude et fausseté de leur doctrine. Ils s'envient et hayssent l'un l'autre, et chacun tasche de supplanter son compagnon, par détraction ou autrement, et font gloire par leur artifice, si par ce moyen ils peuvent nuire l'un à l'autre. Ainsi sont-ils gouvernez par le diable, duquel ils ont leur establissement, et par l'ayde et suggestion duquel ils subsistent et se maintiennent. De cecy n'en doubtes aucunement, car les divers meurtres, et homicides, et bourrellements, et tant de pertes qu'ils font journellement parmi les hommes, par leurs saignées, purgations, cautérisations, bruslements, incisions, et autres impertinents remèdes par lesquels les cimetières sont remplis et les hospitaux aussi ; tesmoignent assez de leurs fruits et de quelle part ils viennent. Car certainement ces cruautez ne procèdent point de la main de Dieu, qui seroit injuste, s'il n'avoit establi sur la terre une médecine certaine pour les hommes. »

Talismans et amulettes.

On lit dans le *Traité des Talismans* [1] :

« Talismant n'est autre chose que le sceau, la figure, le caractère ou l'image d'un signe céleste, planette ou constellation, imprimée, gravée ou ciselée sur une pierre sympathique, ou sur un métail correspondant à l'astre, par un ouvrier qui ait l'esprit arresté et attaché à l'ouvrage et à la fin de son ouvrage, sans estre distrait ou dissipé en d'autres pensées estrangères au jour et heure du planette, en un lieu fortuné, en un temps beau et serein, et quand il est en la meilleure disposition dans le ciel qu'il peut estre, afin d'attirer plus fortement les influences, pour un effet dépendant du mesme pouvoir et de la vertu de ses influences. »

Le même ouvrage [2] donne la composition de quelques talismans éprouvés :

« *Pour la joie, beauté et force du corps.* Gravez l'image de Vénus, qui est une dame tenante en main des pommes et des fleurs, en la première face de la Balance, des Poissons ou du Taureau.

« *Pour guérir la goute.* Gravez la figure des poissons, qui sont deux poissons, l'un ayant la teste d'un côté et l'autre de l'autre, sur or ou argent, ou sur de l'or meslé d'argent, quand le Soleil est aux Poissons libre d'infortune, et que Jupiter, seigneur de ce signe, est aussi fortuné.

---

[1] Paris, Pierre de Bresche, 1671, in-12, p. 20.
[2] Page 108.

« *Pour avoir l'esprit plus subtil et la mémoire meilleure*. Gravez l'image de Mercure, qui est un jeune homme assis, tenant en main un caducée et la teste couverte d'un chapeau, en la première face des Jumeaux ou de la Vierge, sur un métail, comme nous avons dit ci-devant. »

Le même ouvrage dit encore [1] :

« On attribue à Salomon un livre intitulé *des Sceaux des pierreries*, où il dit que la figure d'un homme, gravée sur du jaspe vert et enchassée dans l'airain, ayant un bouclier pendant au col et un casque en teste, un glaive eslevé à la main, et foulant un serpent aux pieds, rend celuy qui le porte au col partout victorieux et invincible. Que la figure du Scorpion et du Sagittaire se combattans, gravée en quelques pierres, et enchassée dans un anneau de fer, cause les divisions parmi ceux qui en sont touchez ; au contraire, la figure du Bélier avec la moitié du Taureau, gravée dans une pierre et enchassée dans l'argent, apporte la paix et la concorde. Que la figure du Verseau gravée sur une turquoise fait gagner aux marchands tout ce qu'ils veulent. Que la figure de Mars, qui est d'un soldat armé avec sa lance, gravée sur une pierre, rend l'homme belliqueux. La figure de Jupiter, qui est la forme d'un homme ayant une teste de bélier gravée sur quelque pierre, rend celuy qui la porte aymable et gracieux, et luy fait obtenir l'effet

---

[1] Paris, Pierre de Bresche, 1671, in-12, page 95.

de ses désirs. Que la figure du Capricorne, gravée sur une pierre précieuse et enchassée dans un anneau d'argent, rend l'homme invulnérable et en ses biens et en sa personne : un juge ne pourra jamais donner sentence injuste contre luy; il abondera en biens et en honneurs et acquerera la bienveillance de tous les hommes. »

Le *Trésor de l'univers*[1], attribué à Raymond Lulle, dit que :

« Chaque étoile du ciel a son influence particulière : l'étoile du Pole, sur l'aimant et sur le fer; la Lune, sur les eaux de la mer; le Soleil, sur l'or; la Lune, sur l'argent; les images des hommes du ciel, sur les corps humains; la similitude du Bélier céleste, sur les béliers terrestres. »

Le *Traité des esprits célestes et terrestres*[2] indique le moyen de faire le pentacle, espèce de talisman magique :

« Le pentacle, dit-il, se doit faire au jour et heure de Mercure, sous le signe du Bélier. Ainsi il faut former le pentacle dans le croissant de la lune, le 23 mars, à la quatrième heure du jour, c'est-à-dire après quatre heures du soleil levé. Il faut le faire dessus une plaque de cuivre ou au moins dessus du parchemin vierge de bouc. Il faut tâcher de le finir dans l'heure, parce que après l'on entre dans l'heure de Jupiter. Lorsqu'il sera

---

[1] Ms. de la Bibl. de l'Arsenal, Sc. et A., n° 159, p. 81.
[2] Ms. de la Bibl. de l'Arsenal, Sc. et A., n°° 68 et 69, in-4°, p. 11.

fait, il faut dire dessus une messe du Saint-Esprit et l'arroser avec l'eau baptismale. De même, il faut bénir du charbon, pour former le cercle de la ficelle pour se guider et tous les ustencilles nécèssaires ou qui servent le moindrement à l'opération... »

Le 29 mars, l'opérant et ses compagnons commenceront à se laver avec de l'eau pure et nette; ils renouvelleront ces ablutions pendant trois jours. Il faut se tenir en état de chasteté, c'est-à-dire n'avoir communiqué avec aucune femme; il faut aussi jeûner. L'opérant doit être habillé de son habit de prêtre; un particulier ou séculier doit avoir « une robbe de toille de lin sacré. » Outre les psaumes, il faut dire l'oraison suivante :

« Seigneur Abalidoth, qui aimez vos serviteurs et en voulez être aimé, je vous prie, par l'entremise de vos génies célestes que vous chérissez le plus, qui sont Jamael, Corath, Zadiel et Poma, de répandre sur mon opération les douces et amoureuses influences dont sont remplis les trésors de vostre bonté, affin que ce que j'entreprends ait un succez conforme à mon intention et que je puisse vous en rendre gloire. Amen. »

D'après Pierre Mora [1], philosophe cabaliste :

« Ordinairement les pentacules sont chargées d'un double rond, des mistérieux noms de Dieu tirés d'un passage de la sainte Écriture qui a du rapport à ce que

---

[1] *Zekerboni*, avec un grand nombre de figures mystérieuses, caractères, talismans, etc.; ms. de la Bibl. de l'Arsenal, Sc. et A., n° 73, in-4°, p. 25.

vous désirez obtenir par le moyen de cette pentacule. Exemple : Si votre intention dans une entreprise mistérieuse est sur les richesses et les honneurs, vous mettrez dans le double cercle de la pentacule : *Gloria et divitiæ in domo ejus*, et dans le centre ou vuide du rond, vous y graverez avec ordre et symétrie les caractères des planettes, sous les auspices desquelles vous formerez cette pentacule. »

Roch le Baillif [1] rapporte que :

« Serenus Samonicus, entre les préceptes de la médecine, dict qu'escrivant ce nom *Abracadabra*, diminuant lettre après lettre par ordre rétrograde, depuis la dernière jusques à la première, et porté au col, estre remède aux maladies, et qu'elles déclinantes par peu se guérissent. »

Cardan [2] enregistre, sans paraître y croire absolument, les vertus de dix-neuf pierres :

« Les hommes d'auctorité attribuent, dit-il, grandes et plusieurs louenges au *hyacint*, entre lesquelz est Serapio, lequel j'ay monstré, au Comment sur l'art de médecine, estre Jean Damascène : pour ce que le hyacint rend les hommes qui le portent, hors du peril du tonnerre, en sorte que la cire portée qui est mise sous l'engraveure d'iceluy, mesmement rejecte le tonnerre : et dit-on que cecy a esté expérimenté aux régions, auxquelles plusieurs périssent par le tonnerre, veu qu'aucune personne n'en a esté touchée qui porte

---

[1] *Le Demosterion*, cité plus haut, p. 118.
[2] *Les Livres de Cardan*, déjà cités, p. 165 et suiv.

le hyacint. Par semblable miracle, il délivre ceux qui le portent du péril de peste, pareillement ceux qui habitent en l'air pestiféré. Tiercement, il fait dormir : ce qu'Albertus Magnus confesse avoir expérimenté. Coustumièrement j'en porte un très-grand, et semble estre quelque chose ; toutesfois il ne sert moult à concilier le dormir ; mais le mien n'est de couleur rouge et du bon gerre, ains il est jaune comme l'or et est fort loing du très-bon, car le très-bon est de couleur rouge, qui rarement surmonte la magnitude d'une lenticule...

« Or que les pierres nous gardent de péril, quand nous tombons, comme l'on dit de la pierre *erano*, dicte *turquoyse*, laquelle portée en un anneau, si l'homme tombe de dessus son cheval, est estimée recevoir tout le coup, et estre rompue en pièces, l'homme sauvé : cecy a la cause moins difficile, néanmoins qu'elle soit grande : aucuns adjoutent qu'il faut que cette cause soit reçeue par grâce divine. Cette pierre de couleur perse et de ciel est translucente et reluit. Cette pierre est approuvée, pource qu'elle semble estre verdatre durant la nuict, que la partie qui est sus terre est noire, qu'elle reçoit veines en la part inférieure, qu'elle est douce et n'est fort froide, et que finablement la chaux destrempée, et mise sus ceste pierre, semble estre perse, et reçoit la couleur d'une pierre précieuse. Et quand la turquoyse sera telle, elle ne sera perspicue ne translucente, ni pierre précieuse, car elle peut estre pulvérisée de la lime... Et les peuples où ceste pierre est engendrée estiment qu'elle n'a autres vertus qu'encontre les empoisonnements et contre linfatiques. Si donc la turquoyse en garde que ceux qui tombent de dessus un cheval, ne soient blessez, cecy adviendra par l'homme qui n'est pressé : car, pour mesme cause, nous ne sommes en danger, quand les chevaux pauvres et maigres tombent. Or, que la pierre reçoive le coup, c'est chose incrédible : peut estre qu'elle est tant molle, qu'elle est plus tost blessée que celuy qui monte le cheval. J'ay une turquoyse qu'on m'a donnée; toutesfois je n'ay expérimenté ce qui est susdict, et n'ay tant estimé de vouloir le savoir, que je voulsisse l'expérimenter.

« Par moindre miracle, les pierres précieuses *hyena* et l'*émeraude*, font cognoistre les choses futures, si font cecy d'adventure : car je ne veuil maintenant disputer de ce qui faict, mais de ce qui peut faire, et pourquoy, et comment. Car la pierre précieuse portée en un anneau, ou pendue au col, qui est chose plus valide, ou retenue souz la langue, ce qu'elle peut faire lors principalement, elle confirme l'opinion de la chose future, et oste de l'esprit l'opinion de la chose qui ne doit advenir...

« Les pierres précieuses retenues souz la langue peuvent faire la devination, en augmentant le jugement et la prudence : et la devination est principalement du jugement et de prudence, comme j'ay enseigné en mes livres de Sapience. Aucuns disent qu'ils ont cogneu, par expérience, que l'esmeraude est aucunes fois rompue au coït vénérien. En telle sorte qu'il en soit, l'émeraude est la plus fragile de toutes les pierres précieuses... L'haleine fréquente et la sueur aucunes fois survenante monstrent que le corps est moult échauffé au coït vénérien, et la chaleur s'imprime davantage, pource qu'elle n'est dissoulte petit à petit comme aux excitations. L'émeraude beue résiste grandement aux venins, pource que par nature elle est surmontée de mollesse, plus que toute autre pierre précieuse : l'abondance de l'humeur cuit récrée l'esprit par sa perspicuité; elle profite à la nature de l'homme et repousse la nature du venin, et pource que c'est une pierre, elle retient la vertu stabile...

« Le propre de l'*escarboucle* est d'exciter l'esprit et le rendre joyeux, car les couleurs délectent les esprits. Et son utilité est cachée, quand elle est vicieuse ou petite, ou que celuy qui la porte est inconstant, comme un enfant, ou qu'il est vehé de grand soing, comme sont les princes et les sages...

« Le *saphir* récrée l'homme, et quand il est beu, il profite aux mélancholiques, et au coup et morsure des scorpions et serpens. Albert le Grand récite avoir expérimenté deux fois que le saphir, par son seul touchement, guarit un anthrac, vulgairement dit un clou. Il est très-utile qu'il soit grand; il faut qu'il adhère longtemps à la chair...

« Aucuns estiment que l'*astroite* rend l'homme qui le porte au col, victorieux...

« Si le *jaspe* est vert et droictement pendu sus le ventricule, Galenus escrit qu'il conforte grandement le ventricule. Aussy, j'ay veu qu'il arrête le sang coulant de toutes parts, principalement du nez, et n'est de merveille, entendu qu'il a sa vertu grandement astringente...

« On estime que le *chrysolithus* réprime grandement la paillardise, s'il est porté touchant la chair... Mis souz la langue des fébricitans, il appaise la soif : laquelle chose, quoiqu'elle soit commune au chrystal et à plusieurs pierres, non toutefois tant évidemment qu'au chrysolithus. »

On trouve, dans un curieux manuscrit de l'Arsenal [1], la manière de faire des amulettes avec les psaumes de David, correspondant à différents Génies ou Intelligences, et à différents caractères magiques; par exemple :

« *Pseaume* 16. David composa ce pseaume, lorsque Saul le poursuivoit ; comme plusieurs autres en pareil cas, il est bon pour les tourments du corps et de l'esprit, et a les mêmes vertus que le précédent (pour les maladies); il sert aux voyageurs pour voyager heureusement; si on le porte écrit, avec son Intelligence et le caractère, sous l'aisselle gauche, et le dire neuf fois, on ne fait aucune mauvaise rencontre et on sera agréable à tout le monde. Nom de l'Intelligence : *Scema.* »

---

[1] *OEuvres de Picatrix; la Clef des Clavicules; les Caractères de tous les Génies et Esprits, et les soixante-douze noms de Dieu avec les versets des pseaumes qui y répondent,* Sc. et A., n° 80, in-4°.

« *Pseaume* 18. David, en celui-ci, exprime la grandeur de Dieu et de sa loy; il est bon pour acquérir la grâce de Dieu; si un prédicateur le dit trois fois avec son Intelligence et le caractère, il ne manque point à son sermon; il facilite les accouchements des femmes, en prenant un peu de terre de chemin, puis l'écrire jusqu'au verset: *Es tu quem spiritus*, avec son Intelligence et caractère, et mettre le tout sur le corps de la femme, puis le dire trois fois; elle enfantera aussitôt, et aussitôt qu'elle aura accouché, ôtez-le. Nom de l'Intelligence: *Méchel*. Il est bon pour donner de l'esprit; pour cela, prenez un verre de vin et de miel, et dittes dessus sept fois le pseaume, et à chaque fois dire: « *Méchel*, je te conjure de me donner bon « esprit et entendement. Amen. » En tout art, étude et science, le dire le mercredy ou vendredy, au soleil levant, et le donner à boire à qui vous voudrez. »

« *Pseaume* 32. Il acquère la grâce de Dieu, il chasse les tentations, empêche la stérilité des femmes. Il est propre pour faire lever le siége d'une place, en prenant un vase de terre plein d'huile d'olive, et dire le pseaume trois fois le jour dessus, le matin, à midy et au soir, avec son Intelligence; et avec cette huile, marquer le nom de l'Intelligence et le caractère, contre toutes les portes de la ville, place ou maison, et ferez sept fois la même chose, et après les sept fois on sera délivré et le siége sera levé au bout de sept jours. Nom de l'Intelligence: *Iola*. »

« *Pseaume* 43. Si on le dit tous les matins, il fait

obtenir de Dieu les grâces qu'on lui demande; il est bon pour la femme, affin qu'elle soit aimée du mary; celui qui le dira dévotement sera délivré de mort violente et honteuse, le disant devant un crucifix à genoux. Il est bon pour l'amour, le disant le vendredy matin, au soleil levant, au croissant de la Lune, avec l'Intelligence, et écrire le caractère au milieu de la main gauche et dire : « Je te prie, *Se fava*, qu'un tel « ou une telle m'aime sincèrement et fasse toutte ma « volonté. » Tâcher de toucher ce jour-là cette personne avec la main gauche, ou, du moins, lui faire voir. Nom de l'Intelligence : *Se fava*. »

« *Pseaume* 70. Il redonne la vigueur à un vieillard, si on l'écrit, avec l'Intelligence et le caractère, sur une peau d'ours. L'envelopper dans un morceau de toile neuve, puis le porter pendu au col dans une petitte boitte d'or, et le dire tous les dimanches et jeudy matin; il semblera que l'on renaît, si on le dit favorablement avec beaucoup de confiance en Dieu, admirant sa bonté et sa clémence infinie; il sera aidé et obtiendra sa bénédiction sur lui et sur toutte sa famille et en tous leurs biens. Nom de l'Intelligence : *Fevel*. »

L'abbé Bordelon[1] rappelle les faits suivants :

« Grégoire de Tours dit que sous le règne de Chilpéric on trouva, dans les fossez de Paris, une plaque de cuivre, sur laquelle étoit gravée la figure d'un rat,

---

[1] *De l'Astrologie judiciaire*, entretien curieux, par l'abbé Bordelon. Paris, 1089, in-12, p. 05.

d'un serpent et d'une flamme de feu; que, peu de temps après qu'on eût ôté cette plaque, qui étoit un talisman, on vit dans Paris une quantité prodigieuse de rats et de serpents, et qu'il se fit, dès le lendemain, un embrazement considérable dans la ville.

« Il y avoit, dans la boucherie de Naples, une mouche d'airain qui empêchoit que les autres mouches n'y entrassent. On disoit que c'étoit Virgile qui l'avoit fait.

« Une figure de scorpion préservoit la ville de Hamptz des scorpions; de même une ville d'Égypte se préservoit des crocodiles par la figure en plomb d'un de ces animaux ; de même une cigogne à Constantinople, un serpent d'airain dans la même ville, et le fameux serpent d'airain de Moïse. »

Suivant les *Curiositez inouyes* de Gaffarel[1], Scaliger fils, d'après un Cosmographe arabe, parle du « talisman qui se void aux contrées de Hamptz, dans la ville du mesme nom, et n'est autre chose que la figure d'un scorpion, gravée sur l'une des pierres d'une tour, qui a ceste puissance de ne laisser entrer dans la ville aucun serpent ou scorpion; et si par plaisir on y en apporte quelqu'un des champs, ils ne sont pas plustost à la porte, qu'ils meurent soudainement. Ceste figure a encore ceste vertu, que lorsqu'on est piqué de quelque scorpion, ou mordu de quelque serpent, il ne faut qu'imprimer

---

[1] *Curiositez inouyes sur la sculpture talismanique des Persans.* Paris, Hervé du Mesnil, 1629, in-8°, p. 250.

l'image de la pierre avec de l'argille et l'appliquer sur le mal, qui est guary à mesme temps. Que si on ne veut croire à ce Cosmographe, qu'on croye à mons. de Breves, comme tesmoin oculaire, qui dit, en la relation de ses voyages, qu'en Tripoli de Syrie, dans le mur qui joint la porte de la marine, se void une pierre enchantée, sur laquelle est taillée en relief la figure d'un scorpion, laquelle y fut mise par un magicien, pour exterminer les bestes venimeuses qui infectoient ceste province, comme à Constantinople le serpent d'airain ou Hippodromos, et au-dessus de la ville se void une caverne de carcasses et ossements de serpents qui moururent lors. »

Le même auteur [1] pense que quand des figures d'animaux sont représentées naturellement dans les pierres ou marbres, elles peuvent se changer en animaux véritables, et il explique ainsi la présence du crapaud vivant enfermé dans une pierre, comme celui trouvé par Gorropius, à Anvers, « dans un marbre scié, fort espais et sans aucune fente ou ouverture, car la figure d'un crapaut, dit-il, ayant esté représentée au dedans de ces pierres, il arriva que, par quelque propriété du lieu, elle fut changée en crapaut naturel. Le mesme peut-il arriver des autres figures, si on en excepte l'humaine, dont la forme est une œuvre de la seule main de Dieu. Elles ne sont pas pourtant représentées en vain et sur les pierres et sur les autres

---

[1] *Curiositez inouyes*, par Gaffarel, p. 197.

choses, puisque si on les sçait appliquer elles ont asseurément quelque secrette puissance. »

Suivant le P. Lebrun [1], « une des pierres dont on se sert depuis très-longtemps pour un usage qui ne peut être naturel, c'est l'aëtite. Dioscoride dit qu'on s'en servoit de cette manière pour découvrir les voleurs : on la broyoit, et mêlant la poudre dans du pain fait exprès, on en faisoit manger à tous ceux qui étoient soupçonnés, et on assure que le voleur ne pouvoit avaler le morceau. Belon rapporte que les Grecs font communément la même chose, si ce n'est qu'ils y joignent quelques prières. Cette superstition est fort ancienne, comme on peut le voir dans les notes de M. Gale sur Jamblique, dans le Glossaire de Lindenbrok *in Leges antiquas*, et dans ceux qui ont commenté ces paroles du concile d'Auxerre : *Qui sortes de ligno aut pane faciunt.* »

Le même auteur [2] nous fait connaître l'usage de l'aimant pour se parler de loin.

« J'ai ouï dire plusieurs fois que quelques personnes s'étoient communiqué des secrets à plus de cinquante lieües loin par le moyen de deux aiguilles aimantées. Deux amis prenoient chacun une boussole, autour de laquelle étoient gravées les lettres de l'alphabet, et on prétend qu'un des amis faisant approcher l'aiguille

---

[1] *Histoire critique des pratiques superstitieuses qui ont séduit les peuples et embarrassé les savants.* Paris, 1702, in-12; 1732, 3 vol. in-12, t. Ier, p. 219.

[2] Même ouvrage, t. Ier, p 218.

de quelqu'une des lettres, l'autre aiguille, quoique éloignée de plusieurs lieues, se tournoit aussi vers la même lettre. Je n'assure point le fait; je sais seulement que quelques personnes, comme Salmut, l'ont cru possible et que plusieurs auteurs ont réfuté cette erreur. »

Mizault[1] raconte qu'un de ses amis possédait une *pierre lunaire* ou *sélénite*, qu'il avait eue en Amérique où il avait longtemps voyagé; doutant de la vérité du prodige présenté par cette pierre, il l'examina avec Oronce Finé, mathématicien du roi, chez qui il logeait alors, et voici ce qu'il vit :

« La pierre estoit de la largeur d'un noble à la roze, mais plus épesse, et noire comme est la poix, représentant les augmentations et diminutions du corps et lumière de la Lune, par un certain point et marque blanche... A l'instant de la conjunction de la Lune avec le Soleil, l'indice et marque lunaire apparoissoit tout au plus haut de la rotondité de la pierre, comme un petit grain de mil fort obscur, qui puis un chacun jour croissoit comme un cornichon blanc, et visiblement s'augmentoit, descendant contrebas, soubs semblable forme que la Lune, jusques à ce qu'il fust parvenu au centre et milieu de la pierre, où il apparoissoit en tout et par tout rond, comme un gros pois : signifiant ce jour estre pleine Lune. Puis, dudit centre et milieu, la marque remontoit contre hault, se dimi-

---

[1] *Secrets de la Lune, opuscule non moins plaisant que utile*, par A. Mizault. Paris, Fr. Morel, 1571, in-8°, p. 13 et 14.

nuant et appetissant, à l'imitation du corps et lumière de la Lune, et soubs telle proportion qu'elle avoit tenu en descendant, jusques à ce que, peu à peu s'anéantissant et diminuant, elle fust parvenue au lieu d'où elle estoit issue. »

Le propriétaire de cette pierre l'offrit en présent au jeune roi Édouard d'Angleterre.

« Le pape Léon X, ajoute le même auteur, a eu en sa possession une pierre qui se transformoit et transmuoit de couleur bleue en blanche, selon les changements et mutations de la Lune. »

Baguette divinatoire.

Le P. Lebrun [1] nous apprend comment on fait les baguettes divinatoires et pourquoi elles servent à découvrir les sources :

« Un physicien, dit-il, fit une aiguille, moitié d'aune, moitié d'un autre bois; il la mit en équilibre sur un pivot, et il remarqua que, dans les lieux aqueux, lorsque les vapeurs n'étoient pas dissipées par la chaleur, la partie qui étoit d'aune trébuchoit. Mais en conclut-il qu'il y avoit là du magnétisme? Point du tout. Les vapeurs de l'eau, dit-il avec beaucoup de justesse, s'attachent à ce qu'elles trouvent de plus poreux; l'aune a plus de pores que l'autre bois qui fait partie de l'aiguille; il reçoit donc plus de vapeurs, et, deve-

---

[1] *Hist. crit. des pratiques superstieuses*, t. II, p. 505.

nant plus pesant, il rompt l'équilibre. Se fait-il là autre chose que ce qui arriveroit à une balance en équilibre, si sous l'un des bassins je mettois de l'eau chaude et sous l'autre je ne mettois rien? Comme les vapeurs de l'eau ne s'attacheroient qu'à l'un des bassins, celui-ci deviendroit plus pesant que l'autre et trébucheroit. Faudroit-il pour cela en conclure que la matière de ce bassin a vers l'eau la même vertu qu'a le fer à l'égard de l'aimant? »

Il raconte [1] comment cela réussit une fois :

« Un président du parlement de Grenoble, aussi respectable par sa probité, son esprit et son érudition que par ses charges et qualités, disoit que la baguette avoit tourné plusieurs fois entre ses mains sur des sources. L'occasion se présenta, peu de jours après, de faire l'expérience au Villart, près de Tencin, l'une de ses terres. Je lui tins la main droite avec mes deux mains; une autre personne lui tint la gauche, dans une allée de jardin, sous laquelle il y avoit un tuyau de plomb qui conduisoit de l'eau dans un bassin. En un instant, la baguette fourchue qu'il avoit entre ses mains, la pointe tournée vers la terre, s'éleva et se tordit si fort, que M. le président demanda quartier, parce qu'elle lui blessoit les doigts. »

Mais l'expérience ne réussit pas toujours [2], pas plus pour les sources que pour les trésors :

« Dans une expérience faite devant le révérend

---

[1] *Hist. crit. des pratiques superstitieuses*, t. II, p. 332.
[2] Même ouvrage, t. II, p. 339.

P. Mabillon, par Aimar, dans une sacristie de l'abbaye de Saint-Germain, entourée d'armoires contenant de l'argenterie, la baguette ne tourna point; elle ne tourna point non plus dans un autre endroit où, quelques jours auparavant, le P. Mabillon avait vu la baguette se rompre entre les mains d'une autre personne... Dans un jardin de Monsieur le Prince, où l'on avoit caché de l'or, de l'argent, des cailloux et du cuivre, en quatre endroits différents, on sçait qu'elle ne tourna que sur les cailloux. Je sçais aussi qu'en des endroits où l'on cherchoit de l'eau, les baguettes s'agitèrent avec tant de force qu'elles se rompirent, et que ceux qui les tenoient en suoient à grosses goutes, en sorte qu'on croyoit trouver ou quelque trésor ou quelque grande source à cinq ou six pieds de profondeur. Cependant, après avoir creusé plus de vingt-cinq toises, on ne trouva que de la terre et des pierres. Ceux qui ont visité un lieu de dévotion auprès de Salon, en Provence, ont pu voir des puits d'une effroyable profondeur, creusés inutilement sur les indices trompeurs donnés par la baguette. »

Le P. Lebrun [1] empêcha même une fois le miracle de s'opérer :

« Je ne dois pas omettre, continue-t-il, un fait dont je fus témoin, il y a près de trente-trois ans. En 1695, au mois de septembre, M. de Francine Grand'Maison, prévôt de l'Isle de France et intendant général des

---

[1] *Hist. crit. des pratiques superstitieuses*, t. II, p. 342.

eaux, M. l'abbé de Chateaufort et M. le lieutenant du roi de Charleroi, m'amenèrent un garçon de douze ans qui avoit fait des expériences devant le R. P. de la Chaize pour distinguer les vrayes médailles d'avec les fausses... Je représentai à ces messieurs que dans la persuasion où j'étois qu'il n'y avoit que fourberie, illusion ou superstition dans toutes ces expériences, je ne pouvois y être présent, si ce n'est pour tenir les mains de celui à qui la baguette tourne et empescher les tours d'adresse... Cependant on se rendit à l'Observatoire avec M. de la Hyre (M. Cassini n'étoit pas alors à Paris)... On coupa une baguette : M. de la Hyre tint une main, je tenois l'autre, et quoique nous fussions dans l'endroit même où toutes les eaux d'Arcueil passent, et immédiatement, sur un tuyau de cent pouces d'eau, la baguette fut immobile... Dans le jardin, où l'on cacha plusieurs pièces d'argent et de cuivre, la baguette ne tourna nulle part. Deux ou trois mois après, ce garçon ne parut plus à Paris, et l'on m'a dit qu'il étoit devenu hébété. »

Childrey[1], dans son *Histoire naturelle d'Angleterre*, ne paraît pas éloigné de croire à la puissance de la baguette :

« Les montagnes de Mendin, dit-il, produisent quantité de plomb. J'ai ouï dire que l'on en trouve la mine, dans cet endroit-là, d'une manière particulière. Il y a, dit-on, des hommes qui se promènent avec une four-

[1] Cité par le P. Lebrun, *Hist. crit.*, etc., t. II, p. 380.

chette de coudrier à la main, tout au travers de ces montagnes et aux environs des lieux où ils croient qu'il y a de la mine. La nature de cette fourchette est telle, que quand ils passent à l'endroit où est la mine, elle se baisse d'elle-même vers la terre et la découvre. On dit pourtant que toutes sortes de branches de coudrier n'ont pas cette vertu-là, et qu'il n'y a que celles qui sont préparées d'une certaine manière particulière, dont le mystère n'est connu que de fort peu de personnes, qui gagnent leur vie à ce métier-là et à chercher des mines pour ceux qui les emploient. Cette histoire est bien étrange, et j'aurois eu de la peine à la croire, si je n'avois autrefois lû dans la Cosmographie de Münster, qu'on trouve les mines d'argent, en Allemagne, de la même façon. Cela m'a aussi fait ressouvenir que les nécromanciens ont une espèce de baguette, appelée la *Verge de Moïse*, qui n'est autre chose qu'une branche de coudrier coupée à un certain jour de l'année sous une certaine constellation, et préparée avec plusieurs cérémonies, la plupart impies et ridicules : ils disent que ces sortes de baguettes ont la vertu de trouver les trésors cachés. »

« Un hermite[1], qui cherchoit des métaux cachés pour le duc de Ferrare, promit au sieur Lavorcius, archiprêtre de Barberini, de trouver, avec ses baguettes, le métal qu'on avoit caché. L'offre est acceptée : l'archiprêtre cache un écu d'or avec soin, et l'her-

---

[1] Le P. Lebrun, *Hist. crit. des prat. superst.*, t. II, p. 384.

mite prend quatre baguettes d'olivier qu'il dispose suivant son secret. Il en tient deux dans ses mains, fait tenir les autres à l'archiprêtre, et l'avertit de se laisser aller au gré de l'impression qu'il pouvoit sentir. Après cet avis, l'hermite commence le pseaume *Miserere*, etc. A ces mots : *Incerta et occulta sapientiæ tuæ manifestasti mihi*, l'archiprêtre se sent poussé par une force invincible. L'impression le porte avec l'hermite dans l'endroit du jardin où étoit l'écu d'or. Elle cesse, dès qu'ils touchent l'endroit, et les baguettes se remuèrent alors dans les mains avec tant d'impétuosité, que l'archiprêtre, épouvanté, s'enfuit bien vite, laissant là l'hermite, les baguettes et son argent. »

L'abbé de Vallemont[1] indique comment la baguette divinatoire fait découvrir les métaux cachés :

« Or, dit-il, pour connoître ce qu'il y a de caché sous terre, dans les murailles, ou quelques autres lieux, il n'y a qu'à mettre un morceau de métail à l'extrémité de la baguette, et si elle incline elle indiquera par son mouvement que ce qui est caché dans la terre est un métail semblable. Et un homme qui voudroit pousser l'expérience plus loin, viendra jusqu'à découvrir la quantité et la qualité du trésor. Pour moy, ce que je ferois dans un cas pareil, ce seroit de mettre de l'or ou de l'argent dans les mains, dont je tiendrois la baguette, car il faut la tenir à deux mains. Après cela,

[1] *La Physique occulte, ou Traité de la Baguette divinatoire*, p. 440.

je m'aprocherois du lieu, et s'il y a du fer caché, il est certain que si je n'ay que du cuivre dans mes mains, la baguette ne fera aucun mouvement ; mais si le métail du trésor et celuy qui est dans mes mains sont semblables, la baguette tournera avec violence sur le lieu. C'est par une expérience toute pareille, que je connoîtray la quantité du trésor, et même combien un homme aura d'argent dans sa poche. Car, si j'ay dans mes mains plus d'argent qu'il n'y en a dans ce trésor, ou dans la bourse, jamais la baguette ne tournera. Et quand la somme que je cherche sera la plus grande, la baguette s'y portera aussitost. »

Le P. Lebrun [1] nous fait connaître un fait singulier arrivé au sieur Expié, le plus habile homme, après Aymar, dans les expériences de la baguette :

« Une vieille femme lui dit qu'elle avoit de tout temps ouï dire qu'il y avoit de l'argent caché en un certain endroit de la campagne. Le sieur Expié y va, prend la baguette ; elle tourne ; son art lui apprend qu'il y a de l'or, de l'argent et du cuivre, et que tout cela est à deux toises de profondeur. Il appelle un paysan, le fait creuser onze pieds ; il le renvoye, creuse lui-même un pied, il en creuse deux ou trois autres, et ne voit rien. Il reprend la baguette : elle se meut, et s'arrête ensuite la tête tournée en haut, comme si les métaux n'était plus dans la terre. M. Expié remonte, prend la baguette: elle tourne encore et désigne quel-

Hist. crit. des prat. superst., t. III, p. 387.

que chose en bas. « Qu'est-ce que ceci? dit-il en redes-
« cendant. Y a-t-il un trésor en l'air? Suis-je séduit?
« Ah! mon Dieu, s'écrie-t-il, s'il y a du mal, je renonce
« au démon et à la baguette. » Il la tenoit à la main,
et elle demeura immobile. La peur le saisit : il fait
le signe de la croix, et sort au plus tôt. »

« Des métaux, des minéraux, dit encore le P. Lebrun[1], et des choses d'un usage singulier, comme
le verre, le cristal, le talc, le jaspe, le marbre et autres
choses semblables, on en est venu aux pierres qui
servent de limites pour le partage des fonds. La baguette par son mouvement les indique. Si les bornes
sont dans la même place où les avoient mises les possesseurs des fonds, la baguette ne tourne pas seulement sur les bornes, elle tourne aussi sur l'espace qui
est entre les deux, et fait ainsi passer celui qui la tient
par la ligne que l'on appelle de séparation. Que si la
borne n'est plus dans sa première place, la baguette
tourne seulement sur cette borne et ne tourne point
lorsqu'on s'en éloigne; on parcourt alors le champ,
jusqu'à ce que la baguette, par un tournoiement, indique l'endroit d'où on l'a malicieusement tirée. Avant
la défense de M. le cardinal Le Camus, l'usage étoit
très-commun dans le Dauphiné. Beaucoup des gens
de la campagne, hommes, garçons et filles, vivoient
du petit revenu de leur baguette, et une infinité de
différends, touchant les limites, se terminoient par

[1] *Hist. crit. des pratiques superstitieuses*, t. II, p. 346.
[2] Même ouvrage, t. III, p. 379.

cette voie... Cinq sols étoient le prix fixe de la découverte, ainsi que de la vérification d'une limite. »

Dans une lettre [1] adressée à un chanoine de Lyon, vers cette époque, on lit ce qui suit :

« La fille d'un marchand, nommé Martin, étoit d'une habileté reconnue pour quantité d'épreuves; elle avoit souvent découvert des métaux dans les caves à la ville et à la campagne, et il y avoit peu de temps qu'on lui avoit fait chercher une cloche cachée dans l'eau depuis le débordement de la rivière qui avoit emporté le pont du faubourg. On l'avoit menée dans un bateau, et la baguette avoit désigné précisément l'endroit où étoit la cloche..... Elle avoua que la baguette tournoit mieux, lorsqu'elle mettoit dans sa main un morceau du métal qu'il s'agissoit de découvrir... Elle fit tourner la baguette à volonté : l'intention qu'elle avoit de la faire tourner suffisoit pour produire cet effet; c'est ainsi que deux louis d'or ayant été posés sur un banc, elle tourna sur l'un et resta immobile sur l'autre. On présenta à cette fille deux paquets : l'un contenoit des reliques, l'autre contenoit quelques morceaux d'étoffe qui avoient servi à une carmélite de Beaune, morte en odeur de grande piété. La baguette tourna sur le premier paquet, resta immobile sur le second. »

Suivant le P. Lebrun [1], « Strengelius, habile jésuite, qui a composé beaucoup de savants ouvrages,

---

[1] *Hist. crit. des pratiques superstitieuses*, t. III, p. 392.

nous apprend que de son temps la baguette n'indiquoit pas seulement les métaux, mais qu'on s'en servoit pour deviner beaucoup d'autres choses; une baguette toute droite, à qui personne ne touchoit, se pliant en rond comme pour faire un cercle, lorsqu'on prononçoit le nom de ce qu'on vouloit sçavoir.

« Voilà à peu près ce qu'a dit saint Cyrille sur les divinations par les baguettes qui se remuoient sans qu'on y touchât. Si cela est effectivement arrivé de cette manière, comme plusieurs auteurs le rapportent, je ne sçais ce qu'auroient pu dire ceux qui veulent que la baguette ne se remue jamais que par l'adresse de celui qui la tient, ni quel système auroient pu chercher ceux qui prétendent expliquer naturellement le tournoiement de la baguette. »

Le P. Lebrun [1] rapporte un fait vraiment extraordinaire, arrivé à Grenoble en 1688 :

« On avoit volé des hardes à M..., dans un temps où l'on disoit dans la ville que ceux qui trouvoient les bornes sçavoient aussi découvrir les vols... Aymar est appelé et conduit dans l'endroit où l'on croyoit que le vol avoit été fait. La baguette y tourne, elle continue à tourner en sortant du logis et en avançant dans les rues; on vient aux prisons et on passe même jusqu'à une porte qu'on ne pouvoit ouvrir sans la permission de M. le juge... Celui-ci fait ouvrir la porte. Aymar entre, et, guidé par la baguette, il va vers quatre fri-

---

[1] *Hist. crit. des pratiques superstitieuses*, t II, p. 352.

pons qu'on avoit enfermés depuis peu de jours. Il les fait ranger sur une ligne, met son pied sur le pied du premier : la baguette ne remue point ; il le met sur le pied du second : la baguette tourne. Aymar assure que c'est là le voleur, quelque serment qu'il fît pour se disculper. On passe au troisième, la baguette ne se meut point, mais elle tourne rapidement sur le quatrième. » Les deux voleurs avouent enfin et déclarent qu'ils ont porté les objets volés dans une forme hors de la ville : « On y va, et les fermiers, interrogés, ne donnant pas la satisfaction qu'on souhaitoit : la baguette découvrit sur-le-champ ce qu'ils avoient caché avec soin. Le magistrat (M. Basset) qui étoit présent, et qui m'a fait ce récit, est d'un mérite si reconnu et il examine toutes choses avec tant de discernement et d'exactitude, qu'il ne m'est pas possible de douter du fait. »

On doit à P. Garnier[1] la narration d'une histoire dans laquelle Aymar fit découvrir des meurtriers, à l'aide de sa baguette :

Le 5 juillet 1692, sur les dix heures du soir, un vendeur de vin et sa femme furent égorgés à Lyon dans une cave et leur argent fut volé dans une boutique qui leur servait de chambre. Un nommé Jacques Aymar, né le 8 septembre 1662 à Saint-Véran, qui trouvait avec une baguette fourchue la source et le cours des fontaines, les bornes, l'or et l'argent cachés, fut appelé à Lyon par le lieutenant-criminel et le pro-

---

[1] *Dissertation physique sur la Baguette*, par P. Garnier. Lyon, 1692, in-12, p. 78.

cureur du roi; sa baguette tourna rapidement dans les deux endroits de la cave où les cadavres avaient été découverts; il suivit les rues où les assassins avaient passé, entra dans la cour de l'archevêché, sortit de la ville par le pont du Rhône et prit à main droite le long du fleuve; il arriva dans une maison où il désigna une table et trois bouteilles comme ayant été touchées par les meurtriers: ce fait fut certifié par deux enfants qui les avaient vu se glisser dans cette maison. De là Aymar suivit les traces des meurtriers jusqu'à l'endroit où ils s'étaient embarqués. Au camp de Sablon, il hésite et retourne à Lyon; il avait cru signaler les assassins, mais la crainte des soldats l'avait arrêté. Quand il revint au camp, les criminels étaient partis. A Beaucaire, il en signala un dans la prison; c'était un bossu, enfermé là pour un petit larcin. De là il se dirigea sur Nîmes avec le bossu, derrière lequel il ne pouvait marcher sans des maux de cœur. La baguette le ramena vers Beaucaire, à la porte de la prison dans laquelle le bossu avait été trouvé, mais les meurtriers en étaient sortis et avaient passé la frontière. Le bossu avoua tout et fut condamné à être roué.

Depuis cet événement, des expériences furent faites, et huit personnes purent faire marcher la baguette divinatoire, à l'imitation d'Aymar.

Un vol avait été commis chez le lieutenant général de police, et la baguette d'Aymar signala également dans sa chambre la place où le vol avait été commis.

P. Garnier [1] donne l'explication de ce dernier fait :
« Pour pouvoir concevoir, dit-il, pourquoy cette baguette tourne entre les mains de cet homme sur la piste d'un meurtrier ou d'un voleur, tandis qu'elle ne tourne point entre les mains d'un autre homme, il ne faut que sçavoir quel peut estre le corps en mouvement qui peut communiquer du mouvement à la baguette.. et pourquoy ce mouvement de la baguette est plutôt circulaire que de quelque autre façon. »

Voici comment je pense que cela se fait :

1° Dans tous les lieux où les meurtriers ont passé, il est resté une très-grande quantité de corpuscules, sortis, par la transpiration, du corps de ces meurtriers...

2° Le meurtrier n'agissant jamais de sang-froid, ces corpuscules sont disposés autrement qu'ils ne l'étaient avant le meurtre...

3° Ces corpuscules agissent très-vigoureusement sur le corps et spécialement sur la peau d'Aymar.

4° De là, des syncopes, convulsions, etc.

5° Il sort de son corps une quantité de corpuscules, qui trouvent une grande résistance dans les pores du bois de la baguette où ils se glissent ; leur sortie étant difficile, il se produit un mouvement circulaire de la baguette.

« J'ai remarqué, dit l'abbé de Vallemont [2], que tous ceux qui ont la faculté de se servir de la baguette divi-

---

[1] *Dissertation physique sur la Baguette*, p. 25.
[2] *La Physique occulte, ou Traité de la Baguette divinatoire*, p. 326.

natoire sont gens d'une assez bonne complexion, ni gras, ni maigres, dont la peau est douce et les chairs assez fermes. Leur sang est louable, la fermentation s'en fait d'une manière tranquille, et il se porte dans les parties par une juste distribution et par une circulation toujours égale et très-naturelle. Or, comme l'effet des souffres volatils est d'envelopper les sels acres et acides du sang, qui le feroient aigrir, fermenter et circuler avec trop de violence, je conclus que le sang de ces personnes-là doit contenir plus de souffres volatils que de sels acres et acides. Il faut donc que ces vapeurs des sources, ces exhalaisons des métaux et ces fumées de la transpiration soient des espèces de sels acres et acides, qui, se mêlant par la respiration dans le sang, le font fermenter excessivement et causent une circulation violente, par laquelle Jacques Aymar tombe dans ces affaiblissements et ces maux de cœur dont il se ressent même longtemps. »

Un auteur anonyme[1] qui croyait à la rabdomancie (c'est le nom qu'on donne à cette espèce de divination) attribua tout simplement les vertus de la baguette au diable :

« Je ne puis néantmoins omettre, dit-il, qu'un ecclésiastique de Lyon dit à ses amis qu'il veut divertir :
« Voilà deux tableaux ; pensez attentivement à qui des
« deux voudrez, et je devineray sur lequel vous aurez

---

[1] *Traité en forme de lettre contre la nouvelle rhabdomance, ou la Manière de deviner avec une baguette fourchue.* Lyon, 1694 in-12, p. 45.

« arresté vostre pensée; » il tient sa parole et découvre à quoy on pense. Bien plus, il se mesle encore de pénétrer dans l'avenir : Une dame, ayant deux visites à faire, luy demanda si elle trouveroit les deux personnes qu'elle vouloit aller voir; il répondit, après avoir interrogé son baston, qu'elle trouveroit une telle, mais qu'elle ne trouveroit pas l'autre, quoyque toutes deux fussent à la ville; la chose arriva comme il l'avoit prédite. »

Cet auteur est cependant ennemi des diverses théories imaginées pour expliquer les vibrations de la baguette divinatoire. Après les avoir réfutées en démontrant la fausseté de l'existence des corpuscules, il condamne les partisans de la rabdomancie, au double point de vue de la religion et de la politique :

« Représentez-leur, dit-il, que cet art détestable rompt tous les liens de la société civile par la défiance qu'il sème parmi les hommes, et que, s'il étoit en vogue, ny la loi naturelle du secret, ny le sceau de la confession ne sçauroient remédier à ces défiances... En un mot, dites à tout le monde qu'il faut que la nouvelle rhabdomance soit bien malade, puisque deux médecins se sont vainement efforcés de la guerir du mal de diablerie. »

ASTROLOGIE

Horoscopes, thèmes, maisons célestes.

Le comte de Boulainvilliers [1], qui passait pour un esprit fort et qui n'était point en tous cas un pauvre esprit, explique ainsi l'influence des astres sur les nativités :

« Mon opinion, dit-il, est que le tempérament de ceux qui naissent a pour cause la nature des semences du père et de la mère, qui en sont les procréateurs, et non point les astres, mais que, comme les accouchements ne peuvent réussir qu'en des températures de l'air qui leur soient simpatiques et que ces températures de l'air dépendent de la domination des astres, on peut, par la science des estoilles, connaître le tempérament de ceux qui naissent, et ainsi j'estime que les astres sont des signes, et non pas des causes de ces divers tempéraments. »

Le même auteur proclame donc l'utilité de l'astrologie, qui peut servir : 1° à se connaître soi-même; 2° à connaître les autres; 3° à connaître la diversité des tempéraments des hommes, et à réformer ainsi les pénalités; 4° à éviter d'être trompé.

Un rabbin juif, nommé Bechaï, avait osé soumettre

---

[1] *De l'Astrologie : ce qu'un honnête homme en doit sçavoir*, ms. de la Bibl. de l'Arsenal, Sc. et A., n° 205, in-fol., p. 1.

le Fils de Dieu lui-même à l'influence des astres et tirer l'horoscope du Sauveur[1] : « car il dit que Jésus-Christ, qu'il ne veut point cognoistre pour le Messie, soit ressuscité le dimanche, jour destiné au Soleil, et qu'ayant esté un homme tout à fait solaire, il ait esté par conséquent très-beau, d'une face blanche et resplendissante, d'une humeur esveillée et grandement hardy, tesmoin, dit-il, l'acte qu'il fit de chasser tant de vendeurs du Temple et disputer à l'aage de douze ans contre les docteurs de la Loy... En la géniture de Jésus-Christ, il ne s'accorde nullement avec ce que Cardan en escrit, car, après avoir dit qu'en son adorable Nativité il y avoit cinq choses très-rares, qui monstroient ce qu'il a esté, il poursuit à dire que Saturne ayant part à sa géniture, il le rendoit triste et pensif, d'où Josèphe auroit pris sujet de dire : *Visus est sæpius flere, ridere nunquam*, et, par mesme raison, sembloit plus vieux qu'il n'estoit pas, car l'esprit triste seiche les os; c'est pourquoy, dit-il, les Juifs croyoient qu'il eust 40 ans, quand ils luy dirent : *Nondum quinquaginta annos habes, et Abraham vidisti?* et ensuite que le mesme planete, s'estant rencontré avec Vénus, luy avoit causé des taches rousses au visage, suivant ce que le mesme Josèphe en dit : *Lentiginosus in facie. Quod si a Deo omnia fuissent profecta*, conclud Cardan, *quorsum erat lentiginosum creari?* »

---

[1] *Curiositez inouyes*, par Gaffarel, p. 447.

« Pour dresser une figure (horoscope), il faut faire deux choses, dit l'auteur du *Traité des jugements des thèmes genethliaques*[1] : 1° observer, par le mouvement journalier, quelle étoit, au moment de cette naissance, la situation des étoiles fixes, et particulièrement les douze signes, et quel des dits signes montoit l'horison, ou occupoit le milieu du ciel, et ainsi des autres ; 2° examiner, par le cours particulier des planetes, en quels signes et en quels degrez d'iceux elles se trouvoient lors domicilliées et avec quelles étoiles fixes elles étoient jointes. »

« J'en ai vu, dit le comte Boulainvillers[2], une expérience signalée en un jeune garçon que je connois avoir l'ame noble et désintéressée au delà de sa condition et de la fortune, et avec cela quelque ressemblance d'aigle au nez, aux yeux et au front, ce qui me donna la curiosité de luy demender l'heure de sa naissance et de faire sa figure, où je découvris d'abord ces étoilles (étoiles de l'Aigle) en son ascendant. »

Les astrologues divisaient le ciel en douze maisons qui correspondaient aux douze signes du zodiaque et que parcouraient successivement les sept planètes. L'auteur du *Traité des jugements des thèmes genethliaques*, lequel cache son nom sous les initiales A. P. R, et qui écrivait son traité à Paris en 1692, caractérise la principale signification de chacune de

---

[1] Ms. de la Bibl. de l'Arsenal, cité plus haut.
[2] Ms. de la Bibl. de l'Arsenal, cité plus haut, p. 130.

ces maisons célestes par ces deux lignes qui semblent traduites d'un vieux distique latin [1] :

« La Vie, le Lucre, les Frères, les Ayeuls, le Géniteur, et la Santé du nay.

« La Femme, la Mort, la Piété, le Règne, les Bienfaits et la Prison. »

L'ordre des maisons célestes est fixé de la manière suivante dans un carré géométrique composé de carrés et de triangles :

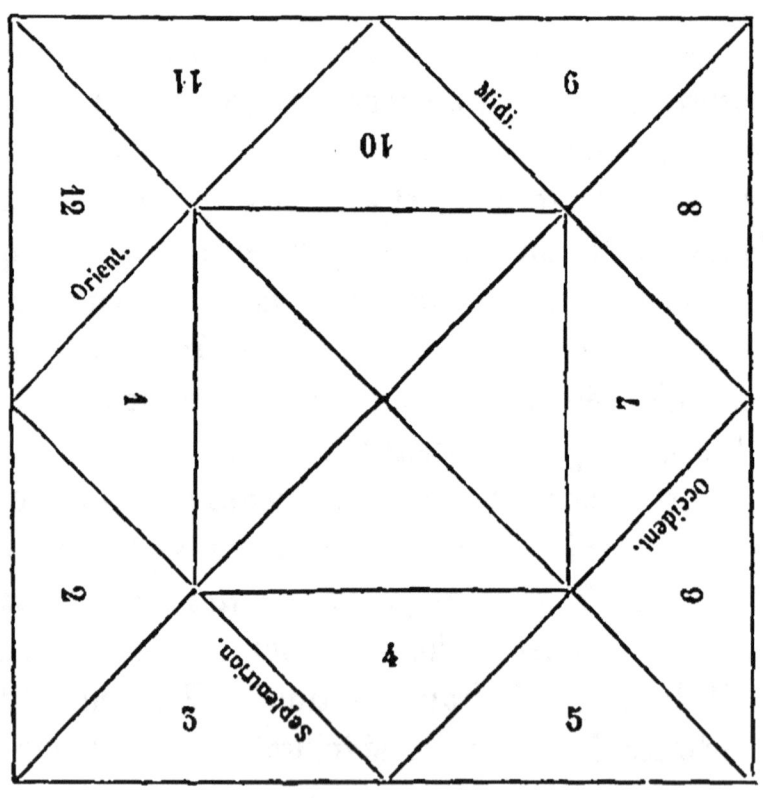

[1] Page 22.

Le comte de Boulainvilliers[1] établit ainsi, comme première règle astrologique, la nature des douze signes du zodiaque :

« Le Bellier, le Lion, le Sagittaire, sont de la nature du feu. Le Taureau, la Vierge et le Capricorne composent le triangle de la terre. L'Escrevisse, l'Escorpion et les Poissons appartiennent à l'eau. Les Gémeaux, la Balance et le Verseau, à l'air. »

Et, comme deuxième règle, la nature des planètes :

« Saturne ♄ est du tempérament de la terre, sec et froit ou mélancolique.

« Jupiter ♃ de la nature de l'air, humide et chaud ou sanguin.

« Mars ♂ tient du feu, chaud et sec, ou colère.

« Vénus ♀ est froide et humide, comme l'eau, ou flecmatique...

« Quant au Soleil et à la Lune, ils ont des naturels difficiles à réduire et passent pour des causes universelles. »

La troisième règle astrologique concerne l'aspect des étoiles, c'est-à-dire la distance qui se trouve entre elles, vers l'horizon, ou le méridien, ou la *partie de fortune* (c'est-à-dire l'endroit du ciel où se lève la lune).

Le 1er aspect (distance de 60 degrés) ou *sextile* est bon.

Le 2e (distance de 120 degrés) ou *trin* est assez bon.

Le 3e (distance de 180 degrés) ou *opposition* est mauvais.

---

[1] Ms. de la Bibl. de l'Arsenal, déjà cité, p. 50.

Le 4ᵉ, en *quarré*, est contraire.

Le 5ᵉ, ou *conjonction*, est tantôt bon, tantôt mauvais.

La quatrième règle définit « les dignitez et foiblesse des planetes; » la cinquième règle, la nature des 12 maisons célestes.

Gérard de Crémone [1] se chargera de nous expliquer les effets des signes dans la 1ʳᵉ maison :

« Celui, dit-il, qui aura pour ascendant le Bélier, aura beaucoup de cheveux, le corps courbé, le visage long, les yeux grands et les oreilles petites.

« Le Taureau estant ascendant, la personne aura le front grand, le nez long et les narines ouvertes, les yeux grands, les cheveux droits et noirs, et le col gros; elle sera honteuse et regardera la terre, et toutesfois sera vaine.

« Celuy qui aura dans l'horoscope les Gémeaux, ne sera ni petit ni grand, mais d'une taille médiocre et d'une ample poictrine, et, si Mercure est favorable, il sera écrivain.

« Celuy qui aura l'Écrevisse, aura le corps gros et la peau du corps épaisse; il sera en partie grossier, en partie subtil; il aura les dents de travers et les yeux petits.

« Lorsque le Lion se rencontre dans l'angle d'Orient, il fait la personne en partie grosse et en partie déliée, d'un grand cœur et avec des cuisses minces.....

« Le Sagittaire estant ascendant, la personne aura les cheveux déliés, le ventre grand, les cuisses lon-

---

[1] *Géomancie astronomique* de Gérard de Crémone, traduite par le sieur de Salerne. Paris, 1679, in-12, p. 62.

gues, les jarets gros, la face longue avec un petit menton ; elle aimera la justice.

« Le Capricorne se trouvant dans la maison de la Vie (c'est la 1re maison), il fait que l'on a de l'air d'un bouc, avec beaucoup de cheveux, le corps sec et les cuisses déliées.

« Celuy qui aura pour horoscope le Verseau, sera hautain, despensera et perdra beaucoup dans les arts, de manière qu'il se ruinera; il aura une cuisse plus grosse que l'autre, toutefois la face belle et bien colorée. »

« Le seigneur de la 3e maison (le Sagittaire) étant dans la 6e (maison de Santé), dit plus loin le même auteur, le nay aura de la haine contre ses frères, et ils se diront des injures réciproquement les uns aux autres.

« Dans la 7e (maison de Mariage), un des frères espousera une femme avec qui le nay avoit eu affaire auparavant, et il aura un garçon de cette femme et fera des voyages pour quelque opération, pour un mariage, ou bien il n'aura point de frères.

« Dans la 8e (maison de la Mort), il signifie un mauvais estat et une courte vie aux frères du nay, et qu'il survivra à toutes ses femmes et qu'il fera des voyages pour éviter la peste, ou bien à cause de quelque homicide et de quelque mort.

« Dans la 9e (maison de la Piété), les frères du nay prendront pour femmes des estrangères en des pays estrangers et demeureront dans ces mêmes pays, et le nay fera des voyages pour la religion et par pénitence.

« Dans la 10e (maison des Offices), les frères du nay

mourront en bref et se porteront envie l'un à l'autre et seront plus âgés que le nay, lequel fera des voyages pour des dignités ecclésiastiques, maistrises, honneurs et offices.

« Dans l'onzieme (maison des Amis), les frères du nay l'aimeront et ils s'advanceront tellement qu'il sera au-dessous d'eux, et il fera des voyages à cause de ses ennemis.

« Dans la 12ᵉ (maison des Ennemis), le nay sera hay de ses frères et prochains, qui seront plus puissants que luy, à cause de quoy il fera plusieurs voyages.

« Le seigneur de la 7ᵉ maison (la Balance) dans la 1ʳᵉ (maison de la Vie), dit encore Gérard de Crémone, signifie bonne fortune par conventions et négoces, et par la pratique de la médecine et de l'astronomie et des opérations ingénieuses de l'esprit et semblables choses. Le nay sera aussi aimé par les femmes, et obtiendra d'elles ce qu'il voudra, remportant du profit et du gain à leur sujet, et les femmes du nay seront tachées en leurs personnes et mourront devant luy, et le nay sera en de grands différends, et l'on luy intentera des procez et des discordes.

« Dans la 2ᵉ (maison des Richesses), il fera acquisition d'une femme à cause de ses biens ; il verra la mort de ses ennemis et de sa femme, et de plus la perte de ses biens par des ennemis et des assassins ou meurtriers, et il entrera en de grands différends et procez à cause de ses biens.

« Dans la 3ᵉ (maison des Frères), le frère du nay

aura affaire avec la femme du nay, et il haïra ce frère, et le nay espousera pour femme une sienne cousine germaine, et il entrera en discorde et en différend au sujet de ses frères.

« Dans la 4ᵉ (maison des Parents), signifie une bonne fortune par des conventions de femmes, et par des négoces, et au sujet de ses ayeuls, et par héritage, et par agriculture. Ce seigneur signifie aussi que le nay prendra pour espouse une femme de sa race, et que cette femme sera chaste, bonne, honneste et pudique, et que le nay entrera en différend pour les biens de ses père et mère, etc. »

L. Meyssonnier [1] donne les aphorismes suivants :

« Si les seigneurs de la triplicité et de la lumière conjonctionale (le Bélier, le Lion et le Sagittaire) sont conjoints l'un à l'autre, le premier au second, et le second au troisième, ils présagent une prospérité permanente, une délivrance d'ennuis et de tristesse...

« Celuy qui a la Lune séparée de Vénus, dans le signe masculin, et qui l'aura dans quelque constellation, ou avec l'estoille Royalle ou Bébence, sera beaucoup adonné au luxe et à la volupté, et ne s'assurera d'aucun plaisir ; il acquerera pourtant un grand bonheur de fortune, mais il sera sujet aux périls, à cause des choses vénériennes...

« La plaine Lune pourrit les fruits et les bleds, et le déclin conserve les bois de haute fustée...

[1] *Aphorismes d'astrologie*, par L. Meyssonnier. Lyon, M. Duban, 1657, in-12.

« La Lune conserve les brebis et tous les animaux amphibes, comme les escrevisses, les tortues et les grenouilles. Saturne, les salamandres, les remora, les torpilles, les limaçons et les asnes. Le Soleil, l'homme, le lyon, l'aigle et les dauphins. Vénus, les lapins, les cerfs, les daims, les colombes. Jupiter, les éléphants, les chevaux, les porceaux. Mars, les taureaux, les chiens, les tigres et les panthères. Mercure, les singes, les marmots et les chats...

« Saturne a le noir; Jupiter, le rouge; Mars, couleur de fer et de safran; le Soleil, le splendide, le clair et le pur; Vénus, le verd et le bleu; Mercure, la couleur de chatagne et le cendré; la Lune, le candide. »

Auger Ferrier[1] juge ainsi quelques figures astrologiques :

« La teste du Dragon : héritages, richesses, honneurs, libéralité, prodigalité, bonne mort. La queue : horrible mort, petit douaire, et nul bien appartenant à la signification de ceste maison.

« En la neufvième (maison), Saturne : songes terribles, horribles visions, hypocrisie, superstitions, cérémonies, prestres, moynes et religieux, et mille ennuis par les chemins, mille troubles et empeschements, perturbation d'esprit...

« Idem, Mercure : biens ecclésiastiques, haute congnoissance des mystères divins, admiration de la justice et providence de Dieu; cogitation de Dieu, des anges

---

[1] *Jugements astronomiques sur les nativités.* Lyon, G. de Tournes, 1502, in-12, p. 142.

et des esprits; proffitables voyages; grande science, en théologie, astrologie et toute autre philosophie; interprétations de songes, oracles et prodiges; proffit de traffiquer en loingtains païs, bonne renommée.

« La Lune : longues pérégrinations, perverses cogitations, inconstance de mœurs et de fortune, songes véritables, congnoissance des astres, quand la neufvième est maison de Mercure, ou d'autres choses correspondantes à la nature du seigneur de la neufvième. »

Un astrologue nous dit :

« Pour sçavoir le vray temps auquel une personne peut estre agréable à une autre, considérés celuy de leurs nativités, et si les mesmes signes se sont trouvés en la racine, dans la 9ᵉ, 10ᵉ ou 11ᵉ (maison), attendu que Jupiter ou Vénus s'y treuvent au mesme lieu depuis dix heures jusqu'à trois après midy; que s'il n'y a une contreposition entière de la constellation fixe, prenés les fortunes dans la partie méridionale du ciel, remarquée au temps que Jupiter, le Soleil, Vénus ou Mercure, bien disposés et esloignés des radiations de Mars et de Saturne, se trouveront en l'un des signes qui auront occupé ces maisons, en la racine de vostre naissance ou de celle de celuy dont vous souhaités l'amitié; ce n'est pas un petit secret de l'astrologie véritable. »

Comme chacun ne pouvait se procurer un horoscope particulier, on imagina de dresser des horoscopes généraux à la portée de tout le monde. Pour cela, on détermina l'influence que chaque signe du zodiaque devait exercer sur le caractère et la destinée de l'homme, et les gens nés sous le signe des Balances, ou du Lion, ou du Taureau, ou du Capricorne, etc., purent savoir d'avance ce qui les attendait dans cette vie.

Voici, par exemple, d'après Sinibal de Châteauneuf[1], le triste horoscope de ceux qui sont nés au mois de juin, sous le signe du Cancer :

« L'homme qui naîtra au mois de juin sera incliné à ce qui s'ensuit :

« Sera de stature brève, brun et de couleur d'olive, avec quelque signal ès génitoires ; quelquefois aura empêchement de parler... avec beaucoup de poil et le front étroit ; sera de grosse mémoire et dur d'apprendre : plus, pourra avoir un signal au bras droit ou à la jambe. Il sera incliné d'être vain... Il répandra quantité de moyens, en recherchant des femmes, dont il aura grand travail ; il les aimera toutes, mais sera peu aimé d'elles, combien qu'il mette toutes ses peines ou ses soins à rechercher les moyens les plus convenables qui lui sont possibles, tant par son industrie qu'afin de les gagner toutes... Il sera sujet à se fâcher promptement, mais il lui durera peu ; sera molesté quelquefois au logis, mais sera de travail ; il dira des folies si bien composées, qu'elles sembleront choses vraies ; sera sujet d'être trompé, enclin de tomber de de haut, et être mordu d'un chien ; sera sujet à quelque cruelle fortune de ses parens... et sera sujet à

---

[1] *Le Miroir d'astrologie, ou le Passe-Temps de la Jeunesse*, par Sinibal le Spadacino de Châteauneuf. Troyes, S. Garnier, sans date, in-12.

suffocation de catarrhes, autres choses humides, froides et aquatiques ; il aura peur de l'eau, passera grandes questions ; doit passer pour un affronteur de gens ; souventes fois, il ne sçaura ce qu'il fait... Se doit aussi fort soigneusement garder de cheminer en temps fâcheux, pour le péril qu'il porte de se suffoquer ou de quelque sagette... Et selon la maladie où il est incliné, il en souffrira une, à 24 ans et à 30, à la vue. Il fera bien en toutes ses affaires et négoces, changeant de meilleure fortune, et lors seront passez tous les malheurs, bien que, auparavant ledit temps, sera mis trois fois en prison, et en sortira, ayant grande maladie, mélancholie, et souffrira oppression de nerfs, astme, vertige, maux de cœur, douleur aux bras... »

Influence des planètes, de la lune, etc., aspects.

La Taille de Bondaroy [1] explique ainsi l'influence des planètes :

« *Lune*. Elle fait les messagers des rois, postes, couriers, veneurs ; les gens de court et de petit estat ; les gens paisibles, bons, aimans le repos, humides, gras et en bon poinct ; mais, estant rétrograde, elle rend ceux ausquels elle surabonde, maigres, débiles, de couleur blanchâtre, légers, remuants, variables,

---

[1] *Géomancie abrégée*, de J. de la Taille de Bondaroy. Paris, Breyer, 1574, in-4°.

craintifs et pauvres. Elle est amie du Soleil, de qui elle emprunte sa clarté, mais ennemie de Mars. »

« *Mercure* est au 2ᵉ ciel. Il fait les gens gresles de corps, les doigts longs, mais pasles de visage : toutesfois les yeux beaux, et sobres de viandes, doctes, modestes, ingénieux : en plusieurs choses peu fortunez, fidelles et serviables aux autres, honnestes, sages et de bonne renommée. Il est amy de Jupiter et ennemy de Saturne.

« *Vénus* est au 3ᵉ ciel. Elle fait ceux qui lui sont subjects, beaux, gentils, agréables, gaillars, amoureux et impudiques : et toutesfois débonnaires, justes et fidelles amis, dont le corps sera long et blanc, et l'œil agréable, avec le poil épais et mollement frizé. Fait aussi les gens mignons, propres, serviables, désirans les combats amoureux, moult aimans la paix et le repos ; toutesfois, estant rétrograde, elle rend les personnes maigres, pasles de visage, variables, néantmoins envieuses, glorieuses, colères et malicieuses. Elle est amie de Mars et de tous, fors que de Saturne.

« Le *Soleil* est au 4ᵉ ciel. Il produit volontiers les rois, les grans seigneurs et tous hommes puissanz et riches, fidelles et justes, toutesfois envieux et amoureux de vaine gloire. Mais, estant rétrograde, il signifie aussi les gens plutost nobles que vilains, puissans et forts, audacieux néantmoins, superbes, et qui s'esjouissent plustost de mauvaises œuvres que de bonnes. Il est amy de tous, si ce n'est de Mars, Mercure ou Saturne, qui lui sont contraires.

« *Mars* est au 5ᵉ ciel. Ceux qui tiennent de luy sont

gens aspres et rudes, invincibles, et qui par nulles raisons ne se peuvent gaigner, entiers, noiseux, téméraires, hazardeux, violents, et qui ont accoustumé d'estre trompez par rapports, gourmans, digérans aisément beaucoup de viandes, forts, robustes, impérieux, avec yeux sanglants, cheveux rouges, heureux et prospères par l'ardeur d'esprit, n'ayant guères bonne affection envers leurs amis, exerçans les arts de feu et de fer ardent : bref, il fait ordinairement les hommes processifs, ricteux, furieux, paillards, ruffisques, joueurs et qui soudainement se colerent. Il est ennemy de la Lune et de tous, fors que de Vénus.

« *Jupiter* est au 6ᵉ ciel. Il fait les gens beaux, riches et honorez, les prélats et gens d'église : aussi les grands terriens, pécunieux, ayans bonne volonté, joyeux à tous, gaillards et bénings. Il fait aussi le temps clair et serain, abondance de biens, suffisances, joyes et plaisirs, et grande affluence de toutes choses ; il respond, quant aux élémens et saisons, à l'air et au printemps. Il est amy de tous, excepté de Mars.

« *Saturne* est au 7ᵉ ciel. Il fait les gens rustiques ; signifie les païsans, manouvriers et mercenaires ; fait les gens maigres, solitaires et resveurs, qui en se pourmenans regardent la terre ; il signifie aussi les vieillards courbez, les juifs et les mendianz, les servans, fainéants, gens mécaniques et de basse condition, et fait la cherté, la glace, le froid et l'épidémie : bref, il n'a aucune clarté, sinon celle que les autres lui départent, représentant l'automne et l'élément de la terre. Il est ennemy du Soleil, de Vénus et de tous, si ce n'est de Jupiter. »

Suivant La Martinière[1], « ceux qui sont gouvernéz par Mercure, ont les cheveux estendus, la face longue, le front grand, les yeux beaux, le nez long, les dents de costé, les doigts longs ; sont de stature médiocre et maigres, amateurs de la philosophie et de toutes les sciences tant libérale que mécanique ; sont sages, subtils et sans perfidie ; s'acquièrent beaucoup d'amis, mais peu de véritables ; sont d'un naturel changeant, estans bons avec les bons, mauvais avec les mauvais ; sont d'un tempérament chaud, sec et humide.

« Ceux qui sont gouvernez par le Soleil ont la teste grosse, les cheveux un peu crépus, mais estenduz et déliés, ont les yeux ni trop gros, ni trop petits, aigus, saffranez ou rouges, les sourcils joints l'un à l'autre, la bouche large, les dents belles, le corps charnu, d'un blanc de couleur citrin ou rouge, la face ronde et luisante ; sont sages, honnestes, libéraux, ayment les bons, ont en haine les mauvais, sont de bon conseil, mais orgueilleux, superbes, dévots en apparence, mais la pluspart hypocrites et meschans dans l'âme, sont de tempérament chaud et sec...

« *Saturne*[2] est aussi une planete masle, mais pesante, froide, diurne, seiche, nocturnalle et malveil-

---

[1] *Le Pronosticateur charitable, traitant des mouvements, natures, regards,* etc., par le sieur de La Martinière. A Paris, chez l'auteur, 1666, in-12. p. 59.

[2] *Ibid.*, p. 27.

lante, à qui l'on attribue les fièvres longues, quartes et quotidiennes, les incommoditez de la langue, des bras et de la vésie, la paralysie universelle, les goutes, les tabes, les abcez, apostumes, obstructions de foye et de la ratte, la jaunisse noire, les cancers, polipes, les maladies des intestins, comme sont les coliques venteuses, pituiteuses, les hémoroïdes douloureuses, les hernies, les duretez et suffocation de matrice, faux germe, les varices, cors des pieds, crachement de sang, poulmonie, appétit canin, dégout des femmes grosses, difficulté de respirer, sourdité, les pierres, tant aux reins qu'à la vésie, l'épilepsie, alopécie, opiasie, cachexie, hydropisie, mélancholies, lépre, et autres maladies provenant des humeurs sales et pourries. Ceux qui sont nays sous sa maison, qui est la Vierge et les Jumeaux, sont mélancholicques et pituiteux. »

Selon Gérard de Crémone[1], dans la 1re maison, « *Jupiter* signifie les évesques, les prélats, les nobles, les puissances, les juges, les philosophes, les sages, les marchans, les banquiers.

« *Mars* signifie les guerriers, les boute-feux, les meurtriers, les médecins, les barbiers, les bouchers, les orfèvres, les cuisiniers, les boulangers, et tous les ouvrages qui se font par le feu.

« *Vénus* signifie les reines et les dames, le mariage, les conversations, les amitiés, les apotiquaires,

---

[1] *Géomancie astronomique*, déjà citée, p. 8.

les tailleurs d'habits, les faiseurs de joyaux et d'ornements, les marchands de draps, les joueurs, ceux qui hantent les cabarets, ceux qui jouent au dez, les maquereaux et les brigands.

« *Mercure* signifie les clercs, les philosophes, les astrologues, les géomètres, les arithméticiens, les auteurs latins, les peintres et tous les ouvriers ingénieux et subtils, tant hommes que femmes, et leurs arts. »

La Taille de Bondaroy a composé, pour servir de *frontispice* à sa *Géomancie abrégée*, un sonnet où il représente « l'amour et la haine des sept planetes contre les athéistes » :

> Comme les éléments, en leurs cieux, les sept Corps
> Ont amour, et discord : Mars porte à tous rancune,
> Fors qu'à Vénus la belle ; eux deux n'ayment Saturne.
> La Lune et le Soleil ensemble ont grans accords,
>
> Mais Juppiter et Mars ensemble ont grands discors.
> Tous ont en Juppiter (fors Mars) amour commune,
> Saturne hait Vénus, et Mercure, et la Lune.
> Mais qui n'admireroit ces discordans accors?
>
> Tous sont avec Vénus (fors Saturne) en concorde,
> Mesme au Soleil Vénus et Juppiter s'accorde :
> Qui n'admireroit Dieu en tant d'astres divers?
>
> Apprenez donc icy, vous pourceaux d'Épicure,
> Qui n'avez autre Dieu que Fortune ou Nature,
> Que Dieu de leur discorde accorde l'Univers.

Les astrologues nous apprennent à redouter Saturne, qui joue toujours un rôle funeste dans ses relations avec les choses de la terre.

Écoutons l'auteur du *Traité des jugements des thèmes genethliaques*[1] : « Saturne est tardif en ses effets, lourd et pesant et pondéreux, très-dangereux par tous ses aspects et regards. Il préside aux vieillards, aux pères, aux ayeuls et bisayeuls, aux laboureurs et mendians, aux hébrieux et faussoïeurs de métaux, couroïeurs, potiers, et à ceux qui ont de profondes pensées. Il apporte les prisons, longues maladies, et ennemis occultes. Il fait les hommes de couleur noire et safranée, les yeux fichés en terre, maigres, courbés, avec petits yeux et peu de barbe; timides, taciturnes, supersticieux, frauduleux, avares, tristes, laborieux, pauvres, mesprisez, malfortunez, mélancholicques, envieux, obstinez, solitaires, etc. Entre les membres, on luy attribue l'oreille droite, la rate, la vessie, les os et les dents...

« La dernière qualité de Saturne est l'ypocrisie, c'est-à-dire cette qualité grimassière qui fait paroître au dehors beaucoup de religion, mais qui conserve au dedans peu de charité et de justice, et qui fait faire toutes choses plustot dans la veue des hommes que dans celle de Dieu ; ce sont de telles gens que l'Évangile appelle des sépulchres reblanchis ; il ne parle point de ceux que le monde appelle bigots : je serais fâché de les avoir offensez, puisqu'on dit qu'ils ne pardonnent point, mais je donnerai pour caractère de la piété saturnine, qu'elle est inséparable de la superbe, de l'ambition, de l'envie et de l'avarice. »

[1] Ms. de la Bibl. de l'Arsenal, déjà cité, p. 51.

Suivant Meyssonnier[1] :

« Saturne, aussi lunaire en partie et terrestre de plus, sympathizant puissamment avec Mercure, s'insinue aisément par ses influences dans les lieux où l'esprit animal et mercurial se délecte, y esmouvant ce qu'il y a de plus terrestre et salé avec le sereux, qui composent les tartres si différens remarqués par des chimiques, et la mélancholie ou la bile noire, de laquelle parle si fréquemment l'eschole d'Hipocrate et de Galien. C'est pourquoy les influences de Saturne avec Vénus et le Soleil sont dangereuses aux mélancholiques, et cecy peut servir beaucoup à la médecine.

« Jupiter, qui est un mélange de Vénus et de la Lune tempérant Mercure, a esté mis entre Saturne et Mars, afin d'empêcher l'excès de leurs actions à troubler l'œconomie harmonique, quoyqu'apparemment discordante du Soleil... C'est pourquoy comme Vénus (ainsi qu'il a esté dit) roule continuellement après Mercure, en l'attendant, ou le suivant d'assés près, pour empêcher l'excès de l'effet de ses vertus adversaires à celles du Soleil en quelque façon ; ainsi fait Jupiter, suivant Mars ou l'attendant, faisant près de trois fois la ronde à l'entour du globe du Soleil, au-dessous de Saturne, pendant un seul de ses périodes, pour amender ce qui y pourroit croupir et former quelque mauvaise disposition, laquelle en après pourroit oppri-

---

[1] *Astrologie véritable*, préface des *Aphorismes d'astrologie*, p. 30.

mer les forces du Soleil, qui est comme l'ame de l'estendue planétaire. »

Suivant le comte de Boulainvilliers[1] :

« Si Saturne, que la divine Providence a si fort éloigné de la terre, en étoit aussi proche que la Lune, la terre seroit trop froide et trop seiche, les animaux vivroient peu, et les hommes seroient si malicieux, qu'ils ne se pourroient soufrir l'un l'autre... Nous avons une preuve de cette vérité par l'exemple des premiers siècles, dans lesquels les hommes, ne vivant que d'herbes, qui est un aliment terrestre et saturnien, ils se trouvèrent si adonnez au mal, que Dieu fut obligé de les noyer tous ; et, les voulant régénérer en la personne de Noë et de ses descendans, il leur permit de manger de la chair des animaux, dont l'aliment est jovial, c'est-à-dire contraire à Saturne. »

Suivant Gérard de Crémone[2] :

« Saturne, dans sa maison, et dans une nativité diurne, donne l'amitié des gentilshommes et de grandes richesses ; il rend un homme grave, sage, superbe, mélancholicque ; mais, dans une nativité nocturne, outre les choses susdites, il cause des maladies et des travaux.

« Dans la maison de Jupiter, signifie un homme véritable en ses paroles, et qui a beaucoup de richesses ; mais, dans une nativité nocturne, il signifie

---

[1] *Astrologie judiciaire*, ms. cité plus haut, p. 26.
[2] *Géomancie astronomique*, p. 195.

des contentions avec la noblesse et une promte mort du père de l'enfant.

« Dans la maison de Mars, il fait l'homme d'un cœur dur et de roche, et qui est fort colérique.

« Dans la maison du Soleil, il augmente la fortune du père par des honneurs.

« Dans la maison de Vénus, signifie un homme incrédule, un homme qui aime les femmes pauvres et de basse condition : et dommage de la part de telles femmes, à cause des voluptez superflues et de l'yvrognerie.

« Dans la maison de Mercure, il signifie industrie et sciences, un homme amateur de choses occultes, par lesquelles il luy arrivera quelque dommage ; un empeschement de langue et un esprit envieux.

« Dans la maison de la Lune, quantité d'incommoditez, et, dans la nativité diurne, il signifie détriment de l'œil gauche, et, s'il se trouve dans la nativité nocturne, il signifie perte de l'œil droit, et pareillement quelque difficulté dans les voyages. »

Le comte de Boulainvilliers [1] nous fait connaitre le rôle que l'astrologie judiciaire attribuait à Vénus et à Mercure :

« Vénus donne la civilité, la délicatesse, la beauté, la propreté, l'éloquence, la galanterie, le beau procédé, l'amour de la musique, de la simétrie et de toutes les belles choses.....

---

[1] Ms. de la Bibl. de l'Arsenal, déjà cité, p. 96.

« Vénus avec Saturne fait les femmes belles et honnestes, par froideur plustot que par vertu, et leur santé incommodée par une pituite froide et mélancholicque; au reste, fort avares et d'une sévérité superbe.

« Vénus échauffée par Mars est bien emportée au plaisir, et une femme qui auroit l'une et l'autre en l'ascendant, seroit d'une humeur bien différente de celles dont nous venons de parler. Ce tempérament convient mieux à un homme, car, à parler selon le monde, ce qui fait un honneste homme ne fait pas une honneste femme.

« Mercure, seul, fait les hommes rousseaux et de petite taille, mais spiritez et inventifs au possible. »

Ce ne sont pas seulement les êtres humains qui subissent l'influence des astres, mais encore les lieux et les choses inanimées :

« De tous les lieux qui sont appropriez aux étoiles, dit le fameux Agrippa [1], ceux qui sont puants, ténébreux, souterrains, tristes, pieux et funestes, comme les cimetières, les buchers, les habitations que l'on a abandonnées, les vieilles masures ou lieux prets à tomber par leur vieillesse, les lieux obscurs et horribles, les antres solitaires, les cavernes, les puits, répondent à Saturne, et, outre cela, les piscines, les étangs, les marais et autres de cette sorte. On attribue à Jupiter tous les lieux privillegiez, les endroits où se tiennent

---

[1] *La Philosophie occulte*, trad. du latin d'Henri Corneille Agrippa (par Le Vasseur) La Haye, Alberts, 1727, in-8°, t. I, p. 90.

les conseils et assemblées des princes et magistrats, les tribunaux, les chaires, les académies, les écoles et tous les lieux éclatants, nets, et où l'on a répandu différentes odeurs. Mars tient les lieux de feu et de sang, les fournaises, les fours, les boucheries, les croix, les gibets et les lieux où il s'est fait des ruines et des carnages, des guerres ou des exécutions, et autres de cette sorte. Le Soleil tient les lieux clairs, l'air serain, les palais des rois et les cours des princes, les pupitres, les théâtres, les thrones, et tout ce qu'il y a de royal et de magnifique. Vénus possede et habite les fontaines agréables, les prez verdoyants, les jardins remplis de fleurs, les lits ornez et les mauvais lieux, et, comme des Orphées, les rivages bleus et les bains, les lieux et salles de danse et tout ce qui regarde les femmes. Mercure tient les boutiques, les écoles, les halles et foires de marchands, et autres semblables. La Lune occupe les déserts, les forets, les rochers, les lieux pierreux, les montagnes, les bois, les fontaines, les eaux, les fleuves, les mers, les rivages et ports; les vaisseaux, divers lieux champêtres et les bocages, et elle tient les chemins publics, les lieux les plus cachez et autres... »

« Se moque qui voudra du tempérament des 7 planètes, dit un autre astrologue, et des inclinations qu'elles influent; mais il n'y a rien de plus certain en la Nature, jusque là que les principaux vices de l'homme ne sont que les effets de ces inclinations portées à l'extrémité et qui répondent merveilleusement aux principes des

7 étoilles errantes. Car la superbe est l'effet du Soleil qui inspire l'ambition; l'avarice est l'excès de Saturne; la luxure est l'emportement de Vénus; l'envie procède de la subtilité de Mercure et de sa langue médisante. Le bon Jupiter porte les bruteaux à la gourmandise : d'où vient que le vice des valets et des petites gens qui crevent de santé est de trop boire, comme il est constant que les Allemans, les Picards et les Bretons sont jovialistes. Pour la colère, on ne la dispute point à Mars, et la paresse n'appartient pas moins à la Lune qui donne ce tempérament pituiteux, phlegmatique, féminin, et sujet à une langueur et infirmité naturelle. »

On ne sera pas surpris que l'astrologie se soit préoccupée surtout des influences de la Lune qui semble avoir tant de relations secrètes avec le monde terrestre.

« La Lune, dit Agrippa[1], s'appelle Phébé, Diane, Lucine, Proserpine, Hécate, qui règle les mois, demi-formée ; qui éclaire de nuit, errante, sans parole, à deux cornes, conservatrice, coureuse de nuit, porte-cornes, la souveraine des divinitez, la reine du ciel, la reine des mânes, qui domine sur tous les élements, à laquelle répondent les astres, reviennent les temps et obéissent les éléments; à la discrétion de laquelle soufflent les foudres, germent les semences, croissent les germes; mere primordiale des fruits, sœur de Phébus, luisante et brillante, transportant la lumière

[1] *Philosophie occulte*, t. I, p. 420.

d'une des planetes à une autre, éclairant par sa lumière toutes les divinitez, arretant divers commerces des étoiles, distribuant des lumières incertaines à cause des rencontres du Soleil, reine d'une grande beauté, maîtresse des pluyes et des vents, donatrice des richesses, nourrice des hommes, la gouvernante de tous les états; bonne et miséricordieuse, protégeant les hommes par mer et par terre; modérant les revers de la fortune, dispensant avec le destin, nourrissant tout ce qui sort de terre, courant par divers bois, arretant les insultes des phantomes; tenant les cloitres de la terre fermez, les hauteurs du ciel lumineuses, les courants salutaires de la mer, et gouvernant à sa volonté le déplorable silence des enfers, reglant le monde, foulant aux pieds le Tartare : de laquelle sa majesté fait trembler les oiseaux, qui volent au ciel, les betes sauvages dans les montagnes, les serpents cachez sous la terre, et les poissons dans la mer. »

Selon La Martinière[1] : « Cette planete lunaire est humide de soy, mais, par l'irradiation du Soleil, est de divers temperamens : comme en son premier quadrat elle est chaude et humide, auquel temps il fait bon saigner les sanguins; en son second, elle est chaude et seiche, auquel temps il fait bon saigner les coléricques; en son troisième quadrat, elle est froide et humide, auquel temps on peut saigner les flegmatiques, et en

[1] *Le Pronosticateur charitable*, p. 52.

son quatriesme elle est froide et seiche, dans lequel temps il est bon saigner les mélancholicques. C'est une chose entierement nécessaire à ceux qui se meslent de la médecine de connoistre le mouvement de cette planete, pour bien discerner les causes des maladies. Et comme souvent la Lune se conjoint avec Saturne, on lui attribue les apoplexie, paralysie, epilepsie, jaunisie, hydropisie, létargie, cataposie, catalepsie, catharres, convulsions, tremblement de membres, distilations catharalles, pesanteur de teste, escrouelles, imbécilité d'estomach, flus diarrique et lientérique, rétention de menstrues, et généralement toutes maladies causées d'humeurs froides. J'ai remarqué que cette planete a une si grande puissance sur les créatures, que les enfans qui naissent depuis le premier quartier de la Lune déclinant, sont plus maladifs : tellement que les enfans naissant lorsqu'il n'y a plus de Lune, s'ils vivent, sont faibles, maladifs et languissans, ou sont de peu d'esprit et idiots. Ceux qui sont nays sous la maison de la Lune, qui est le Cancer, sont d'un tempérament flegmatique. »

« La Lune domine, d'après Eteilla [1], sur les comédiens, les joueurs de gibecière, les bouchers, les chandeliers et ciriers, les cordiers, les limonadiers, les cabaretiers, les vuidangeurs, les paulmiers, donneurs à jouer de toute nature, le maître des hautes œuvres, les ménageries d'animaux ; et, dans son contraste, sur

---

[1] *Manière de se récréer avec le jeu de cartes* (4ᵉ cahier), par Eteilla. Amsterdam et Paris, chez l'auteur, 1785, in-12, p 50.

les joueurs de profession, les espions, les escrocs, les femmes de débauche, les prostitueurs, les filoux, les banqueroutiers, les faux monnoyeurs, et les petites maisons où se rendent les vieux paillards, les gourdandines : c'est-à-dire que la Lune domine sur tous ceux qui sont de métier à travailler la nuit par état jusqu'au soleil levant, ou à vendre des denrées pour la nuit; et, dans le contraste, elle domine sur tout ce qu'on auroit honte de commettre en plein jour au vu de ceux qui ont des mœurs. Ainsi chaque lecteur, en lisant, doit se rendre facilement compte sous quelle domination il est, etc... Il est bon de noter que la Lune domine aussi sur tous les petits négocians qui ne tirent que des ports de la nation ou de la main des accapareurs, sur les usuriers, les courtiers, les maquignons, les rats de Palais, hommes sans charge, rongeant les clients, et mettant, par leurs astuces, les plus honnestes gens dans le péril de perdre.— Ce n'est pas sans sujet, dit un bon gros paysan, que la Lune est si proche de nous; si elle étoit aussi éloignée que Saturne, elle ne pourroit pas répondre à tout. »

« Sera doncques pour la fin et conclusion du présent chapitre et discours, dit Mizault[1], que la partie utérine des femmes, ou, si vous voulez, la logette en laquelle se forment et se nourrissent leurs enfans, recognoit les mouvements, changemens et rechangements de la Lune, je ne diray devant et après le temps

---

[1] *Secrets de la Lune*, f° 6, v°.

de leur portée, mais aussi durant icelle et signamment à l'instant de la conception et nativité. Ainsi que l'expérience quotidienne le monstre, conformément à ce qu'en a escrit Ptolomée au 50ᵉ aphorisme de ses sentences sur les jugemens astrologiques, jaçoit qu'aucuns le vueillent attribuer à Hermès, autrement appelé Mercure Trismégiste. L'aphorisme donc est tel : Le signe du Zodiaque où logera la Lune à l'heure et instant de la conception, sera celuy mesme qui se présentera et levera sur l'horizon à l'heure et instant de la nativité, et le signe auquel est la Lune au temps de la nativité est celuy qui montoit sur l'horizon à l'heure de la conception. Tant est grande l'harmonie entre les trois, savoir est : la Lune, la conception et la nativité. Et de là vient que jadis les femmes qui étoient en travail d'enfant invoquoient Diane ou Lucine, c'est-à-dire la Lune, en leur aide et secours...

« On void aussi que ceux qui dorment à descouvert soubz la Lune, ou bien autrement y font longue demeure, communément en rapportent quelque douleur de teste, pesanteur de cerveau, enragé mal de dents, pression des yeux, mal d'oreilles, et défluxions accompagnées de blesme et palissante couleur. Ainsy que je l'ay vu advenir à une jeune demoiselle de singulière grâce et beauté, comme aussy de grande éloquence et érudition, pour son aage. Ladite damoyzelle, pour descharger quelque rougeur qu'elle avoit au visage outre son gré, fut conseillée, par je ne sçay quelle vieille matrone masqueuse du sexe féminin, qu'il luy conve noit, par quelques nuits, présenter sa face découverte une heure ou deux au clair de la Lune lorsqu'elle seroit en son plein lustre, et le continuer toutes les pleines lunes de l'été. Au bout de quelque temps, elle devint plus palle et plus blesme qu'un trépassé, et y gaigna une telle altération et refroidissement de cerveau, accompagné de défluxions si violentes et si implacables, de douleurs de teste et de dents si désespérées, qu'il n'y eut pas moyen de l'en guérir. Sept mois après, elle mourut. »

D'après le même auteur, les cheveux coupés au décroissement de la Lune rendent les têtes chauves ; le rayon de la Lune gâte les tapisseries, peintures et maçonneries du côté du midi ; les épileptiques sont sujets à la Lune, etc.

Mizault ajoute[1] que « le scarabée, appelé par d'aucuns escarbot et fouillemerde (pour autant qu'il est toujours dans la fiente de quelque beste), monstre évidemment la conjonction de la Lune avec le Soleil en ceste sorte. Au définiment et derniers jours de la Lune, il façonne et forme de quelque fiente de bœuf ou de vache comme une petite boulette ou pilule (dont il est appelé scarabée pilulaire), et avec ses pieds de derrière la roulle, tourne et vire d'orient vers occident, à l'imitation du mouvement universel du ciel : puis, des pieds de devant, d'occident vers orient, à l'imitation du propre mouvement des planetes : et cela très long-

---

[1] *Secrets de la Lune*, f° 7 v°

temps fait, il l'enterre en une fossette, et la y laisse l'espace de xxviii jours, pendant lesquels la Lune circuit les douze signes du ciel pour retrouver son ami et frère le Soleil, afin de se conjoindre et de rechef renouveller avec luy. Auquel temps de cunjonction, dis-je, et renouvellement de Lune, ledit scarabée ou escarbot tourne par devers sa pilule, et, par je ne sçay quel instinct plus que naturel, il trouve en icelle un petit escarboton formé, animé, et avec la Lune nay et renouvelé. »

« Expérience, maistresse d'ignorance, monstre à l'œil, continue le même auteur [1], que toute matière (soit pour bastir ou autrement), ayant esté couppée, quand la Lune descroist, soustient longue durée et se trouve merveilleusement bonne : ce qu'on peut aussi accommoder aux pierres de taille et au moilon, quand on les tire hors de leurs quarrières et filières.

« Les concombres s'augmentent aux pleines lunes, ainsi que les raves, navets, porreaux, lis, refforts, safran, etc., mais les oignons, au contraire, sont beaucoup plus gros et mieux nourris sur le définement et vieillesse de la Lune, que sur son croissement, jeunesse et plénitude... ce qui est cause que les Égyptiens s'abstenoient d'oignons, à cause de leur antipathie avec la Lune... Si on taille de nuit les vignes, pendant que la Lune logera dans le signe de Lyon, Sagittaire, Scorpion ou Taureau, on les sauvera des rats champestres,

---

[1] *Secrets de la Lune*, f° 11, r°.

taulpes, limaçons, mouches et autres... Les herbes, cueillies pendant que la Lune croîtra, seront de grande efficacité... Pline assure que les aulx semez ou transplantez, la Lune estant soubz terre, et cueillis le jour qu'elle sera nouvelle, n'auront aucune mauvaise odeur, et ne rendront l'aleine de ceux qui en useront, puante et malplaisante. »

Le sieur de Salerne[1], veut que les conjonctions de la Lune avec une autre planète soient toujours malfaisantes, « abrègent la vie, rendent les hommes malheureux, peu estimez, tourmentez dans le mariage, affligez de leurs enfans et de leurs plus proches parens ; deux lunes causent aussi la perte des biens, la mort après bien souvent, ou la dévotion dans la vieillesse.

« Les conjonctions de la Lune avec Mars ne valent rien pour les biens de fortune ; de plus, ils causent des accidents, comme de coups d'épée et d'armes à feu ; et à l'égard des femmes, ils marquent des faiblesses d'esprit, des pertes de sang et des mauvaises couches.

« Les conjonctions de la Lune avec Vénus rendent amoureux, sans avantages, sujets à se laisser tromper des femmes ; ces planetes font que l'on est aimé de quelques-uns, que l'on est assez agréable de visage, poltrons, et que l'on amasse peu de biens. »

Le même astrologue ou géomancien nous renseignera sur le sens de quelques conjonctions planétaires :

« Les conjonctions de Mercure ne font pas les

---

[1] *La Géomancie et Nomancie des anciens*, par le sieur de Salerne. Paris, Laurent d'Houry, 1688, in-12, p. 103.

hommes fort heureux, si ce n'est dans l'amour et dans l'adresse de voler ; mais ils font les hommes savans, grands orateurs et capables de négoces.

« La conjonction de Mercure avec Vénus rend les hommes agréables en amour et libres de la langue, et les femmes belles, de grande taille, l'esprit adroit, aimant la vie douce, peu de biens.

« Les conjonctions de Saturne font les ecclésiastiques, donnent rente d'église, sont bons pour les affaires de marchandises ; pour les femmes, les rendent avares, froides, mélancholicques, et les font aimer des gens d'église.

Les conjonctions de Saturne avec Mercure donnent de la dévotion, quantité de maladies, tant aux hommes qu'aux femmes ; ils rendent malheureux et surtout dans l'eau, sujets à gagner la grosse vérolle, et quelquefois mettent les gens dans la dévotion.

« Les conjonctions de Saturne avec Mars font les prisonniers de guerre, inclinent à faire de la fausse monnoie, et portent les juges à condamner injustement : ils font assassiner le mary d'une femme que l'on aime. Pour les femmes, ils font sortir du couvent, et aimer les gens de guerre.

« La double conjonction de Mars avec la Lune fait tuer les hommes en trahison par des coquins dans l'armée ; enlever les femmes des couvents, et reprendre de justice.

« La double conjonction de Mercure avec la Lune fait fort nécessiteux, prisonnier pour des larcins et pour des autres actions basses; rend les filles sujettes à se faire engrosser, et selon l'année, les rend capables de deffaire leurs enfants, à cause de la malignité de Mercure et de la nécessité qui les accompagne tous deux.

« La double conjonction de Vénus avec la Lune fait extrêmement lubrique, cause le mal vénérien; fait aimer des valets aux femmes de qualité.

« La double conjonction de Saturne avec la Lune fait emprisonner dans les cachots pour magie et autres actions cachées, au hazard de pourir comme enragé dans la prison; fait marier les moines, pour reprendre le froc par justice. »

Selon Auger Ferrier[1], « les éclipses du Soleil et conjonctions des supérieures planetes causent communément beaucoup de maux, selon la concurrence des astres et nature des signes et planetes dominans ausdits lieux.

« Aux hommes, causent des maladies, quand ce sont aux cinq prochains degrés de l'ascendant ou du *donneur de vie*. S'ils touchent aux autres parties, planetes ou maisons, ils produiront quelque malheur appartenant à la signification desdits lieux. »

Influence des jours et des signes, questions astrologiques.

Les astrologues accordaient une certaine importance

Jugements astronomiques sur les Nativités, p. 179.

à chaque jour de la semaine, suivant la planète qui y présidait.

« Au second jour, dit maître Jehan Tibault[1], Eve fut créée. Ce jour, faict bon entreprendre voyages, tant par mer que par terre. Et sera le voyage heureux en tous logis et hostelz où il se tournera. Ledit jour est bon pour croistre lignée. Aussi est bon et heureux pour celuy qui fera quelques demandes à princeps ou autres grandz seigneurs. Pareillement, il fera bon bastir et édifier. Mesmement faire jardins, vergiers parez, laborer terre et semer. Un larcin faict cedit jour ne se pourra longuement celer, mais sera tantost trouvé. Si aulcun demeure malade, sera de brief guéri. S'il songe de nuit, il n'y fault avoir esgard, car il sera de nul effect. L'enfant nay en ce jour croistra à vue d'œil.

« Au tiers jours nasquit Caïn. En ce jour, ne doibt entreprendre aucune besongne, ny planter, sinon ce que l'on vouldra perdre ; celuy qui tombera mallade le sera bien griefvement jusques près de sa fin, mais petit à petit, par bon régime, reviendra en santé. Le songe, faict cedict jour ou nuit, sera de nul effect : aussi l'enfant nay en sera de longue vie. »

D'après La Martinière[2], « l'Escrevisse a sous soy l'Affrique, Frigie, Bethinie, Constantinople, Venise, Milan, Gennes, Lucques, Pise, Grenade, Bourgongne, Escosse, Irlande, Zelande, Magdebourg, et Berne.

---

[1] *La Physionomie des Songes et Visions*, par Jean Tibault. Lyon, J. Moderne, sans date (1530?), in-8°, gothique.

[2] *Le Pronosticateur charitable*, p. 44.

Depuis son premier degré jusqu'à son dix, est regardé par Vénus; depuis son dix jusques à son vingt, par Mercure; depuis son vingt jusques à son trente, par la Lune; Vénus y demeure de jour; Mars, de nuict, ou la Lune y participe. Au cinquième degré de ce signe, le Capricorne, se levant, faict que l'air se charge; en son huitième degré, le Soleil estant au plus haut du sphère vers nostre habitation, ne pouvant monter plus haut, fait qu'il s'en retourne, en descendant par les plus bas signes jusques au Capricorne; en son seiziesme degré, l'orison et l'air se tournent en chaleur; en son dix neufvième degré, l'estoille appelée la Chienne se leve, qui fait grande perturbation en l'air, par sa chaleur et secheresse : ce qui affoiblit les corps; et les jours de cette estoille, appelés caniculaires, durant 50 jours, à commencer depuis la mi-juillet, s'il tonne, la Lune estant à l'Escrevisse, cela menace de dégast les biens de la terre, par pluyes et bestiolles, ce qui cause cherté de bleds et émotion populaire. Ce signe ayant seigneurie sur l'estomach, poitrine, poumons et costez, cause la toux, poulmonie, pleurésie, maux des yeux et lepre, et, estant gouverné par l'esprit des planetes, appelé Mariel, fait que les purgations et seignées sont indifférentes.

« La Balance a sous soy l'Ethiopie, Troglodite, Turcie, Bactriane, Caspie, Thebes, Spire, Vienne, Austriche, Francfort, Plaisance, Savoie, Dauphiné, Lisbonne et Arles. Depuis son 1er degré jusques à son 10e, est regardé par la Lune; depuis son 10e jusques à son 20ᵉ, par Saturne ; depuis son 20ᵉ jusques à son 30ᵉ, par Jupiter ; Saturne y fait sa demeure par jour ; le Soleil et Mercure, par nuit, où Jupiter y participe ; au 5ᵉ degré de la Balance, se lève le Lion, lequel échauffe l'air ; en son 22ᵉ, se lève l'étoile appelée Corona, qui trouble l'air, et en son 24ᵉ se lèvent les étoiles appelées les Chevreaux du Vespre, qui adoucissent l'air ; s'il tonne, la Lune estant à la Balance, cela menace de sécheresse au commencement de l'année, humidité à la fin, ce qui causera cherté de vivres. Ce signe ayant seigneurie sur le ventre, la vésie et les costez, cause les flux de sang, suppression d'urine, obstructions, ulceres, apostumes et pierres, tant des reins que de la vésie. Estant gouverné par l'esprit des planetes, appelé Zuriel, fait que les purgations, bains et saignées sont bons. »

Suivant L. Meyssonnier[1] « le Bélier a l'Allemagne, la France, la Bretagne, la Syrie, la Palestine, la Pologne mineure, la Bourgogne supérieure, la Suède, la Silésie supérieure.

« Le Taureau : la Parthie, le Mede, la Perse, l'archipel et les isles, Cypre, la partie maritime de l'Asie Mineure, la grande Pologne, la Russie blanche, la campagne de Rome, les Grisons, la Suisse, la Franconie, l'Irlande, la Lorraine, l'Islande, et une partie de la Suède.

« Les Gémeaux ont l'Hircanie, l'Arménie, la Mar-

---

[1] *Aphorismes d'astrologie*, cités plusieurs fois.

ciane, la Cyrénaïque, la Marmarique inférieure, l'Égypte, l'Angleterre, la Sardaigne, le Brabant, le pays de Vitemberg, la Flandre, la Lombardie.

« Et l'Escrevice a la Numidie, l'Afrique, la Phrygie, Colchos, Cartage, le royaume de France et d'Escoce, Grenade, la Prusse, la Hollande, la Zélande et la conté de Bourgogne.

« Le Lyon a la Phénicie, la Chaldée, l'Orchinie, la Gaule cisalpine et l'Italie, la Sicile, la Pouille, le royaume de Boheme, partie de la Turquie, l'Emilie et le pays des Sabins.

« La Vierge a l'Assirie, la Mésopotamie, la Babylone, la Grece, l'Achaïe, la Crete, la Cilicie, la Croacie, le duché d'Athènes, la Carinthie, la Silésie inférieure, la province Athesane, le voisinage du Rhin, Rhodes, etc. »

Suivant le curé Jean Belot[1], qui ne croyait pas être moins bon chrétien, parce qu'il s'adonnait aux sciences occultes, le 1ᵉʳ commandement de Dieu se rapporte à la 10ᵉ sphère immobile, le 2ᵉ à la 9ᵉ, le 3ᵉ à la 8ᵉ, le 4ᵉ à la sphère de Saturne, le 5ᵒ à celle de Jupiter, le 6ᵉ à celle de Mars, le 7ᵉ à celle de Vénus, le 8ᵉ au Soleil, le 9ᵉ à Mercure, le 10ᵉ à la Lune ; et il continue ainsi :

« Dans notre théologie, l'on pose ces 7 planètes pour les dons du S. Esprit, pour les 7 pétitions de

---

[1] *Les Œuvres de M. J. Belot, curé de Mil-Mont, professeur aux Sciences divines et célestes.* Lyon, Cl. la Rivière, 1649. in-8ᵒ, p. 41.

l'Oraison dominicale ; les 12 signes du Zodiaque, aux 12 articles du Symbole : et derechef les 7 planètes sont accommodez aux chandeliers de l'Apocalypse où l'homme vivant chemine au milieu d'iceux, et cette doctrine est de Ruperc et de S. Cyprien, au sermon de la Pentecote, qui moralise doctement sur le nombre septenaire. »

Roch le Baillif[1] donne le *degré scallaire de l'homme :*

« Ainsi donc qu'il y a 7 corps supérieurs principaux et pour chacun un jour en la sepmaine, durant lesquels fut, avec le repos du Souverain, créé tout ce qui est. Et en ce mesme nombre faict le degré scallaire de l'homme, sçavoir : pour l'unité, la pierre physique, seul subject et instrument de toutes vertus naturelles et transnaturelles ;

« 2 qualités : chaleur et froideur ;

« 3 principes : sel, soufre et liqueur ;

« Quatre phantasies, complexions, imaginations, appréhensions ou actions de l'âme : mélancholique, cholérique, sanguine et phlegmatique ;

« 5 sens de l'homme : le goust, l'ouye, la veue, sentiment et olfact ;

« 6 degrez : entendement, mémoire, sens, vie, mouvement et essence ;

« 7 membres minéraux : le cœur, cerveau, foye, fiel, poulmons, reins et ratelle. Desquels le reste dé-

---

[1] Le *Démosterion*, déjà cité, p. 12.

pend, qui est ce nombre complet, appelé clymacterich ou scallaire, par Aulugelle, de 7 fois 9. »

Un ancien manuscrit[1] nous fait connaître les questions qui peuvent être adressées à l'astrologue :

« S'aucun homme aura, de sa femme ou d'autre, enfans, ou la femme, de son mary?

« S'aucun homme ou femme demande absolument, sans aucune spécificacion, s'il aura enfans?

« S'aucune femme a en son ventre plus d'un enfant?

« S'aucun désire faire guerre ou d'aller en bataille aura victoire?

« Laquelle partie a plus de combatans?

« Laquelle aura victoire?

« Mettre son enfant en nourrice pour alaicter.

« Pour oster l'enfant de la mammelle, afin qu'il ne alaicte plus.

« De ronguer les ongles pour la 1re fois.

« Tondre les cheveulx ou la barbe pour la 1re fois.

« De la circoncision des enfans.

« Pour tailler ou vestir nouvelle robbe.

« Pour avoir enfant.

« Pour faire issir l'enfant mort hors du ventre de sa mère.

---

[1] *Traduction d'un livre d'astronomie de Guido Bonati, par Nicolas de la Horbe*, 15 décembre 1327. Ms. de la Bibl de l'Arsenal, Sc. et A., n° 208, in-fol. La citation, que nous empruntons à ce livre traduit de l'italien, prouve assez que cette traduction appartient au seizième siècle et non au quatorzième.

« Des heures profitables pour aller en batailles.

« Pour jouer aux dez ou autres jeux, pour espérance de gaingner.

« De la promotion à la dignité royale ou autre.

« D'aller demourer avec le roy ou autre grand seigneur.

« Du cours des chevaulx pour gaigner aulcun pris ou pour vaincre ung autre au cours. »

Gérard de Crémone [1] donne les moyens suivants, tirés de l'astrologie, « pour sçavoir si votre femme ou votre amie a un autre ami que vous :

« Voyez si Mars est dans la 7ᵉ (Maison du ciel) sans dignité; elle n'a point d'autre ami que vous.

« Si Saturne, elle en aime un autre que vous, sans avoir aucun vilain commerce avec lui.

« Si la queue du Dragon, ils ont des privautés blamasbles.

« Si Jupiter, elle garde à peine la chasteté conjugale.

« Si Vénus, elle se joue et familiarise volontiers, estant tenue pour putain, quoy qu'elle ne le soit pas.

« Si Mercure, elle a tantost un ami, et tantost elle n'en a point.

« Si la Lune, elle n'a point encore de galant, mais elle en aura et sera commune.

« Si le Soleil et la teste du Dragon, elle est chaste. »

Le *Traité des jugements des thèmes genethlia-*

---

[1] *Géomancie astronomique*, souvent cité, p. 33

ques[1] donne le moyen de résoudre une question non moins délicate :

« S'ensuit la déclaration de la IVᵉ interrogation s'aucune femme est vierge.

« Si le Seigneur de l'ascendant[2] et la Lune, par laquelle la femme est signiffiée, sont es angles et en signes fixes : elle est vierge, ne de perdre sa virginité n'a point esté requise. Et si le Seigneur de l'ascendant et la Lune sont en signes fixes et es angles soient signe mobile : elle est vierge, combien qu'elle ait esté requise de corruption... Et si l'ascendant est signe fixe et le Seigneur de l'ascendant en signe fixe et la Lune en signe mobile ou commun, ou que la Lune soit en signe fixe et le Seigneur de l'ascendant en signe mobile ou commun : elle a esté de sa voulenté en compaignie charnelle d'homme... Et si le Seigneur de l'ascendant ou la Lune est en la cincquiesme Maison, ou le Seigneur de la cincquiesme Maison en l'ascendant, ou qu'ils soient corporelement conjoints en aucun signe : elle est grosse. Et s'ils sont séparés de ladite conjonction par 3 degrez ou environ, il semble qu'elle ait eu enffant. »

La Taille de Bondaroy[3] donne cette figure pour diriger les demandes à adresser sur certains membres du corps en particulier :

---

[1] Ms. de la Bibl. de l'Arsenal, n° 207, déjà cité, f° 118, v°.

[2] On nommait *ascendant* la première des douze Maisons du ciel. Voy. ci-après, p. 201.

[3] *Géomance abrégée*, f° 23, r°.

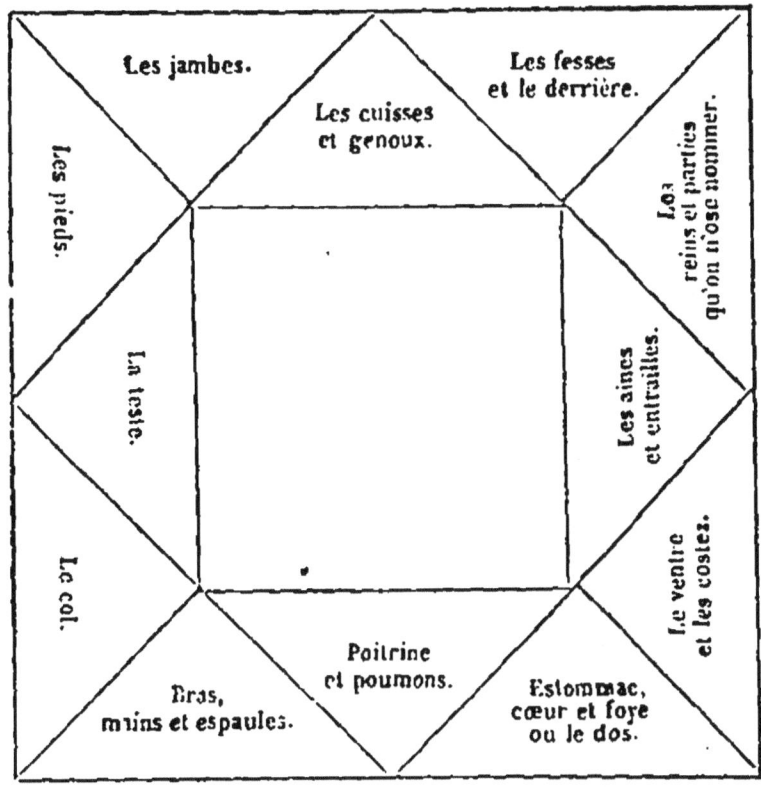

Etteilla[1] fait ce portrait peu flatté d'un militaire, à la naissance duquel Mars n'a pas été favorable :

« Si Mars est mal placé, le jeune militaire, sortant du collége, ne fixe son nouvel armement que pour examiner sa mise, et, se promenant à grands et petits pas dans sa chambre, il cherche le tour qu'il doit prendre pour paroître avoir déjà fait dix campagnes ; celle d'un recruteur, qui n'a jamais sorti de la ville, lui paroît la plus triomphante. Les cheveux chiffonnés,

---

[1] *Manière de se récréer avec le jeu de cartes.* cité plus haut, p. 69.

le chapeau mis de travers, la pointe de l'épée frappant le pavé, une canne à la main, le voilà parti pour aller chez des libertins qui le conduisent au jeu, à quelque taverne, et enfin chez les femmes impudiques.

« Dans son 2ᵉ âge de service, dégoûté du sexe dont il n'a connu que la racaille, étant méprisé des femmes qui l'auroient policé.., parlant de sa généalogie, de duels, d'escarmouches, de combats, de batailles, de siéges et d'assaut général, où il ne fut jamais que dans des songes tumultueux occasionnés par ses débauches et sa poltronnerie.

« Dans son 3ᵉ âge, il donne le bras aux vieilles pour séduire les jeunesses, accompagne les débordées dans les promenades publiques et les spectacles.., joue l'homme pécunieux, quoiqu'il n'ait pas un sou, attache des cordons de montre à ses goussets avec des breloques qui font autant de bruit que les sonnettes des mulets de la Haute-Auvergne...

« Dans son 4ᵉ et dernier âge, il est piteux, parlant de ses campagnes comme Sosie dans *Amphitryon*, des passe-droits qu'il prétend qu'on lui a faits, et s'entretenant intérieurement des grades où il eût monté, s'il eût été honnête, docile et brave. »

Prédictions astrologiques.

Un savant du dix-septième siècle [1], quoique peu favorable au système des anciens astrologues, donne un résumé des idées admises de son temps sur le rôle et l'influence des astres :

« 1. Il est très-certain que le soleil nous fait les 4 saisons de l'année... et cela vient de l'obliquité de son mouvement, comme il se voit en la sphère.

« 2. Il est encore certain que les astres font soulever de la terre et des eaux toutes ces exhalaisons que nous voyons en l'air, et que nous appelons rosées, frimats, brouillart, et que d'icelles ils font les pluyes, les gresles, les neiges, les vents, les esclairs, les foudres, les comètes, les feux volants et autres météores.

« 3. On confesse encore que les astres sont cause, en tout ou en partie, de l'agitation de la mer et des mutations diverses que nous sentons en la température de l'air.

« 4. On ne doute pas aussi que les pierres et les minéraux ne soient engendrez par le moyen des influences célestes, qui servent comme de vertu séminale en la production de ces choses dans le sein de la terre.

« 5. Le Créateur a créé les astres comme les jardiniers, ausquels il a donné la puissance de cultiver tout ce parterre terrestre, et la vertu propre pour préparer

---

[1] *Traicté curieux de l'Astrologie judiciaire*, par C. Pithoys. Sedan, 1641, in-12, p. 71.

et administrer les choses nécessaires à la formation et multiplication de ces plantes : à cause de quoy on peut encore dire que les plantes, les fleurs et les fruicts dépendent encore de l'influence des astres.

« 6. On peut encore croire, sans péril d'erreur, que Dieu les a donnés pour pastres et pour nourriciers à tous les animaux, et qu'ils ne manquent pas de les fomenter par leurs influences et de les aider particulièrement en leurs générations.

« 7. Les astres peuvent encore estre cause de plusieurs altérations qui arrivent es humeurs, et ensuite des maladies et passions qui en peuvent naistre, suivant la dépendance et la liaison que la Nature a mis entre ces choses. »

Le même auteur [1], plus loin, tourne en ridicule les 12 Maisons que les astrologues ont bâties dans le ciel :

« La 1re Maison est établie pour estre la boutique où se forge la stature, la forme, la complexion, la disposition et autres habitudes du corps, la durée de la vie, l'esprit, le génie et les mœurs de l'enfant naissant. Ils appellent cette Maison l'*horoscope*, à cause qu'elle est la racine, le principe et le plus considérable poinct de toute leur inspection, la base et l'arc bouctan de toutes leurs prognostications. Aussi, est-elle nommée l'*ascendant*, à cause que d'icelle les astres montent sur l'horizon, car son 1er degré est à l'angle oriental...

---

[1] *Traicté curieux de l'Astrologie*, etc., p. 134.

« En la 7e, se font les contracts de mariages, et c'est d'icy qu'ils apprennent si un homme ou une femme seront mariez et combien de fois, s'ils seront heureux ou malheureux en leur mariage. Item, c'est en ce domicile que sont marquez les débats, noises, querelles, guerres, larcins, brigandages, rapines et autres injustices qu'un homme doit perpétrer, et, au bout de tout, la mort quand elle doit estre naturelle...

« En la 12e, ils descouvrent les perfidies, trahisons, embusches, empoisonnements et autres meschancetés des ennemis; les rencontres mauvaises d'animaux, ou de quelques autres créatures; le dommage qu'on en pourra recevoir et autres violences qu'on pourra souffrir; les envis, tristesses, angoisses et autres afflictions qui pourront arriver, et notamment toutes les couches bonnes ou mauvaises des femmes.

« Voici les boutiques d'où les genethliaques tirent tout le galon et le clinquant qu'ils débitent! »

Ce sceptique [1] combat l'astrologie par une hypothèse fort sensée :

« Les genethliaques posent pour maximes que le Soleil, joint avec l'Écrevisse en la 4e Maison, promet de grands héritages, et Jupiter en l'onzième de grandes charges dans l'État; et que si quatre planetes, avec le Soleil et la Lune, se rencontrent dans les parties pleines, on parviendra à la dignité royale et à de grandes charges dans l'État. Or pesons le cas que cent enfans

---

[1] *Traicté curieux de l'Astrologie*, etc., p. 184.

viennent à naistre dans Paris sous cette disposition sidérale, les uns de princes, les autres de marchans, les autres de chifetiers, et les autres de bribeurs ; un genethliaque oseroit-il jurer, mais oseroit-il s'imaginer que tous ces enfans auront une mesme destinée et qu'en certaines révolutions annuelles ils viendront tous à posséder de grands héritages, avec les plus hautes charges de l'État, et qu'à mesme temps ils porteront tous des couronnes royales et jouiront tous d'une égale et parfaite félicité ? Certes, un tel genethliaque seroit bien capable d'estre roy, empereur et pape, et papegay tout ensemble, par imagination. »

L'auteur d'un ouvrage anonyme[1], publié au seizième siècle, oppose à la prétendue influence des astres sur la destinée des hommes les grandes catastrophes où meurent le même jour tant d'individus, nés cependant sous des influences bien diverses.

« La ruine de la maison du Bourcelet, à Lyon, dit-il, demeure trop fameuse pour avoir pitoyablement assommé et suffoqué les trois jeunes et généreux seigneurs de Senecé, Corberon et Cercy en un moment, en une mesme chambre et en un mesme lit, desquels toutefois les naissances n'estoient tant justement rencontrez, que la planete meurtrière les regardast de mesme infortuné endroit et de mesme œil impiteux. »

---

[1] *Mantice ou Discours de la vérité de divination par astrologie*, s. l. ni d., in-4°, f° 30. On croit que l'auteur de ce discours est Ponthus de Tyard, qui le fit imprimer à Lyon, chez Jean de Tournes, en 1558.

Il continue, et remarque que les astronomes babyloniens, égyptiens et autres ont été loin de connaître tous les astres, et que cependant, les étoiles dont la connaissance leur échappa, doivent, tout aussi bien que celles qu'ils connurent, avoir de l'influence sur les destinées humaines. Dès lors, comment pouvaient-ils prédire les destinées des hommes ?

Goulart [1] raconte que, le pape Jules III étant mort le 23 mars 1555, « dix-huit jours après, Marcel Cervin lui succéda, par la faveur de quelques cardinaux, qui respectoyent son érudition; mais il ne subsista en ce siége que vingt-deux jours, au bout desquels il fut estouffé d'apoplexie, aagé de cinquante-cinq ans. Son père, Richard Cervin, grand astrologue judiciaire, lui avoit prédit qu'il parviendroit au plus haut degré de dignité ecclésiastique : au moyen de quoi Marcel, faisant estat de telles prédictions, et devenu homme fait, souvent importuné, par Cassandre Bencia sa mère, de vouloir entrer en mariage, l'en esconduisit obstinément, et lui dit qu'il ne vouloit point cercher de fortune plus illustre que celle qui lui avoit été présagée par les estoiles hors mariage, et au cœlibat, qu'il ne changeroit nullement aux liens du mesnage. Mais son père oublia de lui dire que son papat ne dureroit que trois semaines. Il reste

---

[1] *Thrésor d'histoires admirables et mémorables de nostre temps, recueillies de plusieurs autheurs, mémoires et avis de divers endroits*, par Simon Goulart, Senlisien. Genève, Samuel Crespin, 1610-1614, 4 tomes en 2 vol. in-8°.

toujours quelques mots à dire ès prognostics de ces espions du ciel. Au demeurant, l'histoire remarque que ce personnage donnoit quelque espérance de faire mieux que ses devanciers, et que n'ont fait ceux qui lui ont succédé, si d'aventure il ne se fust esbloui, estant monté si haut... Esleu pape, il ne voulut point changer de nom, et dit à ceux qui l'en importunoient : « Je ne changerai ni de nom, ni de manière de vivre. J'ai esté et serai Marcel. » A l'aventure redoutoit-il quelque changement en sa condition s'il changeoit de nom, car les estoiles ne l'eussent plus reconnu. Les historiens parlent beaucoup de lui, encore qu'il n'ait guères vescu en son siége. »

Le même compilateur a encore recueilli les anecdotes suivantes sur les astrologues :

« Antiochus Tibertus, astrologue, ayant prédit de soy-mesme, qu'il feroit male fin, se mesla un jour de dire à un grand seigneur italien, nommé Pandolfe Malateste, qu'il seroit banni. Ce seigneur, irrité de telle prédiction, fait emprisonner l'astrologue, auquel on fit le procès, et fut exécuté à mort. » (P. Jove, en ses *Éloges*.)

« Berthelemi Coclès, astrologue, ayant prédit qu'il seroit tué, et à certain nommé Copon, qu'il commettroit un meurtre, un seigneur italien fit tuer quelque temps après, par Copon, cet astrologue. » (*Idem.*)

« Muleasses, roi de Thunes, durant son séjour à Naples, où il faisoit dépense démesurée et menoit une vie estrange, estant aussi adonné à l'astrologie judiciaire, prédisit que bientost il seroit débouté de son royaume, et que quelque grand malheur le menaçoit. Tost après, Ancida, son propre fils, le déjetta de son trône, et lui fit crever les yeux. » (*Hist. de nostre temps.*)

« En la sédition esmeue à Florence, contre la maison de Médicis, l'archevesque de Pise fut prins et pendu aux fenestres du palais : ce qui lui avoit été prédit longtemps auparavant par certains astrologues, desquels il s'estoit enquis quelle devoit estre la fin de sa vie. » (Simon Mayol, évesque de Volterre, en ses *Jours caniculaires*, colloq. 1.)

C. Pithoys [1] rapporte que « Corneille de la Pierre, jésuite, sur le 19ᵉ verset du 19ᵉ chapitre du livre des *Actes*, après avoir noté que plusieurs, par les arts curieux dont il est parlé en ce lieu, entendent l'astrologie des genethliaques, adjouste qu'il a veu à Rome plusieurs grands personnages qui ont été misérablement déceues par ces astrologues, qui promettoient à l'un une longue vie, à l'autre un cardinalat, à l'autre un souverain pontificat ; promesses qu'ils ont expérimentées trop vaines, à leur grand dommage ; en sorte qu'estant frappés de maladies mortelles et incurables, il estoit impossible de les faire résoudre, ny de les disposer à la mort, sur la fiance qu'ils avoient en leurs horoscopes. Ainsi mouroient

---

[1] *Traicté curieux de l'Astrologie judiciaire*, cité plus haut, p. 49.

malheureusement à l'improvisée : qui fait voir que c'est une tromperie du diable, lequel, par ces devinements, dresse des piéges aux ames, afin de les attraper et de les engloutir comme un loup ravissant. Sur quoy ce personnage leur crie : Réveillez-vous prélats, fils des hommes ! Jusques à quand aimerez-vous la vanité et cercherez-vous le mensonge ? »

Heurtevyn[1] raconte que « l'an 1382, à Londres, un charlatan d'astrologue fit crier par la ville, et avertit que, la veille de l'Ascension, personne ne sortit de sa maison, si préalablement il n'eût dict cinq fois *Pater noster* et desjeuné, à cause d'un brouillard pestilentiel qui adviendroit ce jour ; outre qu'il avoit prié qu'on le gardast cependant, et qu'il fust puny (se fiant par adventure en la sottise des citoyens), s'il advenoit que la pronostication fust mensongère, car il avoit prédit tous ceux-là devoir mourir, qui contreviendroient à son ordonnance ; donc, plusieurs, adjoustans foy au conseil de ce mocqueur, n'allèrent ce jour-là à la messe, et ne vouloient sortir qu'ils n'eussent rompu le jeûne. Le lendemain, le mensonge estant découvert, on prit mon astrologue, on le mit sur un cheval, et pour bride, il eut la queue du mesme cheval ; puis, on lui lia au col deux marmittes, que les Anglois appellent *Jordanes*, avec une queue, en signe qu'il l'avoit mérité par ses bourdes, et ainsi fut pourmené par la ville. »

---

[1] *L'Incertitude et tromperie des astrologues*, par Barth. Heurteryn, Parisien. Paris, 1619, in-8°, p. 45.

Suivant un malin interprète de songes[1], certain astrologue se tira d'affaire plus adroitement, si l'histoire qu'on en fait est véritable, a-t-il soin d'ajouter : « Un astrologue aïant averti un prince de mettre ordre à ses affaires, parce qu'il devoit mourir dans trois jours, ce prince lui demanda s'il avoit prévu de quelle mort lui-même devoit mourir, et sur ce qu'il l'assura qu'il mourroit d'une fièvre chaude, le prince lui dit : « Eh bien ! pour faire connoître la « vanité de ta science, tu seras pendu tout à l'heure. » Comme on s'étoit déjà saisi de ce malheureux astrologue pour le conduire au supplice : « Voïez, monsei-« gneur, dit-il au prince, si ma prédiction n'est pas « véritable, tâtez-moi le pouls, et vous sentirez si je « n'ai pas la fièvre? » Cette subtilité lui sauva la vie. »

Un almanach facétieux[2] faisait, pour l'année 1772, ces singulières prédictions :

« Les gens soumis à Mars sont les buveurs, enlumineurs de museaux, ventres à poulaine, brasseurs de bierre, botteleurs de foin, porte-faix, faucheurs, recouvreurs, crocheteurs, emballeurs, bergers, bouviers, vachiers, porchiers, oiseleurs, jardiniers, grangiers, closiers, gueux de l'hostière, gagne deniers, dégres-

---

[1] *Remarques sur plusieurs songes de personnes de qualité.* Amsterdam, Jacques Lejeune, 1690, in-12, p. 99.
[2] *Quel temps fera-t-il ce matin, ce soir, demain, etc.?* Présages utiles aux laboureurs, voyageurs, chasseurs, promeneurs, etc., suivis des prédictions de l'ombre de maître Rabelais, pour l'année bissextile 1772. Paris, in-24, p. 85 et 87.

seurs des bonnets, emboureurs de bats, loqueteurs, claquedents, croquelardons, généralement tous portant la chemise nouée sur le dos, seront sains et allègres, et n'auront la goutte aux dents quand ils seront de noces...

« Gens soumis à Vénus, comme catins, marjolets, bragards, naplés, échancrés, ribleurs, rufiens, caignardiers, chambrières d'hôtellerie ; *nomina mulierum desinentia in ere, ut* lingère, tavernière, buandière, fripière, seront cette année en réputation. Mais le Soleil entrant en Cancer et autres signes, se doivent garder de chaudes et cuisantes influences en pays bas. Bien peu de pucelles auront aux mamelles lait. »

Le *Traité des jugements des thèmes génethliaques*[1], donne des prédictions, qui se sont réalisées :

« L'an 1787, au cinquième de la Balance, les affaires se troublent et inclinent à mutation de prince régnant dans la quatrième demeure, dans laquelle concourent à la fois le génie de la France et le quadrat de l'horoscope : du même temps toutes les planètes passent par leurs quadratures.

« L'an 1860, très-grande félicité et domination du royaume françois, portée à son comble, d'autant que le monde est parvenu, à cette époque, au 5ᵉ degré du Scorpion, qui est le trine de la France.

« Dix ans auparavant, l'an 1850, remarquez l'occurrence de l'épi dans la figure de la France. Ce

---

[1] Ms. de la Bibl. de l'Arsenal, n° 207, cité plus haut, p. 77.

concours de circonstances propices dans la figure universelle et dans la particulière, promet les plus grandes prospérités à la France. »

Un autre astrologue[1] a fait les prédictions suivantes, qui engageaient moins sa responsabilité et qui peuvent être véritables en tous temps :

NOVEMBRE.

Maudiras-tu toujours celuy qui vit en paix ?
Ta langue n'a-t-elle pas assez vomi d'injures ?
Crois-tu que tes discours augmentent nostre paix ?
Non, car nous savons bien chastier les parjures.

« *France.* Diane ayant repris ses cornes argentées, pour nous faire voir sa beauté lumineuse, avec un froid assez gaillard, mais aussitôt changé, les maladies cesseront quelque peu, pour recommencer. Je prie le Créateur de conserver les vieillards.

« *Espagne.* Nous aurons, dès l'abord de ce premier quartier, un temps variable, froid et couvert, capable d'amasser quantité d'infirmitez ; mesme les marchands auront bien de la peine aux champs.

« *Allemagne.* Vénus, prenant soin de cette fraction, ne veut pas manquer de nous envoyer des pluies et des neiges, engendrant quantité de maladies : l'on devroit se mettre en prières, afin d'implorer le secours divin.

« *Angleterre.* Sus, quittons les armes et embras-

---

[1] *L'Astrologue incogneu, ou le Spéculateur universel des Éphémérides célestes, prédisant tous les bonheurs et les malheurs,* par Questier. Paris, Ballagny, 1649, in-8°, p. 91.

sous la paix, afin de vivre unanimement avec nos frères. Il y aura peu de maladies, toutefois les vieillards se doivent choyer; les goutteux, avec les femmes enceintes.

« *Escosse*. Nostre desir seroit de jouyr d'une agréable tranquillité, mesme il semble que ce quartier nous le promet; aussi, aurons-nous de fortes maladies qui en seront deslogées sans trompette.

« *Irlande*. Cette 1re fraction nous promet un temps qui doit estre beau et gay, mais un peu maladif, qui toutesfois n'entraînera presque personne de marque ny de qualité. Soyons vigilans et nous serons sages. »

Dans le *Traité des jugements des thèmes genethliaques*[1], on lit cette prédiction singulière:

« Ce qui augmente la nature critique de l'an 1800 (pour la religion chrétienne), c'est que dans une époque semblable arriva la catastrophe du déluge... Mais le danger passera, et le monde s'applaudira comme s'il avoit trouvé une religion plus vraie et plus pure, parce que Jupiter, avec la neuvième demeure, passera alors par l'horoscope. Mais, à dire le vrai, les mœurs seront corrompues et les siècles deviendront de plus en plus pervers, d'autant que l'Univers parcourra alors le signe du Scorpion, demeure de Mars, signe violent, trompeur, fallace et propice à faire incliner l'espèce humaine aux vices infâmes qui précédèrent le déluge. Principalement, sous Vénus, dominatrice du

---

[1] Ms. de la Bibl. de l'Arsenal, n° 207, p. 53.

globe dans 150 ans, les choses seront pacifiées par le secours d'une femme pieuse. C'est ce que promet l'occurence du corps de Vénus, et 150 ans encore après, à moins que la destinée universelle ne prévale contre la destinée particulière, la foy chrétienne redeviendra aussi florissante que sous Constantin. »

Au dire d'un astrologue moderne, « les sages de l'Égypte ont fait ces prédictions pour le temps où toutes les planètes et la queue du Dragon doivent se rencontrer dans le signe Moranaim. Au mois eilul, le 28 dudit mois, l'an 4940 depuis le commencement du Seigneur, selon les Hébreux, vers le milieu de la nuit qui suivra le dimanche, les signes suivants commenceront et dureront jusqu'au mercredi suivant, à midi. Il s'élèvera de la grande mer un vent très-violent qui ébranlera le cœur des hommes, enlèvera de terre le sable et la poussière à une telle hauteur, qu'il en couvrira les arbres et les tours, parce que la conjonction des planètes se fera dans la Balance, constellation des orages et des tempêtes; et, selon l'opinion des sages même, cette conjonction annonce un vent très-fort, qui doit briser les rochers et les montagnes. On entendra dans l'air des voix et des tonnerres, accompagnés d'un fracas épouvantable, qui portera l'effroi dans tous les cœurs. Toutes les villes, situées sous le cinquième climat, seront ensevelies sous la poussière et sous les sables, etc. »

CHIROMANCIE

« Les mains, dit le curé Belot [1], sont les principales parties du corps, lesquelles sont si nécessaires et urgentes que nostre poëte françois leur donne tels épithetes :

> Chambrières de nature,
> Singes de l'Éternel, instruments à tous arts,
> Et pour sauver nos corps non soudoyez soudars, etc.

« Les anatomistes divisent la main en 3 parties principales, à sçavoir le poignet, l'avant-main et les doigts ; la description la plus belle se trouve dans l'Ostéologie d'Hippocrate ; mais, par les chiromentiens, ces trois parties cy dessus nommées sont dites : l'une la palme, mot et appellation dont Apulée s'est aidé en son *Asne doré*, appelant cette partie *dea palmaris*, que nous nommons en chiromence *pleine de Mars*. L'autre partie est dite la vole, qui est vers les extrémités, de l'autre côté du poulce, vers le petit doigt dit auriculaire, que nous nommons *mont de la main* ou *de la Lune*. La tierce partie sont les cinq doigts qu'il faut remarquer selon leurs nominations, qui sont telles, selon les médecins : *pollex, index, medius, annularis, auricularis*. Le poulce est dédié à Vénus... l'index à Jupiter... Le mytamir ou mitancier, les Latins le nommaient *ver-*

---

[1] *OEuvres*, recueil cité plus haut, p. 20.

pus, de ce mot *verro*, qui signifie à notre vulgaire *gratter* : on tient, comme dit Juvénal, que les Juifs en grattent leurs parties honteuses, quand ils ont la dissenterie. Il est dédié à Saturne; l'annulaire, d'où part un nerf allant au cœur, est dédié au Soleil...; l'auriculaire est dédié à Mercure. »

Voici, d'après le même auteur[1], la situation des lignes de la main :

« La *cardiaque* ou de vie enclost le poulce et le sépare de la pleine de Mars.

« L'*épatique* ou médienne naturelle commence à la bossette du doigt index, près celle de vie et se finit au mont de la Lune.

« La *céphalique* prend commencement au lieu inférieur de celle de vie, et se rend à la mensale faisant cette figure triangulaire Δ.

« La *mensale* ou ligne de fortune commence sous la montagnette mercuriale et va se terminer vers le poulce.

« La *ceinture de Vénus* se commence au préjoint du doigt de Mercure et se termine entre le doigt de Jupiter et celui de Saturne.

« La *percussion* est entre Vénus et la Lune.

« La *restrainte* sont ces lignes qui séparent la main du bras. »

---

[1] *Œuvres*, p. 8.

CHIROMANCIE.

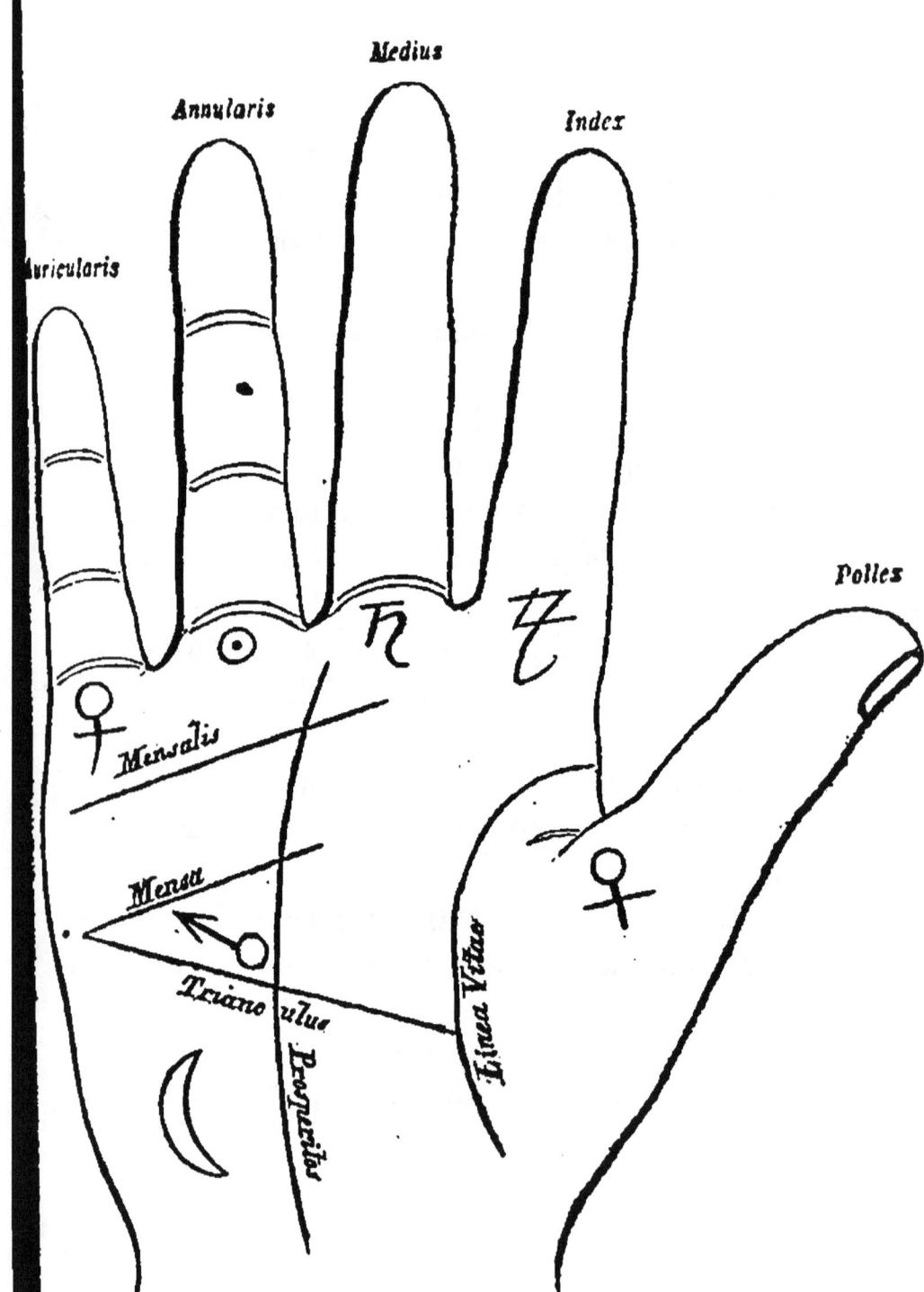

« *Ligne mensale.* — Quiconque a en cette ligne des lignes traversantes, il peut s'asseurer d'autant d'afflictions ou maladies qui proviendront; mais si c'est un jeune fils ou fille, ce sera par l'amour. Si ces lignes ou incisions sont du costé du doigt moyen, cela signifie l'homme flatteur, et qui sera trompé en sa flatterie pour son inconstance. Si cette ligne passe outre le doigt démonstratif ou indice, cela démonstre félicité; mais si elle ne passe, garde la pauvreté, et à la femme, la débauche portée de volupté.

« Si cette ligne mensale se trouve estre double ou bien partie en trois, en l'une des deux extrémités, elle signifie la personne bien fortunée et qu'elle est joyeuse, libérale, de noble courage, modeste et officieuse envers ses amys.....

« Lorsqu'elle se trouve tortue, elle promet l'homme estre tué des bestes ou fortuitement et qu'il sera blessé d'une beste enragée, ce que j'ay veu arriver deux fois à deux personnes qui avoient cette ligne telle.

« S'il se trouve sur cette ligne deux croix, cela promet des dignitez ecclésiastiques, comme eveschez, abbayes, prébendes. Si en cette ligne se trouvent des poincts visibles, ils signifient libidinosité, lasciveté et incontinence...

« Si l'on trouve entre les joinctures du poulce deux lignes estendues et bien unies, l'homme sera joueur, mais à cause du jeu il sera en danger de la mort; mais si elles sont disjoinctes, ou flexueuses et tortues, il sera subject aux larrons et à estre volé.

« La femme qui a des lignes en la racine du poulce sur la montagne de Vénus, autant de lignes, autant d'enfants qu'elle aura ; si sont au costé de dehors, autant d'hommes qui la connoîtront ou qu'elle épousera.

« Quand tu trouveras la femme qui aye la paulme de la main briefve, et les doigts longs, c'est signe qu'elle enfantera avec douleurs et difficulté, et la cause est, que les parties nécessaires sont petites, car c'en est la figure.

« Celuy qui a la main à la quantité de tout le corps, et les doigts trop courts, et espais et gras aux fins d'iceux, cela démonstre estre larron, insidiateur et de tout mal remply, parangon de vice, plus il aura les doigts remplis en leur summité.

« Si tu trouves aucun qui tremble des mains modestement, quand il les tend pour prendre quelque chose, cela démonstre qu'il n'est pas cholère ; autres ont cette infirmité qui vient par l'abondance de Bacchus, c'est pourquoy il faut y prendre garde. »

Jean Geber[1] passe en revue différents signes de la main dextre tant de l'homme que de la femme :

« Quand l'on verra quelques aparences rouges quasi comme trous entrecoupés en la main de la femme, et qu'on y trouve une telle figure (Y) elevée, alors on peut dire qu'elle est enceincte, et si telle figure tend devers l'angle en cette façon λ, ce sera

---

[1] *Très-brief Traicté de la chiromantique phisionomie*, de Jehan Geber. Paris, Guillaume Noir, 1557, in-8°.

d'une fille. Si la vitale s'enfle entre le pouce et l'indice, c'est signifiance que son fruit sera sufoqué ou quelque autre de ses enfans, et si elle est teinte de diverses couleurs, c'est à dire qu'elle s'abandonne à plusieurs hommes. Si la ligne du foye et de l'estomac a deux fourchons devers le bras, F, en telle manière, cela signifie qu'elle mourra de mort violente par larrecin ou qu'elle mourra au feu. S'il y a des croix au mont de l'indice, ou lignes aparentes, elles signifient honneurs et dignités, mais si au mont du mitoyen se trouvent certaines lignes entremeslées ou estendues à part soy, elles denotent angoisses, fascheries, pauvretés, calomnies, emprisonnement, violences et oppressions. Si en la percussion de la main se trouve tel signe A, il signifie mortelz ennemis ou périr de casuel précipice. Si l'on void une telle figure ⊶ au mont de la main auprès la vitale, et, joignant le poignet, elle signifie parricide et sacrilege, et que la femme est très meschante et paillarde. Si la ligne qui est au bras et en la main, au poignet est droicte et continuelle, cela dénote la femme estre plus curieuse de ses affaires que de celles d'autruy. »

Les signes de la main varient à l'infini, non-seulement selon les personnes, mais encore selon les âges et aussi selon la nature des travaux manuels. Il avait donc fallu trouver l'explication de cette multitude de signes, et la chiromancie était devenue si compliquée, qu'on ne pouvait plus en prononcer les oracles, sans avoir sous les yeux un livre accompagné de figures représentant ce qu'on nommait la tablature des mains. Les traités de chiromancie écrits dans toutes les langues sont très-nombreux, et, ce qui est assez étrange, tout à fait différents les uns des autres. Nous ne pouvons qu'en tirer presque au hasard des extraits qui feront apprécier leur bizarrerie.

« Quand la main sera longue, grande et de convenable proportion, dit André Corvo [1], elle dénotera l'homme estre libéral, bon et preud'homme, garny de bon conseil, agu d'engin et studieux en ses amis. Si la main est estendue et les doigts sont ensemble formez et si fort contigus et eux touchant, que l'air ne paroisse point au travers, l'homme qui l'aura telle sera curieux et sollicité.....

« La montagne de Vénus enflée en aucun homme, c'est-à-dire haute en sa main, le juge estre luxurieux, mais en musique se délecte et instruments, et est bon et preud'homme pourtant, et converse avec les autres hommes...

« Quand aucun homme qui mange met la bouche à la viande et non pas la main à la bouche, il est goulu et plein de mauvaises mœurs, de malle nature, discordant et dédaigneux avec les autres.

« Quand tu trouveras l'homme qui tiendra le pouce entre les autres doigts enclos du poing, il sera avaricieux et voudra vivre à son droict et plaisir et en injure.

---

[1] *Excellente Chiromancie montrant par les lignes de la main les mœurs et complexions des gens*, par André Corve, Mantouan. Lyon, P. Rigaud, 1611, in-12.

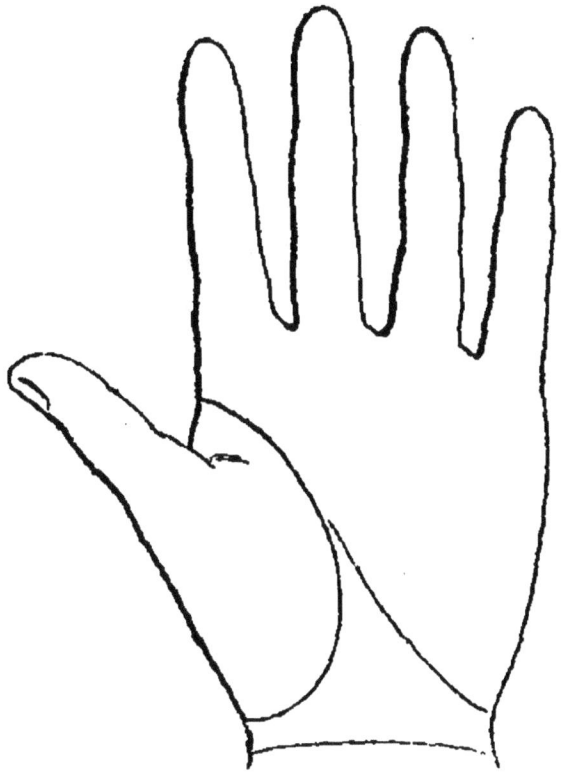

« Quand ceste moyenne ligne tendra à la restraincte, ou auprès, elle signifiera l'homme convoiteux et avaricieux, et qui fera des contracts par droict et injure, faignant injustement, sous espèce de probité et bonté, servir aux autres pour amour et miséricorde.

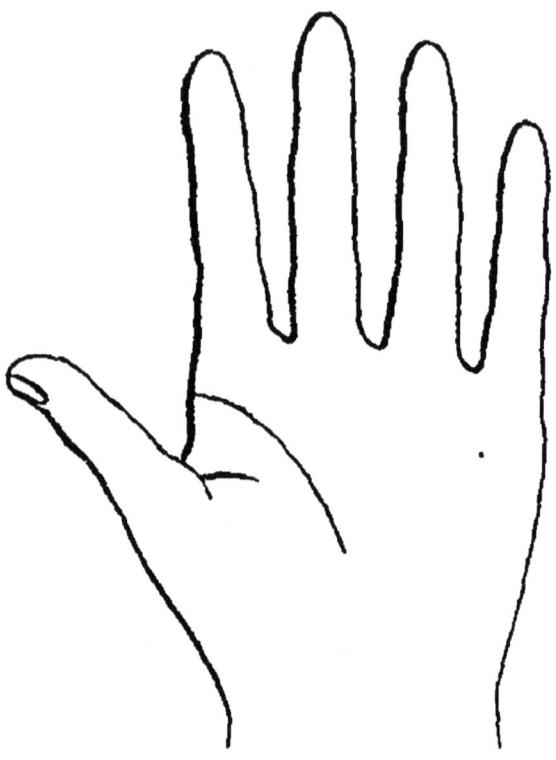

« Si elle est comme icy appert, elle signifie la brévité de la vie, mais grand péché et énorme petite foi, sinon qu'elle soit aidée de la ligne de prospérité et de la mensable, mais toutesfois point n'aideront ces choses de l'iniquité du courage.

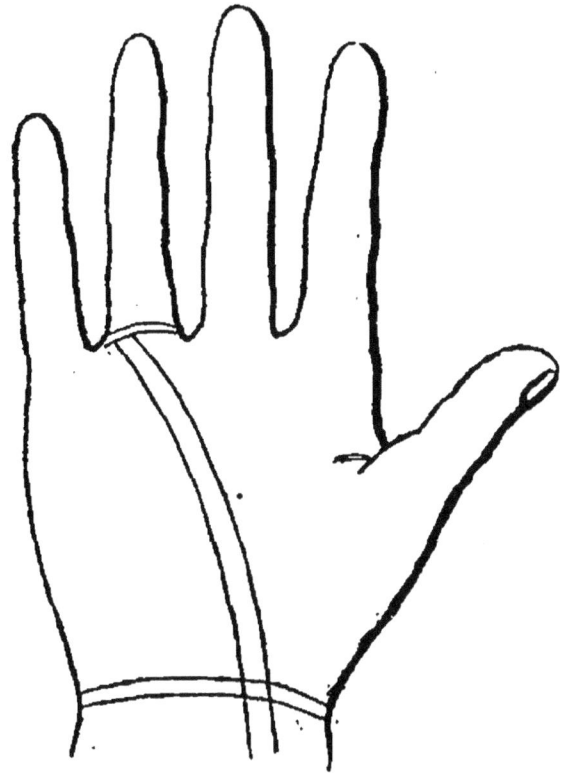

« Quand les lignes de ceste manière, ainsi qu'il appert, seront trouvées, elles signifient la servitude des princes; mais l'homme qui l'a ainsi sera fortuné, pour tant que les princes l'aymeront et lui donneront grands dons et loyers.

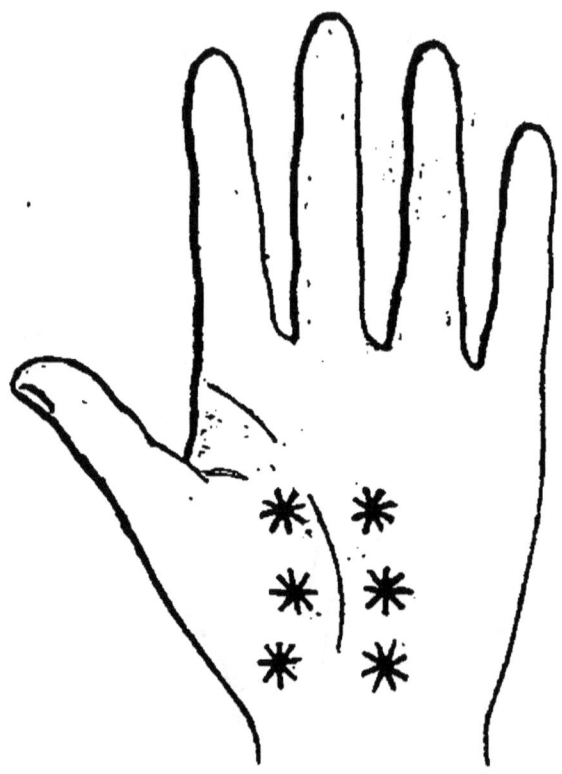

« Quand trois estoilles seront trouvées en la ligne de la vie, elles signifient l'homme estre calomnié et vitupéré à cause des femmes ; mais, quand lesdictes estoilles sont hors de ladicte ligne, l'homme souffrira calomnie, mais il en sera délivré avecques bien peu de labeur.

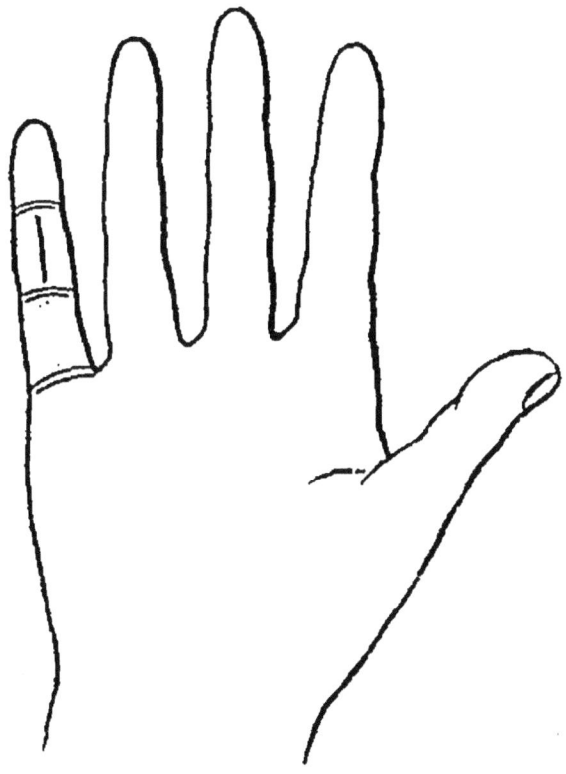

« Quand au milieu du doigt de la femme sera trouvée une noire ligne et profonde, entre la seconde et la tierce jointure, la femme sera paillarde; mais si elle n'estoit noire et discontinue, putain sera seulement de volonté et non pas d'effect; mais si elle est subtile, c'est signe qu'elle n'est pas encore corrompue; mais si plusieurs lignes sont subtiles, elle sera très chaste; mais si elle est d'aventure paillarde, cela démonstrera l'avoir esté violentement. »

Selon Sinibal de Châteauneuf [1] « si quelqu'un, soit homme ou femme, a la main sans ligne, il est cordial tant en sa vie qu'autre chose, sinon qu'elle fût consommée et perdue par le travail. La première (ligne) est nommée *obrunticum*, qui commence à l'indice et se termine à l'auricule. La deuxième est semblablement dite *obrunticum*, mais opposite à la première, étant cette seconde sous le pouce. La troisième est posée entre les deux, laquelle, n'apparoissant pas, donne apparence de mal caduc. Si cette ligne mitoyenne se termine à l'indice et le mitoyen, elle signifie mort subite; si elle se trouve tranchée perpendiculairement par quelque autre ligne, elle dénote mort causée par aposthume; mais si elle commence de la mitoyenne, elle signifie sûreté en paroles, mais, étant interrompue, fausseté. Si elle jette quelques petites lignes, elle signifie cautelle et prudence. Si entre l'obrunticum et la mitoyenne se trouvent quelques petites lignes, cela dénote la mort parmi les grands honneurs; parce que la ligne mitoyenne démontre la vie : laquelle, étant courte, démontre courte vie; si elle s'étend d'entre le milieu de la paume, elle la fait plus longue; mais, étant fourchue au bout, cela signifie séculière et néanmoins dévotieuse vie...

« Qui a les mains bien proportionnées sera de bonne complexion, mais audacieux; et qui a les deux mains courtes par rapport aux autres parties du corps, doit

---

[1] Son *Miroir d'astrologie*, cité plus haut à la page 167, faisait partie de la Bibliothèque Bleue de Troyes.

être tenu pour fin et fort ; et qui a les mains et les doigts fort courts au respect des autres parties, cela nous dénote que l'homme est transgresseur, larron et malin ; mais si les mains sont assez grandes en comparaison du reste, elles signifient l'homme être trompeur, bien avare, et aussi sera un moqueur ; comme aussi paresseux, négligent et fou, quand il aura la paume longue avec les doigts fort courts... Si les femmes ont la paume courte, ce leur est signe d'enfanter fort difficilement ; et qui a la paume longue, avec des doigts proportionnez, doit être industrieuse en beaucoup de choses, particulièrement à la couture. Les mains longues et grosses nous dénotent tyrannie, et les ténues fort courtes, gourmandise et bavarderie... L'attouchement tempéré et bon consiste en la complexion déterminée des premières qualités dépendantes de chaleur et de douceur ; âpreté, foiblesse de la matrice : pource qu'icelui attouchement nous dénote bonté de complexion et bonté d'entendement... L'attouchement chaud mêlé de douceur est un signe de chaude et humide constitution... Les veines fort larges et apparentes dénotent l'homme être colère ; les retirées, mélancolique ; les poils sur le dos de la main, et principalement environ la partie inférieure, dénotent bonne complexion et utilité...

« Qui a grosses mains et doigts aigus à l'extrémité des ongles, est faux et convoiteux ; mais qui les a larges vers l'extrémité, est fidèle et bon compagnon... Qui a la paume petite et les doigts gros sera bon écrivain, mais il mourra d'aposthume. Qui n'a les mains trop petites et bien proportionnées selon la forme du corps, et qui a les mains petites, est de nature efféminé, insatiable, odieux, volage d'esprit, et en qui l'on ne se doit fier. Qui a les mains grosses et grasses est de gros et lourd esprit; qui a les mains longues est fort adroit en ses affaires et amoureux des dames; mais qui a les doigts courbés et mal disposés, non bien conjoints, est menteur, bavard, et qui n'accorde point ses faits avec ses paroles. »

Belot[1] donne le moyen de reconnaître les tempéraments par l'inspection des mains :

« En premier lieu, il faut noter que cette connaissance dépend de la ligne de vie, de sa grandeur et couleur : si la personne est cholérique, cette veine ou ligne est rubiconde et large ; pour les autres parties par lesquelles nous pouvons connoistre cette complexion, la personne qui est sanguinaire a cette ligne d'une moyenne largeur, a grande quantité de rameaux en l'extrémité, entre les monts de Jupiter et de Vénus ; pour sa couleur, est fort rouge et citrine. Ceux qui ont la complexion phlegmatique, ils ont cette ligne estroite, longue et de couleur pasle. Les mélancoliques l'ont courte et large, et de couleur livide et plombée ; ainsi pareillement ils ont le visage de la mesme couleur et facile à reconnoître. Or, par ces lignes mêmes, nous pouvons reconnoître à qui ressemble la personne, soit à son père ou à sa mère ; car, lorsque nous voulons

[1] *Œuvres*, p. 59.

dire quelque chose à la personne cupide de savoir, nous devons lui voir les deux mains premièrement, et devons choisir celle où les lignes sont plus apparentes et belles ; si c'est en la main droite, la personne ressemble à son père et a mesme tempérament, et a les linéaments du visage qui rapportent presque, et a pour dominateur de sa nativité une des planètes masculines, qui sont Saturne, Jupiter, Mars et le Soleil, et parfois Mercure, lequel cause le plus souvent la génération des hermaphrodites... Si se trouvent les lignes et trancheures de la main gauche plus belles, la personne ressemble à sa mère, ayant mesme action et inclination, d'une humeur assez délicate, pour le masle plus qu'à l'ordinaire, mais, pour la force d'esprit, elle est assez bonne ; pour la nativité, elle est nocturne, et les dominateurs de la nativité sont femelles, comme la Lune, Vénus, et quelquefois Mercure, lequel participe de la nature féminine. »

Sinibal de Châteauneuf[1] ajoute :

« Si les lignes de la main se trouvent rouges, soit à l'homme ou à la femme, la personne est sanguine ; mais si elle est rouge et non les mains, elle est luxurieuse. Et ceci est très-bon pour connoître la virginité, autant d'un homme que d'une femme, d'autant que cela doit arriver sûrement et indubitablement. »

D'après Belot[2] « s'il se trouve un A sur le mont de Saturne, qui regarde l'orient, qui est assez béné-

---

[1] Le *Miroir d'astrologie*, cité ci-dessus.
[2] *Œuvres*, p. 31

vole, le plus il peut donner la perte d'un procez, ou une prison, ou maladie. Mais si se trouve en ce lieu cet A, lequel se refère à Aquarius (Verseau), qui est le deuxième domicile de Saturne, là estant oriental et proche la première maison dudit Saturne, qui est Capricorne, il dénote du bien assez passablement, mais peu de santé, car, si n'estoit Saturne même qui le tempère, il dénoteroit une mort mauvaise et une vie de 31 ans, qui sont les petites années dudit Saturne ; mais ce deuxième A se trouvant au bas de la plaine de Mars, lequel se tire vers l'occident, indubitablement il signifie mort par les armes ou en duel. Mais si se trouve un triangle au-dessus de la restrainte, cela dénotera mort par assassinat, et si cette lettre est plus proche de la montagne de Vénus, elle signifie mort causée par une femme, soit par justice ou par poison, ou une grande note d'infamie ; si elle est vers les monts de la Lune, elle signifie grande maladie d'esprit et du corps. Bref, que celuy qui aura ceste lettre sur un des monts de la Lune, ou son Alfridarie [1], en laquelle il sera pour lors, si c'est iceluy astre lunaire, il se peut asseurer qu'avant que icelle Alfridarie soit expirée, qu'il tombera en grande infortune, tant des biens temporels que des spirituels. »

D'après Ronphile [2], « la lettre O en la ligne mensale

---

[1] Science par laquelle on donne successivement le gouvernement de la vie à toutes les planètes, chacune gouvernant un certain nombre d'années. (*Dict. de Trevoux.*)

La Chiromantie naturelle, de Ronphile (trad. par Rampalle.) Paris, Edme Pepingué, 1655, in-12, p. 77.

sous le doigt annulaire ou sous l'auriculaire, accuse de luxure, sodomie et sacrilege, ou mesme elle menace de quelque maladie aux parties honteuses et au fondement : et d'autant plus que cette lettre aura de rameaux, d'autant plus aussi pronostiquera-t-elle les choses précédentes.

« Voilà toutes les lettres (A, C, D, E, F, G) qui se peuvent trouver généralement dans la main. Que s'il s'y en rencontre d'autres, elles prédisent tousjours quelque mal, osté le B, qui ne signifie jamais que du bien.

« Je sçai que les chyromantiens attribuent quelques caractères particuliers à chaque planète ; mais aussi n'ignoré-je pas qu'il n'est rien au monde de plus absurde ni qui ruine davantage la chyromantie. En effet, ces caractères frappent d'horreur au premier abord et ressemblent estrangement à la négromantie. »

Belot[1] tire de la forme et de la couleur des ongles les inductions suivantes :

« Quand nous en voulons tirer quelque jugement, il nous faut prendre garde à ces choses, à sçavoir s'ils sont larges, blancs, estroits, longs, obliques, petits, ronds, carneux, pasles, noirs, subflaves, rouges et marquez.

« Ongles larges. Si en ces ongles se trouve une excoriation de peau, que l'on nomme communément esguillettes, en ces larges, signifie l'homme porté à la

---

[1] Voy. dans ses œuvres, la *Chiromence*, p. 108.

luxure, mais craintif, qui se passe à son ordinaire avec excez.

« Ongles blancs. Quand au commencement ou à la racine paroît une rougeur cernée de diversité de couleurs, comme l'arc en ciel, cela démonstre un homme cholère et prompt à frapper, qui ne respire qu'ès combats, batailles, conflits et duels, mesprisant un chacun sans respect.

« Ongles carneux. Cette sorte d'ongles signifie la personne bonace, qui est la plus propre à la paresse, à dormir, manger et boire, que non pas à surprendre une ville par stratagème de guerre ou faire une mauvaise entreprise contre son prochain. »

Ronphile[1] donne quelques règles générales qui doivent guider le chiromancien :

« *Première règle générale.* Premièrement, celuy qui voudra solidement mettre en usage les principes de la chyromantie et devenir quelque chose à sa faveur, doit prendre garde que la main ne soit ny trop chaude ny trop froide, mais en équilibre, entre le froid et le chaud, si cela peut se faire, et qu'elle ait plus d'humidité que de sécheresse, afin que, par l'excès de la chaleur ou de la froideur, la qualité des lignes ne soit pas en estat d'estre connue, et que, par celui de la sécheresse, la trace ou la quantité des mêmes lignes ne soit convertie et incapable d'estre remarquée. De là vient qu'il ne faut jamais former un jugement de chy-

---

La Chyromantie naturelle, citée plus haut, p. 57.

romantie, ny immédiatement après le disner ou le souper, mais au devant l'un et l'autre, ou du moins deux ou trois heures après.

« *Seconde règle.* Il ne suffit pas d'avoir la main en la disposition que j'ay dite, pour faire que le chyromantien porte des jugemens solides : il faut encor qu'il observe l'aage de celuy dont il considere la main, car s'il est d'un aage si tendre qu'il ne passe pas six ou sept ans, par exemple, il n'en doit point faire de jugement, à cause que les lignes ne sont pas encore dans un estat ferme et consistant. Et pour moy, je suis d'opinion qu'il faut que celuy dont on considere la main, ait du moins atteint la dixiesme année de son aage.

« *Troisième règle générale.* Le jugement doit tousjours estre fondé sur les quatre principales lignes, qui sont celle du cœur, celle du cerveau, et celle de tout le corps. Il faut pourtant aussi regarder la ligne du Soleil et à la Voye de laict, mais il ne faut jamais rien conclure d'une seule ligne, à moins que cela parust si évidemment qu'il n'y eust point lieu d'en douter. Il n'importe point du tout quelle main que l'on considère, soit la droite, soit la gauche, pourveu que ce soit la plus nette et qu'elle ait les lignes mieux ordonnées et mieux formées. Je sçais bien qu'il y en a qui asseurent, trop scrupuleusement sans doute, qu'il faut considérer la gauche en ceux qui sont nez de nuit, et la droicte en ceux qui ont esté enfantés de jour ; mais ce que j'ai dit est, à sainement parler, et plus certain et plus solide.

« *Quatrième et dernière règle générale.* Avant de porter le premier jugement, il faut sçavoir nécessairement la patrie de celuy dont on considère la main, aussi bien que ses parents. Il faut aussi être instruit de sa condition et qualité, et de sa vacation ou occupation... Car ce seroit une chose bien ridicule de promettre les plus hautes dignitez de la république à un paysan, quoiqu'il eust les lignes, qui, comme nous dirons ensuite, indiquent les suprêmes honneurs; comme aussy de prédire des victoires à un religieux, quoiqu'il eust toutes les marques des héros et des conquerans parfaitement bien formées. De mesme ce seroit une chose aussi absurde qu'injuste d'attribuer les sales inclinations de la chair à celuy qui y seroit desja porté par le temperament de son pays et par sa mauvaise éducation, et à celuy qui n'y seroit point poussé, ny par son air natal, ny par sa mauvaise nourriture, encore que l'un et l'autre eussent les mesmes lignes de cette inclination. Il est donc très aisé de voir qu'il faut observer la patrie, tant de celuy à qui l'on doit predire quelque chose, que de ses parents, et ensuitte aussi la condition, la vacation et l'éducation, etc. »

Le biographe anonyme du célèbre astrologue J. B. Morin[1] raconte quelques anecdotes pour prouver que les *phénomènes sur les mains sont présages de biens* :

---

[1] *La Vie de maistre J. B. Morin, natif de Villefranche.* Paris, J. Henault, 1670, in-12, p. 102 et suiv.

« L'an 1633, estant à la campagne chez M. Tronson..., il apperceut sur la racine extérieure de son 2ᵉ doigt une petite tache ronde, qu'il fit voir à toute sa famille, comme un présage de quelque bien... Quelques jours après, le maître de la maison lui offrit un diamant de prix.

« La pension de 200 escus que lui fit le maréchal d'Effiat lui fut signifiée par un signe en forme de V coupé, qui parut huit jours sur le mont de Jupiter.

« Meme signe en 1635... et gratification du Clergé, à propos de son livre *Sur la vérité d'un Dieu.* »

Ces phénomènes peuvent aussi, à ce qu'il paraît, annoncer des malheurs, car maître J. B. Morin en fit plus d'une fois la triste épreuve :

« A la mort de son frère, à sa main droite et à l'opposite du mont de Jupiter, il se forma un cercle avec un point dans le milieu...

« Ayant entendu parler à un de ses amis d'une certaine femme, que les choses qu'elle avait dites sur les linéaments de la main avoit rendue fameuse dans tout Paris, il eut la curiosité de la voir et de l'entretenir d'une science pour laquelle il avoit eu autrefois beaucoup d'inclination ; il nourrit ce desir pendant dix mois, et par là vous jugerez qu'il n'estoit pas trop violent ; enfin, s'estant rencontré à disner avec ce sien amy, le 22 octobre 1656, chez une personne de condition, autant connue par son mérite et sa capacité que par les employs considérables qu'il a eus et les charges qu'il possède, l'affaire fut remise sur le tapis et la partie liée pour l'après dinée ; un 4ᵉ qui s'y trouva présent s'y joignit, et tous, estans montez en carrosse, s'en allerent chez cette femme... Après avoir examiné sa main, elle lui dit que celle de vie estoit coupée et qu'il devoit songer à ses affaires au plutost... M. Morin, s'estant retourné vers un de ses amis, lui dit : « Vous sçavez bien ce que je vous ay dit, il y a longtemps, cette année m'est bien fascheuse, et je suis si furieusement menacé sur la fin de ce mois, que je doute fort de m'en pouvoir sauver. » Six jours après, il étoit au lit. »

PHYSIOGNOMONIE

Belot[1] indique cette correspondance des astres avec les parties du visage :

Le front.	Mars.
L'œil dextre.	Soleil.
L'œil sénestre.	Vénus.
L'oreille dextre.	Jupiter.
L'oreille sénestre.	Saturne.
Le nez.	la Lune.
La bouche.	Mercure.

Et puis, avec les signes du Zodiaque :

[1] *Œuvres*, p. 217.

Cancer. . . . . au front, le zénith.
Leo. . . . . en la sourcille dextre.
Virgo. . . . . en la joue dextre.
Libra. . . . . en l'oreille dextre.
Scorpius. . . . . au nez.
Sagittarius. . . . . . à l'œil dextre.
Capricornus. . . . . au menton, qui est le nadir.
Aquarius. . . . . . . à la joue sénestre.
Pisces. . . . . en la sourcille sénestre.
Aries. . . . . en l'oreille sénestre.
Taurus. . . . . en la sourcille sénestre.
Gemini. . . . . à l'œil sénestre.

Le même auteur [1] distribue de la sorte l'influence des planètes sur diverses parties du corps :

Le Soleil. . . . . la teste.
La Lune. . . . . le bras dextre.
Vénus. . . . . le bras sénestre.
Jupiter. . . . . l'estomach.
Mars. . . . . les testicules.
Mercure. . . . . le pied droit.
Saturne. . . . . le pied sénestre.

La corrélation secrète des astres avec les membres du corps humain serait un peu différente, selon le système du grand astromancien Henri Corneille Agrippa, qui l'a fixée ainsi : « Mars, la teste; Vénus, le bras dextre; Jupiter, le sénestre; Mars, l'estomach; Luna, les testicules; Mercure, le pied dextre; Saturne, le sénestre. »

Quant aux signes du Zodiaque, ils correspondent

---

[1] *Œuvres*, p. 49.

également aux parties du corps qui leur sont sympathiques. Voici comment Belot établit cette correspondance :

Aries.	la teste.
Taurus.	le col.
Gemini.	les bras et les épaules.
Cancer.	la poictrine et le cœur.
Leo.	l'orifice de l'estomach.
Virgo.	le ventre.
Libra.	les reins et les fesses.
Scorpius.	les parties honteuses.
Sagittarius.	les cuisses.
Capricornus.	les genouils.
Aquarius.	les jambes.
Pisces.	les pieds.

Le bon curé Belot [1] prononce les jugements suivants, d'après la conformation de la tête, aussi solennellement que s'il était en chaire :

« Quand la teste est grosse à proportion du corps, avec le nerf du col gros, et que le col est fort, c'est signe de force, de colère, magnanimité et humeur martiale.

« Quand l'homme ou la femme ont la teste longue et aigue en forme d'une pyramide ou d'un capuce de capucin, ou pain de sucre, cela démontre homme estre eshonté, qui en jeunesse a assez de vivacité d'esprit, mais qui se passe incontinent, ayant l'age de 20 ans ; on voit beaucoup de celles testes à Paris, par le moyen

---

[1] Œuvres, p. 255.

des matrones qui leur donnent cette figure : telles personnes sont grandement gloutons et grands comesteurs ; ils sont téméraires et audacieux, cela leur provient de la siccité du cerveau.

« La teste, fort petite, nécessairement démonstre mauvais signe, et plus elle est petite, plus il y a d'insipience, et la personne est subjecte à maladie, à cause que en icelle y a peu de cervelle, et sont les ventricules étroits, dans lesquels les esprits, estant trop serrés, ne font leur fonction ny debvoir, estant conculquez, enflambez et suffoquez : parquoy ils n'ont l'imagination libre ny bonne, et leur mémoire est labile ; telles personnes sont grandement choleres et promptes en toutes leurs actions, qui ressentent plus le sainct Mathurin que leur Socrate, et souvent sont vertigineux et ne passent, pour le cours de leur vie, 56 ans du plus. »

Voici les conclusions que notre Belot [1] tire de la conformation du front :

« Le front grand et spacieux signifie l'homme ignare et timide, et iceux sont comparez entre les brutes au bœuf : la pluspart de ces personnes qui ont le front tel sont d'une bonne conscience : ils ne sont portez en aucun mal : telles personnes sont propres et idoines pour faire des moines.

« Le petit front dénote la personne indocile, malfaisante, qui ne se porte qu'au mal, ne voulant rien croire que ses folles opinions ; ils sont comparez pour

---

[1] *Œuvres*, p. 260.

les brutes au chat, ou rat de Pharaon. Caligula, empereur, l'avoit tel; aussi, fut-il un abrégé de toute cruauté et fainéantise, qui ne voulut jamais croire personne d'authorité.

« Le front large représente personne gourmande et salle, particulièrement dans l'acte vénérien, tenant de la nature du pourceau; ils sont blandissants, faisant profession, en apparence, de toutes sortes d'amitié, mais en derriere ils sont ennemis, médisants, disans paroles offensives, scandaleuses, de ceux à qui ils font apparence d'affectionner.

« Barthelemy Cocles, de Boulogne, dit que le front grand et large de toutes parts, dénué de poil ou un peu chauve, signifie l'homme audacieux, de bon esprit, estant sage, mais quelquefois malicieux et de grand ire, et non légal, et quelquefois il est grand menteur.....

« La grande multiplicité des lignes (sur le front) ne sera autre chose que multitude d'affaires fort variables.

« La paucité et simplicité des lignes, cela démontre une simplicité aux affaires et négoces...

« Si les lignes se trouvent semblables au front de la femme, la femme est grande babillarde, contumélieuse, rumélieuse, gratulite, rixieuse, vénéficque, adonnée en des arts illicites, sçachant quelques vers fols et inutiles en l'incantation...

« Deux ou trois lignes estant en la racine du nez, estant en la moitié incisées, signifient l'homme vénérien et adonné à ce vice. »

D'après David l'Aigneau [1] :

« Ceux qui ont le front grand sont paresseux et ignorants, et s'il est charnu et poli, sont choleres, et avec cela, s'ils ont les oreilles droites, sont plus choleres, selon Aristote.

« Ceux qui ont le front petit sont remuants et sots, comme aussi ceux qui l'ont large et estroict.

« Ceux qui ont le front long sont dociles, doux et ont bon sens.

« Ceux qui ont le front comme quarré et agréable sont magnanimes et forts.

« Ceux qui ont le front comme rond sont choleres et toutesfois sans courage.

« Ceux qui ont le front rond et élevé sont insensez, impudents et choleres.

« Ceux qui ont le front abbatu et plat sont efféminez.

« Ceux qui ne l'ont gueres applany sont sages et advisez: les chiens de chasse l'ont de meme.

« Ceux qui l'ont rude avec des fossetes et petites duretez sont trompeurs et perfides.

« Ceux qui l'ont court, estroict et enfoncé vers les tempes et ont les machoires grandes, sont menacez des escrouelles.

« Ceux qui l'ont refroigné sont songearts ou tristes; si le milieu d'iceluy est élevé, ils admirent tout; mais, s'il est abaissé, ils sont choleres.

---

[1] *Traité de la Métoposcopie et Physiognomonie*, par David l'Aigneau. Paris, s. d., in-4°, p. 743.

« Ceux auxquels le front est sans rides sont sans beaucoup de soucy ; s'il est poly entierement, ils sont plaideurs, et toutesfois on en marque sans aucune ligne, et le visage très-agréable, qui sont craignant Dieu et fort gens de bien. »

Suivant un physionomiste du dix-septième siècle[1] :

« Quand une personne regarde comme s'il étoit enfant, c'est signe qu'il sera de longue et joyeuse vie ; les yeux beaux, riants avec le résidu de la face, signifient adulation, luxe et détraction ; les jaunes signifient déception, ainsi que vous pouvez voir aux macquereaux et meurtriers ; les yeux petits signifient la malice et pusillanimité en l'homme ; les yeux qui tendent en haut signifient bonté : que s'ils sont rouges et grands, ils signifient yvrognerie, méchanceté et folie ; les yeux cachez et enfoncez dans la tete dénotent malice et ire dangereuse, méchantes conditions et grande mémoire, spécialement des injures. Quand les yeux sont tantot fermez, tantot ouverts, tels n'ont pas encore perpétré des crimes, mais ils les ont en leur courage ; les yeux rouges comme charbons signifient obstination et méchanceté ; les yeux grands et longs sourcils marquent brièveté de vie ; ceux qui ont les yeux et les sourcils longs sont volontiers savants, mais de brièveté de vie. Quand ils reluisent fort sans aucune tache, c'est signe de bonté ; s'ils sont mobiles, aigus, ils signifient lar-

---

[1] *Traité de la Physionomie*, à la suite du *Palais des Curieux de l'amour et de la fortune*, par Wulson de la Colombière Paris, Nic. Legros, 1698, in-8°, p. 186.

cin. Les yeux grands et riants, c'est signe d'un homme hébété, luxurieux, qui ne prévoit point l'avenir. »

A entendre Boyvin de Vaurouy[1] :

« Ceux qui ouvrent et ferment fréquemment les yeux, sont d'ordinaire trompeurs, traistres et ont une forte inclination à voler. S'ils les ont humides, ils sont studieux et sont amateurs des arts. Que si d'ailleurs ils les ont tremblans et haves, ils sont stupides et sujets au mal caduc. S'ils les ont toujours en même état et qu'en les fermant ils pleurent tant soit peu et qu'en les ouvrant ils les haussent, ils sont et stupides et enclins à l'adultère et à la paillardise. Quand ils les ont bien droicts et humides, d'une moyenne grosseur et d'une splendeur agréable, avec un front ouvert et poly, et qu'ils les ouvrent et ferment comme nous avons dit, ils sont fort pieux, de fort bon conseil, studieux au possible, ont une incomparable douceur en leurs mœurs et sont de complexion amoureuse... Ceux qui, outre cela, ont le front rude, les sourcils raccourcis, les paupières comme du cuir bouilli, ont un esprit farouche et agreste, hardy à exécuter toutes choses, mais pourtant se laissent chatouiller aux louanges et gaigner et par les honneurs et par les présents. Ceux qui n'ont ny les paupières droictes ni les sourcils immobiles, mais remuants, et le regard mal asseuré, de meme sont efféminés et ne sont hommes qu'à leur grand regret et par contrainte. »

[1] *La Physionomie*, par H. de Boyvin de Vaurouy. Paris, C. du Bray, 1635, in-12. p. 67.

Au dire de maistre Michel Lescot [1] :

« Le rys abonde en la bouche des sotz et de ceux qui ont la rate grande, et à l'opposite.

« Duquel la bouche facilement ryt, signifie l'homme simple, vain, instable, croyant de legier, de gros entendement et nourrissement, serviable et non secret.

« Duquel la bouche peu souvent ryt et briefvement, signifie l'homme stable, eschars, ingénieux, de cler entendement, secret, fidel et laborieux.

« Duquel la bouche durement s'esmeut à rire, signifie l'homme saige, moult plein de bon sens, astut, ingénieux, patient, eschars, songneux de son art, qui de legier se courrouce, et importun.

« Duquel la bouche facilement ryt et souvent tousse en ryant, ou baisse ou tort le chief, signifie l'homme variable, envieux, croyant de legier et convertible à l'ung et à l'aultre.

« Duquel la bouche en ryant se tort avec derision, signifie l'homme arrogant, faulx, avaricieux, ireux, menteur et quelque peu proditeur. »

Belot [2] tire les inductions suivantes de l'examen des veines, science qu'il nomme *phlébotomie :*

« Si les veines qui apparoissent au visage sont petites et blanches, cela démonstre un homme estre féminin, sans courage ; mais si elles sont grossettes et de cette même couleur, elles démonstrent la personne

---

[1] *La Physionomie,* de maistre Michel Lescot. Paris, Vinc. Sertenas, 1540, in-8°, p. 95, r°.
[2] *OEuvres,* p. 240.

avoir un gentil esprit, subtil et cault; si elles sont grosses, et particulièrement celles du front sur les temples, et celle du milieu du front dite *præpurata*, elles démonstrent l'homme franc, libéral, lequel est subject à se captiver sous le joug de Vénus : et, après l'action, il est facile à le recounoistre, estant enflées et violastres, qui démonstrent en apparence une pleurésie ou apoplexie; si elles ne se démonstrent point, sinon lorsque l'on fait une action violente ou que l'on rit, cela signifie trahison et perfidie. Lorsque au col les veines sont amples et grosses, elles représentent une forte ire et passion, principalement quand elles sont rouges, ce que témoignent Polémon, Adamante et Albert le Grand. *Si quis venas illas quæ sunt circa collum et tempora turgidas habeat et manifestas et sanguinei coloris, intus fervere iram ostendit.* »

Le chapitre des cheveux n'est pas moins singulier dans la *Physionomie* de Jean Belot [1] :

« Quand les cheveux sont lasches et mols, cela dénote une complexion humide et non sanguine, et quand ils se hastent de sortir, c'est signe que le corps déclinera, en bref, en siccité, non pas à l'humide. Et quand la chaleur et la siccité se conjoignent, les cheveux sortent plustost, et avec cela ils sont plus près.

« La multitude des cheveux démontre l'homme estre chaud, et la grosseur d'iceux démonstre sa cholère, et qu'il est prompt à se fâcher; cette abondance de che-

---

[1] *Œuvres*, p. 279.

veux arrive plustost aux jeunes personnes que non pas aux viels et aux enfants, car à iceux la matière est plus vaporeuse qu'humide, mais aux jeunes gens est le contraire : parquoy les contraires suivent les contraires.

« L'abondance de cheveux aux jeunes enfans démonstre que leur complexion croist et augmente avec la mélancholie..... »

Le même auteur examine, dans d'autres chapitres, les indices qu'on peut tirer de la conformation du corps, de la barbe, du menton, des sourcils ou cils, du cou, des yeux, du nez, de la bouche, des oreilles, etc.

Voici ce qu'il dit du nez, sans trop se soucier de scandaliser ses paroissiens :

« Les Grecs ont appelé le nez ῥήν, à cause que par iceluy fluent les excréments des ventricules du cerveau. C'est pourquoy nous le donnons à la Lune, comme estant plus proche de la terre, et par ses influences nous donne et fait évaporer mille exhalations çà bas :

> .... Le nez est la gouttière
> Par qui les excrements de pesante matière
> S'esvacuent en bas, etc.

dit Du Bartas, la comparant à la Lune, pour ces prédictions. Nous disons le long nez estre d'un esprit vain et non convenable au mestier de Vénus, bien qu'il y a un proverbe qui dise :

Ad formam nasi cognoscitur ad te levavi.

« Sur lequel autresfois, me donnant plaisir, j'ay fait

ce distique ou épigramme en la louange d'un de ces nez, à l'imitation de Martial :

> Qui longus est et pendulus nasus viri
> Pendentem habet longamque valde mentulam. »

Les marques, taches et signes, qui viennent de naissance sur le visage et sur le corps, ne pouvaient manquer d'être expliqués par les physiognomonistes. Voici ce qu'en pense Boyvin de Vaurouy [1] :

« La marque naturelle au front est un présage de beaucoup de bien à un homme; à une femme, qu'elle sera ou reine ou d'une qualité fort éminente. Quand un homme l'a au dessus ou à l'entour des sourcils, c'est un signe qu'il aura une bonne femme et belle. Et si c'est une femme et qu'elle soit blonde, elle aura un beau mary et riche. Si un homme l'a au dessoubs des sourcils, il ne faut point qu'il se marie, car il court fortune d'avoir cinq femmes. Le mesme se doibt entendre d'une femme. Quand un homme l'a au nez et qu'il est ou rousseau ou blond, il est insatiable aux plaisirs de Vénus et a une pareille marque autre part qu'on ne voit pas. Lorsqu'une femme l'a au nez ou à l'œil, elle l'a de même autre part, qui ne se void point, et est d'humeur toute semblable à l'homme dont nous venons de parler. Quand un homme l'a au costé du nez, il court fortune de faire quantité de voyages, et une femme qui, l'ayant là, l'a certainement autre part, court fortune aussi d'avoir les gouttes. Et quand une

[1] *La Physionomie*, p. 275.

femme l'a au bas de la joue, elle l'a aussi au bas du ventre et est fort subjecte à toutes sortes de passions. »

Suivant Belot[1] :

« Chaque personne porte en quelque partie du corps la marque de la planete sous laquelle elle est née.

« Quand la Lune est régente en la nativité, la marque est en la teste au costé gauche, non le plus souvent pour une, mais le plus souvent deux ou trois; c'est pourquoy il s'en trouve le plus souvent au visage, voire jusques à six ou sept, et communément aux femmes ces marques sont verrues et bulbes blanches ou livides. Lorsque Vénus domine, ces marques sont aux reins, testicules, cuisses, ou bien au col, à raison du Taureau, sa première demeure, que régit cette partie; les formes de ces marques sont bulbes ou marques plattes, de couleur violette ou blanchastre, qui ne signifient que lasciveté. Quand l'homme ou la femme sont nés en *Gemini* (Gémeaux), leurs marques sont aux bras; si c'est la face ou première partie de ce signe, la marque est au bras droit, vers l'espaule ou le coude, etc. »

Boyvin de Vaurouy nous apprendra que la conformation de l'estomac et celle du dos ont aussi leur signification [2] :

« Ceux qui ont l'espace, qui est entre le nombril et la bouche de l'estomach, plus grand que celuy qui est entre la bouche de leur estomach et la racine de leur

---

[1] *Œuvres*, p. 223.
[2] *La Physionomie*, p. 105.

col, sont goulus et gourmans. Un grand estomach est l'estomach d'un homme courageux, comme un estomach délicat et foible celuy d'un homme efféminé et fainéant. Ceux qui l'ont fort charnu sont ennemis de toute société et meschans au possible. Ceux qui ont les mammelles pendantes et l'estomach fort charnu et mol sont luxurieux et sujets au vin.

« Les dos robustes et forts sont les meilleurs, et les dos foibles et menus ne dénotent que de la timidité et de la pusillanimité. La grande masse de chair qui couvre le dos est une marque d'un esprit grossier et stupide, comme le trop peu de chair en ceste partie-là est une marque de folie. Les dos larges désignent une grande prudence, et les dos un peu ronds, de l'habileté, de l'accortise et de la bonne grace en toutes choses. Ceux qui ont le dos un peu courbé et les épaules penchantes vers l'estomach sont pleins de malice et d'envie, et, s'ils n'ont avec cela le corps comme entièrement relâché et rompu, ils sont et avares et vilains. »

Maître Michel Lescot nous parlera des cuisses [1] :

« L'intérieure partie de la cuisse, grandement espesse de poilz et bien hirsue, signifie l'homme luxurieux, fort à la copulation. Duquel la cuisse intérieure a peu de poilz et lesquelz sont subtilz et estenduz, signifient l'homme competemment chaste, c'est à dire peu souvent luxuriant. Duquel ladicte cuisse n'est ferme, ou laquelle est mal disposée, signifie l'homme

---

[1] *La Physionomie*, p. 106, v°.

débile, paoureux, peu souvent se meslant avec sa femme, et tost convertible à l'ung et à l'aultre.

« Les cuysses bien charnues signifient l'homme fort, hardy, superbe, comme il appert aux dextriers, aux cocqs et faulcons. »

David l'Aigneau [1], des cuisses et des fesses :

« Les cuisses garnies de poil jusqu'au nombril, gros et espais, marquent grande chaleur et siccité es parties viriles, mais plus grande, si les espaules sont fort pelues. Les cuisses, dont les os sont si gros qu'ils paroissent au dehors, marquent force et virilité. Les os des cuisses, desliez et petits, marquent la persoune débile et timide. Les cuisses nerveuses et osseuses, c'est force; mal articulées et molles, c'est timidité. Les cuisses médiocrement charnues marquent un esprit ingénieux. Les cuisses et les lumbes pelus, sans autre partie, c'est luxure.

« La douleur forte survenant à la cuisse à un qui a une douleur seche, le guerit, comme il fait de mesme en la fièvre ardente. Les douleurs de cuisses arrivent le plus souvent en automne.

« Les fesses grasses et molles, c'est efféminé; garnies de gros os tesmoignent force. Les fesses sans chair et comme seches, comme celles d'un singe, marquent malice. Les fesses qui ne sont ni foibles ni ridées marquent force. »

[1] *Traité de la Métoposcopie*, p. 804.

PRÉDICTIONS

L'auteur de l'*Éclaircissement des Quatrains de Nostradamus*[1] raconte ceci :

« Visitant M. et madame de Florinville dans le chasteau de Fains (près Bar-le-Duc), j'appris d'eux que le sieur M. de Nostradamus y logeoit, et y traitta madame de Florinville, grand'mère dudit seigneur de Florinville qui est à présent, où il luy arriva le conte qui, pour estre plaisant, se rapporte à divers lieux. M. de Florinville, se promenant dans la basse-cour de son chasteau, en la compagnie du sieur de Nostradamus, vid deux petits cochons de laict, l'un blanc, l'autre noir. A cet aspect, il s'enquit du sieur Nostradamus, par récréation, que deviendroient ces deux bestes. Il répondit en mesme temps : « Nous mangerons le noir, et le « loup mangera le blanc. » M. de Florinville, voulant faire mentir le prophète, commanda secrètement au cuisinier de tuer le blanc et le présenter au souper... Il tua le blanc, l'habilla et le mit en broche prest à estre rosty, quand l'heure seroit venue. Cependant, ayant affaire hors de la cuisine, un louveteau, que l'on nourrissoit pour l'apprivoiser, y entra, et mangea les fesses du petit cochon blanc prest à estre rosti. Le cuisinier arriva là-dessus, et, craignant estre crié par son

---

[1] *Éclaircissement des véritables Quatrains de maistre Michel Nostradamus.* Paris, 1656, in-12, p. 40.

maître, se saisit du noir, le tua, l'appresta, et le présenta au soir à souper. Alors M. de Florinville dit à Nostradamus : « Eh bien, monsieur, nous mangeons « à présent le cochon blanc, et le loup n'y touchera « pas. — Je ne le crois pas, dit Nostradamus ; c'est le « noir qui est sur la table. » Aussitôt on fait venir le cuisinier, lequel avoua l'accident, qui servit d'un autre plus agréable mets à la compagnie.

« Dans le même lieu de Fains, il avertit plusieurs, que, dans la montagne qui costoioit le chasteau, il y avoit un thrésor caché, lequel ne seroit jamais trouvé quand à dessein on le chercheroit, mais qu'il seroit descouvert, lorsque, pour un aultre dessein, on y creuseroit.

« Il y a de l'apparence dans cette prédiction, ajoute notre auteur, parce que les idolastres y avoient basty un superbe temple, et, quand on y fouille, souvent on rencontre, sous le pic et la besche, quelque pièce d'antiquité. »

Guynaud a composé un commentaire historique[1] pour prouver que les événements prédits par Nostradamus sont arrivés. Voici quelques extraits de ce livre vraiment curieux :

Centurie VII, quatrain 39.

L'Aîné royal, sur coursier voltigeant,
Picquer viendra si rudement courir,

---

[1] *Concordance des Prophéties de Nostradamus avec l'histoire*, par M. Guynaud. Paris. J. Morel, 1693, in-12, p. 79.

>   Gueule lipée, pied dans l'étrieu ploignant,
>   Traîné, tiré, horriblement mourir.

« L'historien Sainte-Marthe, au livre IV, parlant de la maison de France, aussi bien que les Mémoires de Languedoc par Catel, disent que Henry d'Albret, II de nom, roi de Navarre, se tua, en travaillant un cheval, le 25 mai 1555. Qu'il étoit l'aîné de Jean III, qui fut depuis roi de Navarre à la place de son frère. Que ce prince, maniant un cheval, le picqua si rudement, et qu'il prit sa course d'une telle vitesse, qu'Henry, voyant le danger où il étoit, haussa la bride avec tant de violence, que la bouche du cheval fut élipée... Le cheval, suivant son mouvement et sa fougue, se mit à sauter et à ruer, tellement que, le roi étant tombé, son pied s'arrêta dans l'étrier, et qu'en cet état il fut traîné et tiré longtemps, en suite de quoi il mourut le même jour. »

Centurie x, quatrain 39 [1].

> Premier fils vefve, malheureux mariage,
> Sans nuls enfants, deux isles en discord,
> Avant dix-huit, incompétant aage :
> De l'autre près plus bas sera l'accord.

« Le 14 septembre de la même année 1560, François II mourut, âgé d'environ quinze ans, et ne fut ainsi roi de France qu'environ treize ou quatorze mois. La prophétie s'explique d'elle-même, puisqu'il étoit

---

[1] *Concordance des Prophéties de Nostradamus*, etc., p. 101.

l'aîné et le premier fils de France : il avoit épousé Marie Stuart, princesse d'Angleterre, et mourut roi d'Écosse, dont il étoit aussi le monarque à cause de sa femme, qu'il laissa veuve et sans enfants ; c'est ce que porte la prophétie : « Premier fils vefve, mal« heureux mariage, sans nuls enfants, deux isles en « discord. » L'auteur prédit en même temps la discorde que la mort de François II causeroit entre les deux reines, celle d'Angleterre et celle d'Écosse, qui était sa veuve. Le troisième et le dernier vers : « Avant « dix-huit, incompétant age ; de l'autre près plus « bas sera l'accord, » veulent dire que Charles IX, son frère, qui étoit le plus près de la couronne, y succéderoit, et qu'ensuite il se marieroit, avant qu'il eût l'âge de dix-huit ans. « Plus bas sera l'accord, » c'est-à-dire ce qui seroit un peu après la paix. »

« Présages sur le massacre de la Saint-Barthélemy, arrivé à Paris le 24 aout 1572, ainsi que Nostradamus l'avoit prédit [1]. »

> Le gros airain qui les heures ordonne
> Sur le trépas du tiran cassera,
> Pleurs, plaintes et cris, eaux glace, pain ne donne,
> V. S. C. paix, l'armée passera.

« Le dimanche 24 août 1572, qui étoit la feste de saint Barthélemy, sur les deux heures après minuit, les horloges de Saint-Germain de l'Auxerrois et du Palais commencèrent l'alarme, etc. Accomplissement de la

---

[1] *Concordance des Prophéties de Nostradamus*, etc., p. 107.

prophétie des deux premiers vers où il est fait allusion à la mort de l'amiral Coligny. Quant à la deuxième partie du troisième vers : « Eaux glace, pain ne donne..., » il est à croire que, cette mesme année, au mois de janvier 1572, la rivière de Seine fut prise un temps considérable, en sorte que les bleds et les autres provisions ne venoient plus à Paris comme auparavant... Quant au dernier vers, il veut dire, paix avec le successeur de Charles Cinq ou Charles-Quint. Le reste du vers, « l'armée passera, » veut dire que l'armée de France, qui étoit alors de cinq mille hommes, commandée par Monsieur, duc d'Anjou, passeroit, comme elle fit, avec soixante pièces de canon, pour assiéger la Rochelle, où presque tout le reste des Huguenots s'étoit réfugié. »

Centurie xi. *Quatrain* 6 [1].

Quand de Robin la traiteuse entreprinse
Mettra seigneurs et en peine un grand prince,
Sceu par la fin, chef on lui tranchera,
La plume au vent amie dans Espagne,
Poste attrapé étant à la campagne,
Et l'écrivain dans l'eau se jettera.

« Robin est un mot qui fait lettre par lettre Biron... D'après la relation du procès de Biron, qui se trouve à la fin de l'*Histoire de France* imprimée à Rouen, en 1611, chez Jean Petit ; on voit que Biron, d'abord cadet de sa maison, devint l'aîné par la mort

[1] *Concordance des Prophéties de Nostradamus*, etc., p. 139.

de son frère... Arrivé à la cour, il eut une querelle avec le fils aîné du comte de La Vauguïon. L'affaire se termina à son avantage... ; mais les amis du mort firent courir le bruit qu'il y avoit eu fraude dans le combat... Le duc d'Épernon obtint la grâce de Biron et la fit entériner au parlement... Depuis le jour du combat jusqu'à celui de la grâce, Biron fut obligé de se cacher. Pour éviter d'être reconnu, il se déguisa en porteur de lettres et alla voir un vieil astrologue nommé La Brosse, logé près du Luxembourg, se donnant pour le valet d'un gentilhomme dont il lui portoit l'horoscope... La Brosse lui dit qu'il étoit un homme de qualité... ; que ce devoit être son horoscope. Lord Biron nia : « Mon fils, dit l'astrologue, « je vous dirai que celui de cette nativité parviendra « à de grands honneurs et dignitez..., où il sera « heureux jusqu'au point d'être roi s'il n'y avoit un « *caput al gol.* » Biron voulut savoir ce que c'étoit que ce *caput al gol.* La Brosse fut enfin contraint de lui répondre : « J'entends, puisque vous le voulez sa- « voir, que votre maître en fera tant, qu'il aura un « jour la tête tranchée sur un échafaud. » Là-dessus, Biron se jeta sur l'astrologue et le battit tant, qu'il le laissa presque mort dans sa guérite...

« Un autre astrologue, nommé César, qui passoit pour le plus habile du royaume, ne lui dit jamais autre chose, si ce n'est qu'il seroit si heureux dans tout ce qu'il entreprendroit, qu'il ne s'en faudroit que le coup d'un Bourguignon par derrière, qu'il ne fût roi. Le bourreau de Biron fut, en effet, un Bourguignon. »

Centurie III. Quatrain 11[1].

Les armes batre, au ciel, longue saison,
L'arbre au milieu de la cité tombé,
Vermine, rongne, glaive, en face tison,
Lors le monarque d'Hadrie succombé.

« De Prade, auteur d'une *Histoire de France* imprimée à Paris chez Augustin Besoigne, en 1685, fait mention d'un grand nombre de signes prodigieux qui précédèrent le meurtre de Henri le Grand, et, entre autres, que la pierre qui ferme la cave où reposent les rois à Saint-Denis se trouva levée ; qu'une image à Boulogne répandit des larmes; qu'on vit paroître dans l'Angoulmois, dont Ravaillac étoit originaire et natif, une armée de dix à douze mille hommes, conduite par un chef de grande apparence, marcher plus d'une lieue en bon ordre et se perdre dans une forêt. (Voir le *Mercure françois*.)

« On avoit accoutumé de planter, tous les premiers jours du mois de mai de l'année, au milieu de la cour du Louvre, le Mai, au son des trompettes et des hautsbois, des violons et de tous les autres instruments dignes des maisons roïales... L'arbre verd et feuilleux qu'on avait planté pour le Mai dans la cour du Louvre, tomba de lui-même le jour qu'on l'avoit planté... : c'est icy la preuve de la verité du 2e vers : « L'arbre au

---

[1] *Concordance des Prophéties de Nostradamus*, etc., p. 149

« milieu de la cité tombé... » L'année précédente, une étoile parut au ciel en plein midy. « Lors le monarque « d'Hadrie succombé, » c'est à dire que, quand tous ces signes arriveroient, la mort d'Henri le Grand, que Nostradamus nomme dans sa première centurie le grand Hadrie, arriveroit bientôt après. Nostradamus fait bien plus, car il spécifie comme quoi ce grand monarque finiroit ses jours, quand il dit glaive, c'est-à-dire par un couteau. »

L'auteur d'un livre entièrement dirigé contre Nostradamus [1], qu'il accuse de mensonge, et qu'il déclare incapable, à cause de son ignorance en astronomie, de dresser l'horoscope de personne, nous révèle cependant quelques erreurs du grand astrologue :

« En ladite année (1555), au mois d'octobre, tu avois dit qu'il seroit une maladye portant grand eschaufement, en sorte que tant plus on bevroit que tant plus l'on seroit altéré et inflammé : je panse qu'en ce pays non y ha eu aucun que l'aye mieux sentie que toy, pour avoir beu le vin vieulx tout pur, car tu ne te contantes boire par toutes les bonnes maisons, mais vas boire par toutes les tavernes et cabaretz comme un bon pion. Je retorne à tes abus et ignorances. Au mois de janvier 1555, tu dis la pleine lune le 7 à 6 minutes du matin : pourquoy dis-tu à 6 minutes, ignare? car la pleine lune sera ledit jour après 8 heures du soir et non à 6 minutes du matin. Incontinant après, tu dis

---

[1] *Déclaration des abus, ignorances et séditions de Mich. Nostradamus.* Avignon, P. Roux, 1558, in-4°.

que tu n'oses déclarer ce qu'adviendra ceste année : pourquoy uzoys-tu de telles ruses? sinon affin que l'on t'envoyasse quérir à la cour; car aussy tu disoys : « Le « Roy se gardera de quelcun ou plusieurs qui ne pour- « chassent que de faire ce que je n'ose mettre par escrit, « selon que les astres accordez à l'occulte philosophie « demonstrent. » Tu entendoys bien que le Roy voudroit sçavoir la vérité.

« Et ainsi tu seras frustré de tous tes ambages et folles menaces que tu fais à tout le monde, le voulant espouvanter par tes cryeries, comme tu fais en ton Almanach de l'an 1556, quand tu dis : « Heureux qui mar- « chera et ne marchera par terre, et plus heureux qui « rien ou peu aura ! » N'est-ce pas une belle prédiction ? Mais tu ne voulois estre de ces heureux que rien ou peu, car tu avoys si bien fait par tes tromperies et séditions, que tu avoys eu troys ou quatre cens escus. Que vouloys-tu dire audit Almanach de l'an 1556, au moys de janvier, disant : « *Nox incubat atra* se dira à plein « midi. » Tu vouloys que l'on sceuse que tu avoys leu Virgile. Et après ne parloys-tu pas honnestement, quand tu disoys : *Odii talem avertite pestem et superii servate globam!* Tu diras que c'est la faute de l'imprimeur, ainsi qu'elle peut estre ; mais tu en as bien fait de si lourdes. »

Georges Buchanan [1] rapporte que :

« David de Betoun, archevesque de Saint-André et

---

[1] Au quinzième livre de l'*Histoire d'Escosse*, cité par Goulart. *Thrésor d'Histoires admirables*. t. II, p. 311.

cardinal en Escosse, ne pouvant supporter Georges Sophocard, homme sçavant, lequel s'opposoit à ses desseins, trouva moyen de le faire attraper l'an 1546, et quoi qu'on remonstrast, l'ayant tenu prisonnier durant quelques jours, il l'envoya à la mort. Georges prest de rendre l'âme à Dieu, en présence de son juge et de la partie, le cardinal, le contemplant en fenestre de parade, commence à dire à ceux qui estoyent plus près de lui : « Voyez-vous bien ce cardinal qui me regarde d'œil su-« perbe et despiteux, d'un lieu éminent? Dedans peu de « jours il en sera renversé non moins ignominieusement « que pour ceste heure il y repose arrogamment. » Quelques semaines après la mort de Georges, le fils du comte de Rothuse, ayant eu grosse querelle contre le cardinal, résolut, avec quelques gentilshommes ses partisans, d'en avoir raison (comme ils parlent) et de l'exterminer. Il n'y avoit comme point d'aparence en tout ce dessein. Néantmoins ce seigneur, suivi de six autres seulement, vint en la ville de Saint-André, où estoyent encore dix autres de son parti, trouva moyen de surprendre et se saisir du chasteau avant jour, entre dedans la chambre du cardinal, et le tue à coups de poignard. Or, d'autant que ceux de la ville s'esmouvoient pour venir à son secours pour les arrester, il fit attacher le cardinal tout sanglant aux mesmes fenestres d'où il avoit regardé le supplice de Georges Sophocard. Ainsi les plus eschauffés se retirèrent tout confus : et plusieurs autres adorèrent en silence le grand juge du monde, scellant de façon si authentique l'arrest de sa vengeance paravant prononcée par l'innocent. »

« Le récit d'un fait mémorable, dit Goulart[1] citant Zuingger[2], occasionna certains de demander à quelque personnage ami du docteur Craton, médecin de l'Empereur, que ce pouvoit estre. Icelui leur raconta que l'on trouvoit ès annales de la ville de Prague, que Charles IV, devant qu'estre eleu roi des Romains, alla trouver un Tartare aveugle, grand prédiseur, et qui ne respondoit par jour qu'à une question. Charles, sans dire qu'il estoit, salue cet aveugle en ces termes : « Bien te soit si tu es de Dieu : sinon, je ne te souhaite « nul bien. » L'aveugle respond : « Je suis de Dieu, et au « réciproque : Bien te soit, Charles, marquis de Moravie, « qui dois bien tost estre roi des Romains ! » Ayant devisé ensemble, Charles s'enquit de ses successeurs au royaume de Boheme. L'aveugle, prenant du papier, y marqua douze lettres en douze mots barbares : I. C. U. S. A. L. G. U. L. E. M. A, dont il donna l'interprétation tout à l'heure par l'expression des noms propres en chacune lettre : Jean, Charles, Venceslas, Sigismond, voila *Icus* ; puis Albert, Ladislas, George, Uladislaus, Louys, Ferdinand, Maximilian, Albert. Ces huit font *Algulema*. La dernière lettre ne se rapporte pas à l'histoire, d'autant que Rodolfe a régné en Boheme après Maximilian. Charles repart et demande à l'aveugle : « Que se fera-il, « puis après ? — Ce qui a esté paravant, dit l'aveugle. »

[1] *Thrésor d'histoires admirables*, t. III, p. 519.
[2] Théodore Zuingger, au cinquième volume de son *Grand Théâtre de la vie humaine*, liv. IV, p. 1445.

« On a ouï dire à la mareschalle de Raiz, rapporte Goulart [1], que la royne Catherine (de Médicis) desireuse de sçavoir que deviendroyent ses enfants, et qui leur succéderoit, celui qui entreprenoit de l'en asseurer, les lui fit voir en un miroir représentant une salle en laquelle chascun fit autant de tours qu'il devoit régner d'années; et que le roy Henri III ayant fait les siens, le duc de Guise le traversa comme un esclair ; puis le prince de Navarre se présenta, qui en fit vingt-deux, et incontinent après disparut. »

AUGURES

« C'est une grande misère et une illusion bien pitoyable, dit l'abbé Thiers [1], curé de Vibraye, que de s'appliquer à ces vanités et de se figurer :

« Que quand on va à la chasse, on sera heureux si l'on rencontre une femme débauchée, ou si l'on s'entretient des choses deshonnetes, ou que l'on pense à des femmes débauchées. Et qu'au contraire si l'on rencontre un moine...

« Qu'afin de savoir en quel grain l'année sera stérile, il faut, le soir, avant que de se coucher, nettoyer son four, et le lendemain matin on trouvera quelque grain de blé, d'orge, ou autre...

[1] *Thrésor d'histoires admirables*, t. IV, p. 438.
[1] *Traité des Superstitions selon l'Écriture sainte*. Paris, Dezaillier, 1692, 4 vol. in-12, t. I*er*, p. 208 et suiv.

« Qu'il nous arrivera malheur, si le matin nous rencontrons, dans notre chemin, un prestre, un moine, une fille, un lievre, un serpent, un lézard, un cerf, un chevreuil ou un sanglier; si, étant à table, on renverse la salière; si l'on fait tomber du sel devant nous ou que l'on répande du vin sur nos chausses; si un butor vole la nuit par-dessus notre tête; si nous saignons de la narine gauche; si avant disner nous rencontrons une femme grosse; si en sortant du logis nous bronchons; si nous chaussons le pied droit le premier; si en chemin faisant nous trouvons certain nombre de pies, ou d'autres oiseaux, à notre gauche....

« Que, pour connoître, entre trois ou quatre personnes, celle qui aime le plus, il faut prendre trois ou quatre têtes de chardons, en couper les pointes, donner à chaque chardon le nom de chacune de ces trois ou de ces quatre personnes, et les mettre ensuite sous le chevet de notre lit, et que celui des chardons qui marquera la personne qui aura le plus d'amitié pour nous, poussera un nouveau ject, et de nouvelles pointes.

« Que c'est un mauvais augure, quand, dans une maison, la poule chante avant le coq, et la femme parle avant son mari, ou plus haut que son mari.

« Que ce sont des présages de bonne ou de mauvaise fortune, quand un chien noir entre dans une maison étrangère; quand un serpent tombe par la cheminée; quand on éternue le matin, à midi, ou au soir, rarement ou souvent; quand on dit quelque nouvelle ou parole affligeante dans un festin; quand on marche sur le pied de quelqu'un; quand on entend le tonnerre à gauche ou à droite; quand en sortant de la maison le premier pas que l'on fait est du pié droit ou du pié gauche. »

D'après Peucer[1] :

« Le branlement estoit une sorte de devination recueillie de la considération des mouvements survenans au corps extraordinairement, oultre la volonté, et contre la conduite de nature. Si l'œil droit ou gauche tremblottoit outre coutume, si les muscles estoyent secous, s'ils saultoient ou chancelloyent, si les épaules ou les cuisses trembloyent, si les pieds commençoyent à démanger, si la peau frissonoit d'un branslement inesgal, si l'une des oreilles cornoit, si les dens claquetoyent plus que de coustume, si l'on esternuoit en nombre pair ou impair, peu ou souvent; si les membres panelioyent d'un mouvement vague, non arresté çà et là, s'ils se retiroyent tout à coup comme devenus stupides, si la langue fourchoit ou beguoyoit en parlant, ils tiroient conjecture de tout cela. Un nommé Possidonius fit jadis un livre de telles devinations, et Ménalopides en dédia un traité à Ptolémée Philadelphe, roy d'Égypte. »

Selon Boyvin de Vaurouy[2] :

« Lorsque l'emboiture du bout de la cuisse palpite

---

[1] *Les Devins, ou Commentaire des principales sortes de sorcelages*, etc., par Gaspar Peucer, traduit du latin par Simon Goulart. Anvers, Connix, 1584, in-4°, p. 517.]

[2] *La Physionomie*, citée plus haut.

à qui que ce soit, c'est un signe qu'il fera de grands progrès aux choses qu'il entreprendra : en un mot, il signifie generallement du bien. Quand c'est l'emboiture gauche, elle présage la délivrance de quelque mal, et à quelques-uns quelque injustice qu'ils doivent recevoir. Lorsque ce qu'il y a de rond à la fesse droite palpite, c'est un signe de bien et d'abondance. Pour ce qui est de la gauche, on peut dire la mesme chose.

« Lorsque l'aine droicte palpite, c'est un signe de quelque noise que l'on aura et des violences que l'on exercera sur nous : quand c'est la gauche, c'est un mauvais présage. . . . . . .

« Lorsque le costé extérieur de la plante du pié droict palpite, il signifie quelque maladie, et celuy du pié gauche, de la réjouissance. Le petit doigt du pié droit, lorsqu'il palpite, pronostique de l'aide; le second, du travail; le troisiesme, qui est celuy du milieu, du bien. A un valet, un voyage. A une fille, un affront. »

Suivant maître Michel Lescot [1] :

« Si deux hommes quasi en ung instant et moment ayent fait deux sternutations, c'est-à-dire que chascun d'eux ayt faict la sternutation sienne, adoncque luy est bon signe de faire aulcun propos en certain faict, dont il doibt soudain commencer le négoce, et il prospérera à l'entrée de la mer, à cause de négotiation, et mesme par terre. Deux esternuements lui signifient bon signe, et à l'opposite, comme deux ou quatre, etc. Item, une

---

[1] *La Physionomie*, p. 79.

sternutation en quelque nuyct, faicte par aulcun de la famille d'une maison, signifie bien, comme gaing, etc. Mais deux signifient mal, comme dommage, etc. Vray est que celui qui esternue, recoipt partie de la signification, par ceste condition, qu'ilz à toutes choses participeront avec luy dudict événement. Item, si deux sternutations se font chaque nuyct par quelqu'ung, et cela se continue par trois nuyctz, c'est signe que aulcun ou aulcune de la maison mourra : ou il adviendra aultre dommage en la maison, ou très-gros gaing et profit. »

Les *Opérations des sept esprits des planètes* [1] donnent l'explication augurale du mouvement de la corneille, d'après Artéphius :

« Si la corneille vole devant vous, cela signifie le temps à venir; si elle vole du costé gauche, cela signifie mauvais temps; si elle vole du costé droit, elle marque le temps présent; si elle vole derrière votre dos, elle marque l'avenir et toujours mauvais temps, ce que l'on peut pourtant détourner par un bon conseil. Si elle vole sur vous, elle pronostique une mort prochaine, principalement si elle croasse, car, si elle est taciturne, elle ne marque rien de tout cela. Si elle commence à voler d'un lieu élevé et haut en bas, et qu'elle se repose, alors elle ne marque point le temps, mais la personne; si donc elle repose devant vous, cela dénote qu'en peu de temps vos ennemis se réconcilieront avec

---

[1] Ms. de la Bibl. de l'Arsenal, Sc. et A., n° 70, p. 6.

vous; si en descendant elle vole sur vous, vous serez le vainqueur de vos ennemis; si elle se repose en l'air, alors vos ennemis s'éleveront contre vous; si elle s'y arreste, vous serez au pouvoir de vos ennemis, etc. »

On lit dans les *OEuvres* de Valois et Grosparmy [1] :

« Il y a Lery qui auroit remarqué aux Taopinambaux ceste superstition que je vais dire. Dans ces cartiers de la Floride se void une sorte d'oyseaux, grands comme pigeons, de couleur grise et cendrée. Ces oyseaux ont le chant fort piteux, et chantent la nuit pour le plus, et jamais ou rarement le jour. Les Barbares les ont en telle révérence, qu'il n'y a homme si hardi qui les osast offenser. Si tost que les Taopinambaux les oyent chanter, ils leur prestent attentivement l'oreille, comme s'ils oyoient quelque beau chant harmonieux de musique, et interrogez pourquoy ils sont si attentifs d'escouter un chant d'oyseaux si lugubre et si mal plaisant, ils ne vous répondent autre chose, que ces oyseaux leur rapportent nouvelles de leurs pères, amis et parents deffuncts, et que jamais ces oyseaux ne chantent, que ce ne soit un bon augure pour eux et qu'ils ne s'en réjouissent, parce que leur chant leur met le cœur au ventre pour aller attaquer leurs ennemis. »

Gaffarel, dans ses *Curiosités inouyes*, n'a eu garde d'oublier les augures des oiseaux :

« Les lettres que tous les oiseaux composent par leur vol, grues, cigognes, etc., ne nous monstrent que la di-

---

[1] Ms. de la Bibl. de l'Arsenal, souvent cité, p. 553.

versité du vent, ou bien l'ordre de leur bataille, et rien n'est autre chose. Mais les batailles, leur chant et leur façon de vivre et de se reposer, n'en est pas de même : car souvent ce ne sont que les signes de ce qui doit arriver. Ainsi dit-on communément que le malade est proche de sa mort, lorsqu'un corbeau en coaçant vient se reposer ou passer sur sa chambre, aussi bien qu'un chat huant et une chouette; oyseaux, dit-on, que pour ne paroistre que dans l'ombre et la nuit, sont infortunez et de mal encontre. La bataille assemblée de tout le reste des oiseaux, et principalement des carnassiers et qui vivent de proye, semble aussy bien souvent annoncer quelque prochain malheur...

« On pourroit joindre à ces déductions la funeste défaite des Huguenots, le jour de la saint Barthelemy, prédite par l'aube espine, qui fleurit la nuict précédente. Davantage on a remarqué que, si le 29 de septembre, qui est la veille de saint Michel, on trouve un petit ver dans les noix de galles qui se tiennent contre les chênes, qu'asseurement l'année sera douce : si on void une araignée, elle sera stérile, et grande disette de tout; si c'est une mouche, c'est signe d'une saison modérée; si on n'y trouve rien, signe de très-grandes maladies durant toute l'année. »

Simon Goulart rapporte, d'après Paul Jove, que « le grand Sforce, laboureur, de son premier estat, retournant des champs un jour en sa case, tout cassé de travail, entendit que le capitaine Boldrin, fort renommé entre les gens de guerre, faisoit battre le tambour pour enrooller des soldats. Sforce, disputant en soi-mesme de ce qu'il devoit faire, empoigne sa coignée, qu'il lance à tour de bras contre un chesne peu esloigné de lui. La coignée demeura si fermement enfoncée dedans le bois, qu'il fut impossible de l'en tirer. Sforce dit qu'il n'en avoit plus que faire, et de ce pas alla se faire enrooller, print les armes, et, par succession de temps, devint l'un des plus grands et heureux guerriers de l'Italie. »

ORACLES

Les oracles de l'antiquité étaient des réponses obtenues des dieux par l'intermédiaire des prêtres ou des sibylles. Quelques-unes de ces réponses ont été conservées.

A l'imitation des oracles anciens on a imaginé plusieurs jeux de hasard où l'on a préparé d'avance des réponses à des questions indiquées et que le sort désigne.

Dans le *dodechedron* [1], par exemple, qui se jouait avec un dodecaèdre ou dé à douze faces, tombant sur un tableau divisé en compartiments, dont chacun représentait un animal, une fleur, etc., voici les ré-

---

[1] *Le plaisant jeu du Dodechedron de fortune*, etc. Paris, Nic. Bonfons, 1577, in-8°, p. 65.

ponses qu'on pouvait faire sortir de la case du *Papegay* :

    I. Il peut à la dame tenir,
       Qui ne sait au poinct venir.
   II. Cestuy vivra (comme j'afferme)
       Jusques à son naturel terme.
  III. Cestuy est loyal et fidèle
       Et son amour est de bon zèle.
  IV. Tu auras un jour grand richesse
       Par ton esprit et par finesse.
   V. Il aimera philosophie :
       Son naturel le signifie.
  VI. On portera au captif telle envie,
       Qu'il y sera toute sa vie.
 VII. L'amant a le cueur plus vollage,
       La dame a bien meilleur courage.
VIII. On l'aimera et le craindra,
       Lorsque justice entretiendra.
  IX. De ce présage je tesmoigne
       Qu'il te prédit honte et vergogne.
   X. On luy a fait certainement,
       Tel cas qui luy nuit grandement.
  XI. L'un et l'autre sont fort joyeux,
       Mais la chasse j'aymerois mieux.
 XII. Je ne pense pas qu'il advienne
       Que jamais en grace revienne.

Dans le *Panthéon ou temple des oracles divertissants*, par C. D., commandeur de Valcanville[1], où l'on trouve une série de questions placées en tête du livre, les réponses en vers sont à la suite : elles devaient être indiquées par une roue de fortune. Exemples :

Paris, Cardin Besongne, 1654, in-8°.

D. *Si une religieuse sera abbesse?*

Parmi les réponses à cette question, nous en choisissons trois, qui donneront une idée des autres :

> Vostre vouloir n'est pas d'estre mauvaise fille,
> Ni de faire jamais vostre mary cornu ;
> Mais ce mal à beaucoup souvent est advenu,
> Comme il vous adviendra, pour l'avoir mal babille.

> Vous serez amoureuse éperdument d'un homme,
> Qui ne vous aymera si ne l'y contraignez,
> Mais ne luy montrés pas, ainçois le dédaignés ;
> C'est ainsi que pourrés le rendre épris en somme.

> Passe joyeusement ce temps en allégresse,
> Tu jouyras un jour des biens que tu prétends,
> Et cela t'adviendra dedans bien peu de temps,
> Car il est destiné que tu seras abbesse.

Comme on le voit, les réponses sont quelquefois très-burlesques et ne s'appliquent guère aux questions.

L'Art de résoudre les questions les plus douteuses[1] est un ouvrage du même genre, divisé par demandes et réponses, absolument comme les devises qui enveloppent les sucreries du jour de l'an.

Du reste, l'imagerie s'est emparée de ces jeux, et l'on a des devins coloriés pour cinq centimes. Chaque année aussi, on réimprime l'*Urne magique* et d'autres petits livres sybillins, plus ou moins récréatifs et spirituels.

---

[1] Ms. de l. Bibl. de l'Arsenal, Sc. et A., n° 80 *bis*.

ONÉIROCRITIE

Explication des songes.

Explication de quelques songes, suivant Jean Tibault, astrologue de Lyon, qui exerçait au commencement du seizième siècle [1] :

« Songer voir arbres ou monter sur iceulx, signifie honneur advenir.

« Arbres veoir secz, signifie déception.

« Arbres avec leurs fruictz, signifie gain et profit.

« Arbres abbatre par terre, signifie dommaige.

« Songer estre un arbre, signifie maladie.

« Argent veoir manger, signifie grand profit.

« Arc porter avec soi, signifie désir et tourment.

« Aler à la messe, signifie honneur et joye.

« Avoir un baston en sa main, signifie maladie.

« Avoir la barbe rasée, signifie tribulation.

« Avoir la barbe longue, signifie force ou gain.

« Avoir petite barbe, signifie procès ou noises.

« Avoir les bras foibles, signifie tourment.

« Avoir deux testes, signifie compagnie.

« Avoir la teste ès longs cheveulx, signifie honneur.

« Avoir la teste tondue, signifie dommaige.

« Arracher ses dents, signifie mort de quelqu'un.

[1] *La Physionomie des songes et visions fantastiques des personnes.* Lyon, J. Moderne, s. d. (vers 1520), in-8°.

« Avoir audience de l'empereur, signifie gain.

« Avoir une robe rouge, signifie sang ou saigner.

« Avoir les dents sanguinolentes, signifie la mort.

« Boire de l'eau puante, signifie grosses maladies.

« Brusler une mayson ou la voir brusler, signifie chandale à venir.

« Baiser quelcun, signifie dommaige.

« Broyer ou piller du poivre, signifie mélancolie.

« Boire du vin trouble, signifie du bien.

« Boire du vin bousque, signifie rien.

« Boire du vin blanc, signifie santé.

« Boire du laict, c'est très-bon signe.

« Chausseure neufve, signifie consolation.

« Chausseure vieille, signifie tristesse.

« Cheoir en l'eau et ne se pouvoir lever, signifie mort ou danger de la personne.

« Corbeaux veoir voller, signifie plains de tristesse.

« Charbons de feu veoir ardens, signifie vitupération d'amys.

« Cresme veoir espandre sur soy, signifie recepvoir aucune grace du Sainct Esprit.

« Cloches ouyr sonner, signifie diffamie.

« Cheminer avec bestes à quatre pieds, signifie maladie.

« Coucher avec une paillarde, signifie seureté de ses affaires.

« Corbeau veoir voller sur soy, signifie péril.

« Corbeau emporter d'une maison, signifie la mort ou destruction de son bien.

« Chevaulx veoir blancs, signifie joye.

« Chevaulx veoir noirs, signifie tristesse.

« Cheval veoir chastré, signifie accusation.

« Cheval veoir monter en hault, signifie bon temps.

« Coucher avec sa mère, signifie seureté de ses affaires.

« Coupper du lard, signifie la mort de quelqu'un.

« Couper du pain d'orge, signifie joyeuseté.

« Chanter des hymnes ou des pseaumes, signifie empeschement en ses affaires.

« Descendre par une échelle, signifie dommaige.

« Donner un couteau, signifie iniquité.

« Espouser une femme, signifie dommaige.

« Estre baisé de grands hommes, signifie consolation.

« Faire marchandise de pourceaulx ou de plomb, signifie grande maladie.

« Faire l'œuvre de mariage avec sa femme, signifie péril et danger de sa personne.

« La lune veoir tomber du ciel, signifie maladie.

« Manger chair rostie, signifie tomber en péché.

« Manger de la charogne, signifie tristesse.

« Manger chair humaine, signifie labour et travail.

« Manger du lard ou du sallé, signifie murmure.

« Manger choses salles, signifie maladie.

« Ouyr aboyer des chiens et en estre fasché, signifie vaincre ses ennemys.

« Ouyr ung corbeau crier, signifie tristesse.

« Ouyr chanter un coq, signifie bon temps.

« Prendre des mouches à miel, signifie gain et profit.

« Parler avec Jésus-Christ, signifie consolation.

« Parler avec la Vierge Marie, signifie joye.

« Parler avec des philosophes, signifie gain.

« Porter une jeune fillette, signifie joyeuseté.

« Perdre le membre viril, signifie perdre génération.

« Prendre une fille à force, signifie empoisonnement.

« Se marier avec ses seurs, c'est péril.

« Se veoir estre femme, signifie maladie.

« Se veoir estre poullet, signifie sollicitude.

« Veoir ung asne, signifie malice.

« Veoir ung asne assis sur son cul, signifie labour.

« Veoir ses frères et ses seurs morts, signifie longue vie.

« Veoir une femme nue, signifie la mort de quelcun.

« Veoir des mamelles pleines de lait, signifie proufit.

« Veoir ung moine, c'est malheur.

« Veoir une poulle pondre, gain. »

Autre temps, autre interprétation des rêves.

Voici, par exemple, comment on les expliquait, au dix-septième siècle [1] :

« *Cailles*, signifie empeschement d'allience, embuches et trahison.

---

[1] *Le Palais des princes du sommeil*, dédié à mademoiselle de Laval, par Célestin de Mirbel. Bourges, 1667, in-12.

« *Cerises* en saison, plaisirs trompeurs.

« *Cerises* hors saison, travail inutile.

« *Chat huant* et tout autre oiseau nocturne, contraire à toutes entreprises, maison déserte.

« *Chanter* avec mesure et en lieu honneste est très-bon.

« *Charrue*, favorable aux noces et affaires.

« *Chapeau* tombant dans la boue, proposition sans effet.

« *Chat*, adultère et paillardise.

« *Chesne*, vieillards et gens riches.

« *Cheval*, peines, traverses et calomnies.

« *Cheval blanc*, plus dangereux. *Morsure de cheval*, dents de nos ennemis.

« *Cheveux* longs et beaux, indépendance. *Plier ses cheveux* et les avoir emmeslés, traverses aux hommes, destitution d'offices.

« *Chiens* mâtins, possession et femmes. *Petits chiens*, délices et plaisirs. *Chiens d'autruy* abboyans, maladies et adversité.

« *Chevre*, lasciveté, amour impudic, maladies vénériennes.

« *Cigalles*, parolles sans effet; aux malades, mort ou accident.

« *Cigne*, musique; aux malades, santé; son chant est funeste à tous.

« *Coq*, père de famille. *Coqs se combattans*, noces et dissensions. *Coqs dessus les poules*, attaques à la pudeur de la femme et des filles.

« *Cornes*, mort violente; aux hommes de lettres, grandes lumières. »

Un vieux traité d'onéirocritie nous fournira d'autres explications, non moins singulières[1] :

« Songer voir la lune luire, signifie que sa femme est en bonne disposition et l'ayme. Aussi signifie acquest d'argent et proffit.

« Songer voir la lune obscure, signifie mort ou maladie de sa femme, de sa mère, de sa seur ou fille; aussi perte de ses deniers, et danger en son voyage, tant par terre que par eau, ou maladie des yeux.

« Songer voir la lune muer d'obscurité en bonne clarté, signifie utilité pour la femme qui songera, et si l'homme songe, signifie joie. Et si la lune mue et change clarté en obscur, ce sera le contraire.

« Songer voir la lune avoir une forme de visage plain et blanc, si la femme songe, signifie qu'elle sera tost mariée, ou si elle est mariée, qu'elle aura une fille; si le mary songe, signifie que sa femme sera enceinte d'un fils, et si tous deux songent, elle aura deux enfants ensemble. Aussi tel songe sera prospère pour les changeurs, orfevres et marchans, fermiers de fermes publiques.

« Songer voir la lune plaine, est bon signe pour ceux qui veulent estre veus, comme les femmes; mais il est mauvais pour ceux qui veulent se cacher comme les larrons et meurdriers. Toutefois, elle si-

---

[1] *De l'Art et Jugement des songes et visions.* Lyon, Ben. Rigaud, 1598, in-16, p. 143.

gnifie mort à ceux qui songent la voir, quand ils sont malades ou sont nautonniers.

« Songer la lune esclairer alentour de la teste, signifie pardon par grace de femmes...

« Songer voir un homme nud, signifie crainte et peur.

« Songer voir une femme nue, signifie joie et honneur, pourveu qu'elle soit blanche et bien faite.

« Songer voir une femme en peinture bien contrefaite, signifie bonheur et seureté en ses affaires.

« Songer une femme nue, bossue, vieille, ridée, ou autrement contrefaite et noire, signifie vergongne, repentance et mauvaise fortune ; toutesfois, si tu la vois en peinture, le danger n'y sera si grand...

« Songer voir un More nud ou un homme fort noir, signifie ennemy et dommage.

« Quand une femme songe estre couchée avec un More, signifie maladie...

« Et quand le mary songe estre couchée avec une Moresse, signifie maladie ou mort à sa femme ou à sa mère...

« Songer voir son feu père, sa feu mere, ou sa feu femme, ou son frère ou seurs, nuds et vivants, et qu'ils luy revèlent quelque chose, l'on doit en tel cas prier Dieu pour eux et s'amender de ses fautes. Aussi, doit-on considérer les signes et ce qu'ils luy révèlent. »

D'après un autre traité[1] onéirocritique qui avait beau-

---

[1] *Traité des Songes et des Visions*, à la suite du *Palais des*

coup de réputation au dix-septième siècle, nous saurons ce que l'eau veut dire en rêve :

« Songer qu'on voit un puits plein de belle eau dans un camp où il n'y en a aucun, c'est un bon signe, et le songeur fera de bonnes acquisitions et sera bientôt marié, s'il ne l'est, et aura des enfants bons et obéissants.

« Songer de voir un puits dont l'eau regorge, cela prédit la perte des biens, la mort des femmes et enfants ; et si la femme songe telle chose, cela lui dénote sa mort ou la perte de son bien.

« Songer qu'on voit un petit étang, signifie qu'on jouira par amour d'une belle femme, et tout de même, si la femme songe, elle obtiendra l'objet de ses désirs...

« Si quelqu'un songe qu'il a porté de l'eau dans un vêtement ou dans un linge ou autre chose, ou même dans un vaisseau cassé où elle ne pouvoit tenir, cela lui dénote perte et dommage, et qu'il sera trompé par ceux auxquels il aura confié ses biens et ses richesses, ou bien qu'il sera volé par ses domestiques. »

Le même onéiromancien nous dira ce que c'est que de rêver feu[1] :

« Lorsqu'on songe du feu, cela signifie l'issue de la colère, et ordinairement ceux qui songent au feu sont prompts, colériques et furieux.

Curieux de l'amour et de la fortune, par Wulson de la Columbière, p. 25.

[1] Même ouvrage, p. 17.

« Un homme qui songe se voir bruler au feu, cela lui présage une violente fièvre.

« Celui qui songe voir, en son foyer, du feu modéré sans fumée ni pétillement d'étincelles, cela signifie que celui qui a fait le songe est en parfaite santé et qu'il est porté au bien et à la raison.

« Au contraire, lorsqu'on songe de voir un grand feu plein de fumée et étincelant, cela signifie colère et querelle, qui doit bientôt arriver à celui qui aura songé, ou quelques mauvaises nouvelles.

« Lorsqu'on songe de voir le feu éteint, cela signifie indigence, nécessité, mauvaise fortune et faute d'argent. Que si quelque malade songe le feu être éteint, cela lui présage sa mort.

« Quand l'on songe de voir une chandelle allumée claire et luisante sur une table, ou sur un cabinet, cela signifie chose bonne, et au malade, cela annonce santé et convalescence. Que si celui qui songe n'est marié, cela dénote qu'il le sera bientôt; qu'il réussira et profitera à ses entreprises, et qu'il y aura honneur: tout de même en est-il d'une lanterne et d'un flambeau, qui seront luisants. »

Passons maintenant au chapitre des bêtes à quatre pieds :

« Si l'on songe voir un lion, cela signifie qu'on parlera au roy, ou à quelque grand capitaine ou autre vaillant guerrier...

« Si l'on songe voir un éléphant, cela signifie crainte et péril selon Artémidore, et selon Apomazar il dénote l'homme riche; car il dit que si quelqu'un songe être porté par un éléphant, il jouira des biens de quelque prince ou grand seigneur : et tout au contraire Artémidore dit avoir connu en Italie une femme riche et saine qui avoit songé qu'elle étoit montée sur un éléphant et que bientôt elle mourut...

« Si l'on songe d'avoir vu un ours, cela signifie un ennemi riche et puissant, malhabile, cruel et audacieux...

« Les pourceaux dénotent les paresseux et les personnes oisives qui vivent sans rien faire, et qui durant leur sale oisiveté ne songent qu'à ravir le bien d'autrui pour en vivre à leur aise; ils dénotent aussi les avaricieux qui ne servent de rien au monde durant leur vie et qui profitent après leur mort à leurs héritiers.

« Si un roi songe qu'on lui a amené plusieurs chiens de divers païs, cela signifie qu'il enrôlera plusieurs gens de guerre pour aller contre ses ennemis; car, aux songes des rois, les Indiens et les Perses ont toujours pris le chien pour un gendarme. »

Wulson de la Colombière consacre aussi un chapitre à l'animal raisonnable et à ses parties [1] :

« Si un homme songe être gros d'enfant, cela signifie richesse, gain et profit...

« Voir les cheveux mêlés, signifie ennuy et douleur et parfois injures et querelles...

« Si quelqu'un songe que son nez est devenu si grand qu'il en est difforme et hideux à voir, il vivra en

[1] *Traité des Songes*, etc., p. 62.

postérité et en abondance, mais il ne sera pas aimé du peuple...

« Si quelqu'un songe d'avoir le nez bouché en sorte qu'il ne sent plus rien ; si c'est un roi, il est en danger éminent de la part de celui qui a plus d'autorité de sa personne...

« Si quelqu'un songe avoir la bouche plus grande qu'à l'ordinaire, sa maison s'enrichira et deviendra plus opulente qu'auparavant.

« Si quelqu'un songe d'avoir des cornes à la tête, signifie domination, grandeur, royaume...

« Si une femme songe avoir plusieurs mamelles, c'est le nombre d'autant d'adultères. »

Écoutons l'oracle de l'onéirocritie, le docte Achmet Apomazar [1].

« Tout ce qui est compris dans le ventre, signifie richesse, et tout ce qui est mis hors, signifie perte de richesses.

« Si quelqu'un songe avoir uriné, il despendra de l'argent en ses plaisirs.

« Si quelqu'un songe avoir uriné sur ses habits, et que cela a été aperceu par d'autres, il sera surpris en paillardise.

« Si quelqu'un songe avoir uriné dans quelque vaisseau, si ledit vaisseau est sien, il s'essayera d'avoir

---

[1] *Des Significations et Événements des songes*, traduit du grec en latin par J. Leunclavius et mis en françois (par Denys Duval). Lyon. Ben. Rigaud, 1581, in-16, p. 55.

lignée avec sa femme : s'il n'est pas sien, il aura affaire à une autre femme que la sienne.

« S'il luy est advis qu'il a fait son urine estant contraint et pressé, on luy demandera conte des biens qu'il a amassés injustement et sera fort affligé.

« Si quelqu'un songe qu'il urine du sang sur la superficie de la terre, il fera de grands despens à cause des femmes, et aura liesse ; car la terre est prise pour la femme.

« Si quelqu'un songe qu'il a bu son urine, il fera des despens pour ses propres affaires, et derechef recouvrira impudemment tous ses dépens...

« Si quelqu'un songe que, par sentence de celuy qui a puissance [1], il a esté pendu par force, il sera en dignité selon la hauteur qu'on l'aura eslevé pour le pendre.

« Si celuy qui a fait tel songe est malade, ou en affliction, il sera par force délivré de ses maux, et à la fin aura matière de joie.

« Semblablement, si quelqu'un songe qu'il condamne quelque autre a estre pendu; s'il est roy ou prince du peuple, premièrement il se courroucera contre celui qui est condamné ; mais, par après, il le mettra en honneur et dignité : lequel, ayant été ainsi honoré, commettra péché envers Dieu.

« Si quelqu'un songe avoir mangé de la chair d'un pendu, il sera enrichi par quelque grand personnage,

Des Significations et Évenements des songes, p. 63.

mais non sans péché, et ce, selon la quantité de chair qu'il a songé avoir mangé...

« Si quelqu'un songe avoir emporté de la fiante d'homme[1], il gaignera de l'or ; mais il sera infame, à raison de la puanteur de la chose qu'il a songé avoir trouvé.

« S'il songe qu'ayant ses vestements souillez de ladite fiante, il s'est trouvé en la présence de quelques-uns, il gagnera les biens d'autruy, et sera surpris en son forfait.

« S'il songe avoir mangé de la fiante d'homme, il gaignera meschamment, et en querellant, le bien de son ennemi.

« S'il songe avoir mangé de la fiante de cheval ou bœuf, le gain en sera plus grand et le péché moindre.

« Si quelqu'un songe qu'il a fait ses affaires dans une selle à lui appartenante, il fera despenses en sa maison : car la selle est le lieu de ses despenses. Et si son excrément est sec, la despense ne sera pas grande ; s'il est humide, elle sera grande.

« Si quelqu'un songe qu'il a fait ses affaires en une selle qui ne luy appartient, il fera despenses à l'endroit de quelque étranger.....

« Si quelqu'un songe qu'il vuide par le fondement du sang ou de l'eau, le dommage en sera plus grand.

« Si quelqu'un songe qu'il vuide des choses qui ont la forme de légumes, il sera délivré de ses maux.....

---

[1] *Des Significations et Événements des songes*, p. 73.

« S'il a vuidé des vers, il perdra quelqu'un de sa famille.....

« Si quelqu'un songe avoir uriné du sang, il aura lignée qui luy apportera infamie et opprobre.....

« S'il luy est advis qu'il a uriné dans un vaisseau de verre, s'il est roy, il perdra accointance et aura affaire avec une femme indigne de soy et l'engrossera; mais l'enfant mourra devant l'accouchement.....

« S'il luy est advis qu'il a trouvé une fosse pleine de fiante où il a choppé, il sera trompé par larrons et calomniateurs.

« S'il lui semble estre chut en icelle fosse, et y avoir du tout plongé, il sera accablé par leurs amorces et allechements. »

Voici quelques songes bizarres, interprétés par les onéirocrites arabes [1] :

« Le bain signifie du soucy et de l'inquiétude à proportion de la grandeur de sa chaleur, et pour l'ordinaire cela viendra des femmes et ne durera guères, parce que l'on ne demeure pas longtemps dans le bain.

« Si quelqu'un songe qu'il se frote de quelque onguent dépilatoire dans le bain, et que le poil luy en tombe, le songe est bon, s'il est en desplaisir ou en crainte, ou en soucy, ou accablé de debte ou malade; car il sera délivré de tout cela. S'il n'est pas en tel estat,

---

[1] *L'Oneirocrite musulman*, traduit par Pierre Vattier sur le manuscrit arabe. Paris, Jolly, 1664, in-12, p. 55.

ny engagé en aucun de ces maux, ses affaires changeront, ou son bien se diminuera.

« Quand le dépilatoire se rencontre dans le songe, il faut laisser là le bain et interpreter le dépilatoire, car il a plus de force.

« Et de mesme ailleurs, quand il se rencontrera dans le songe deux choses de contraire signification, il faut interpreter la plus forte et laisser la plus foible. Le bain signifie le soucy, et le dépilatoire signifie la délivrance du soucy; mais l'interprétation du dépilatoire prévault à celle du bain...

« Si quelqu'un songe qu'il luy vient du poil au visage et aux joues, ou ailleurs, où il n'a pas accoustumé d'en venir, cela signifie des debtes dont il sera chargé et qui lui donneront beaucoup de peine et de tourment.

« Quant au poil qui se rase aux aisselles et au pénil, sa diminution signifie augmentation de foy et de dévotion; quelquefois aussi l'augmentation du poil du pénil signifie une charge où il ne s'agit point de religion.

« Le poil du reste du corps signifie l'argent de l'homme, s'il en a, ou bien sa marchandise et ses terres; si bien que ce qu'il y voit d'augmentation ou de diminution s'entend de cela.....

« Si quelqu'un songe qu'il mange de sa propre cervelle, il vivra à ses propres despens; s'il songe qu'il mange de la cervelle de quelque autre, soit d'un homme ou d'un autre animal, il vivra de ce que cet autre gaignera. La chair humaine, quelle qu'elle soit, signifie de l'argent, quand elle est bouillie et rostie; mais quand est crue, c'est méfiance contre celuy à qui elle est.

« L'oreille signifie la femme ou la fille de l'homme. Si quelqu'un songe qu'il perd une oreille, il répudiera sa femme, ou bien elle mourra, ou bien il mariera sa fille. S'il songe qu'il a une oreille plus grande que l'autre, il arrivera du bien à sa femme ou à sa fille. »

Au reste, ne songe pas qui veut, comme dit le proverbe. On croyait que quelques êtres avaient le privilége de faire des rêves sous l'influence de l'astre qui avait présidé à leur naissance, en passant dans la neuvième Maison du ciel, qu'on appelait quelquefois la *Maison des songes :*

« S'il se rencontre, dit le curé Belot[1], en la Maison des songes, qui est la neufiesme, *Fortuna major*, qui a pour signe *Aquarius*, maison de Saturne, en la première par nos points sera *Rubens*, qui nous présente *Gemini*, séjour premier de Mercure en la troisième *via*, ou Cancer, l'unique maison de la Lune : le tout dénote l'homme mercurialiste, d'une grande taille, un poil plus noir que chastaigné, les yeux roux et hagarts, enfoncez en la teste, une couleur plombée, les mains longues et maigres, qui renverse ses doigts en derrière et esleve les tubercules ou montagnettes, fait paroitre ces veines et lignes faisant cette action, lesquelles sont estroittes et livides : donc il faut tirer par conséquent que ces songes ne sont

---

Œuvres, p 79

que des trésors cachés, fleuves d'or, que travail, que recherches de minéraux, qu'il ne voit que choses sortir des mines d'or et d'argent... »

Quand la loterie existait, il était tout simple qu'on demandât aux songes le moyen de faire fortune. On avait, en conséquence, fait correspondre les numéros aux sujets des rêves. Voici quelques-uns des plus étranges [1] :

48. Abattis de volaille.
7. Absynthe.
24. Agathe arborisée.
13. Alun de roche.
63. Amant fidèle.
72. Anglois.
70. Angloise.
11. Bac : le passer à cheval.
90. Bitume ou goudron.
67. Blanchisseuse.
57. Cigognes, bandes de cigognes.
80. Citerne.
90. Claie à punaises.
9. Cul ou culotte.
81. Engourdissement quelconque.
9. Enjamber des fossés.
20. Frétillement quelconque.
58. Forme de cordonnier.
28. Hanneton, ou une quantité.

[1] *L'Oniroscopie, ou Application des songes et rêves aux numéros de la Loterie.* Paris, Desnos, sans date (vers 1785), in-16.

52. Harengs quelconques.
51. Jardinière.
57. Jansénistes.
59. Jésuites.
46. Juif ou des juifs.
3 et 60. Lunettes, de quelque espèce que ce soit.
80. Pousse-cul ou bande de pousse-cul.
32. Tonsure.
35. Torche-cul.

Art de rêver.

Le fameux Cardan[1] croyait avoir découvert ce qui fait les songes joyeux et tristes :

« Ainsi le cerveau de la poule, dit-il, aide l'entendement et la mémoire, en sorte qu'elle a fait retourner aucuns en leur bon sens, qui avoient jà commencé de foller et n'user plus de raison. Mais, outre ces choses, la mélisse donne une qualité d'esprit et rend l'homme joyeux, en chassant dehors chagrin et riote. Semblablement, mangée après le repas, elle faict les songes joyeux, comme les choux les rendent tristes, comme les phaséoles les rendent turbulents ; les aulx et les oignons les font terribles. De ce vient l'opinion d'aucunes femmes qui sont dites *Lasniæ* (on peut les appeler fées), lesquelles, nourries du suc de pavot noir, dit opium, de chastagnes, fèves, ognons, choux, et de

---

[1] *Les Livres de Cardan*, souvent cités, p. 434

phaséoles, semblent, en songeant, voler en diverses et plusieurs régions, et illec estre tourmentées en diverses manières, selon la température de chacune. »

Cardan nous fait connaître l'*onguent* auquel les fées (*Lamiæ*) étaient redevables de leurs songes :

« Elles sont aidées contre tel songe d'un onguent dont elles s'oignent tout le corps. Cet onguent, comme on estime, est composé de la gresse de petits enfans, tirée hors et prise aux sépulchres, du suc de percil et de réagal; aussi, du noir faict de l'herbe quintefueille, dicte pentaphyllas. C'est chose incrédible combien et quantes choses ces femmes se persuadent voir : aucunes fois choses joyeuses, théatres, jardins, pescheries, vestements, ornements, danses, beaux jeunes enfans, et se coucher avec ceux de telle gerre qu'elles désirent; elles pensent voir les rois, les magistrats avec leurs satellites, toute gloire et pompe du genre humain, et autres plusieurs choses excellentes, comme l'on voit aux peintures, plus grandes que Nature ne peut faire ne donner; au contraire, quelquefois elles pensent voir choses tristes, corbeaux, prisons, déserts, tourmens. Et ceci n'est de merveille, quoiqu'il soit vénéfique, car on peut le réduire aux causes naturelles.

« Certainement j'ay souvent expérimenté l'onguent, qui est appelé *populeum* pour les branches de peuplier, appliqué aux artères des pieds et des mains (et est, selon aucuns, appliqué sur le foye et aux artères des temples), provoquer le dormir et monstrer songes joyeux en la plus grande partie de ces choses, pource que le suc des branches et fueilles nouvelles du peuplier réjouit l'esprit et démonstre quelques images représentées par sa clarté et couleur ; car il n'est aucune couleur plus délectable que la verde [1]. »

Cardan dit aussi « comment sont guéris ceux qui se lèvent en songeant, » c'est-à-dire les somnambules :

« Aucuns récitent que les dents d'un cheval non chastré, pendues au col ou au bras dextre, guarissent ceux qui ont coustume de voir mauvais songes. Et ceux qui se lèvent pour tels songes en dormant sont délivrés du mal en ostant la cause. Je suis d'advis que l'on ait grand soing du dormir, lequel, jaçoit qu'il est nécessaire à la santé de l'homme, occupe la troisième partie de la vie... Les songes terribles souvent précèdent ou ensuyvent grandes calamités. Comme s'ils viennent pour cause de la mémoire, l'infortune a précédé : s'ils sont faits pour cause des humeurs, ils signifient la mort ou grieve maladie : car la cause est au corps. Et si les songes viennent par l'influence des astres, ils signifieront prisons, injures, bannissements et périls de corps. Car la signification de l'impression est cause imprimante, et la signification ou chose signifiée est en l'homme. Si les choses adviennent de l'esprit, ils sont excitez par consens, et pour ce, ils signifient la mort d'une personne chérie et aimée [2]. »

Voici une théorie bizarre des songes :

---

[1] *Les Livres de Cardan*, p. 434, v°.
[2] *Ibid.*, p. 435, f°.

« De cecy il appert pourquoy c'est un signe mortifère aux malades, s'ils voient les morts avec radotement et reverie ; car il est patent que l'imagination est tant grande, que l'esprit transporté à l'œil retient l'espèce qu'il avoit conceue de l'imagination. Et ce peut advenir, sinon par songe, quand les sens reposent, ou par les sens trop débilitez : pour cause de la maladie, ou pour trop grande cogitation et force d'imaginer... Voicy un argument de la présente narration que les hommes, fort rarement ou jamais, n'ont de visions, pour ce qu'ils imaginent telles choses trépides pour cause de la crainte ; car, coustumièrement la crainte nous rend les imaginations fermes par les autres affections : après l'amour ce faict. Pourtant, ce sont les priviléges premièrement de ceux qui craignent, puis de ceux qui aiment. Les anthropophages, hommes très-forts, voient les monstres de nuict. C'est le vice et la faute des régions et de vaine crédulité, veu que les autres qui ne mangent les hommes voient mesmement tels monstres et visions nocturnes. Les Scytiens aussi sont forts, et de nature et d'institutions, et ausquels c'est sacrifice de tuer les hommes, ne voient morts ni lougaroux. Semblablement les latrons ne les voient ; car tels maux ne semblent estre tels par nature, veu qu'aucuns poissons mangent les autres de leur genre, mesmement les rats et autres betes, et ce par les droits des gentils [1]. »

[1] *Les Livres de Cardan*, p. 457, v°.

Pierre Mora[1] donne une recette « pour voir des songes vrais et qui tiennent lieu de révélation sur les affaires dont on est en peine de savoir quel en sera l'événement : »

« Mettez dans une espèce de bandeau le pentacule du samedy ou quelques autres faites sous les auspices de Saturne, ajoutez-y de la vervaine, et vous appliquerez ce bandeau sur votre front et le lierez modérément avec ses attaches, ensuite vous metterez une petite branche de laurier sous le chevet du lit où vous devez dormir, et, en vous couchant, vous direz l'oraison suivante aux intentions que vous aurez au sujet des révélations.

ORAISON.

« *Deus deorum, Dominus temporis, magister intelligentiarum, semen profunditatis, autor altissimarum, et volo ut nullum nisi ab influentia tua cupias,* » etc.

« Pour les garçons qui voudront connaître en songe la femme qu'ils épouseront[2] :

« Il faut qu'ils ayent du corail pulvérisé et de la fine poudre d'aiman, qu'ils délayeront ensemble avec le sang d'un pigeon blanc, et ils en feront une paste qu'ils enfermeront dans une large figue après l'avoir enveloppée dans du taffetas bleu, le penderont au col

---

[1] *Zekerboni*, par Pierre Mora, ms. de la Bibl. de l'Arsenal, n° 73, p. 127.

[2] Même ouvrage, p. 131.

et en se couchant mettront sous leur chevet le pentacule du samedy, en disant une oraison spéciale. »

Un anonyme donne les recettes suivantes « pour rêver que l'on voit des femmes toutes nues, et particulièrement telle ou telle femme que l'on connait et dont on a vu des portraits [1]. »

« Première recette. Prenez demie-once de priape de cerf ou plutôt de nature de biche calcinée, trois onces de crâne de loup aussi calciné, une once de terre sigillée et deux dragmes de bol d'Arménie, de la noix muscade et de la racine de grande consoude, trois dragmes de tragacanthe, avec une demie-dragme de sel de nitre. Mêlez le tout et pulvérisez-le bien dans un mortier. *Manière de s'en servir.* Il faut ou s'en saupoudrer le sommet de la tête ou le distribuer en saquets d'une-demie once. »

« Deuxième recette. Prenez la poudre de la recette précédente et joignez-y un égal poids de graisse d'ours femelle et cinq onces d'huile de baleine. Faites bouillir le tout pendant un demi-quart d'heure et versez-le dans un vase de verre que vous laisserez exposé au soleil pendant quarante jours d'été. *Manière de s'en servir.* Frottez-vous de cet onguent la plante des pieds, le creux de l'estomac, le nombril et la nuque du col. »

Le même auteur nous révèle un beau secret, « pour

---

[1] *L'Art de se rendre heureux par les songes, c'est-à-dire en se procurant telle espèce de songes que l'on voudra.* Francfort et Leipsic, 1746, in-12, p. 157.

rêver qu'on couche avec une femme et qu'on en obtient les dernières faveurs [1] : »

« Prenez deux onces de racine de scammonée et de camomille romaine calcinées, trois onces d'arrettes de morues et d'écailles de tortues aussi calcinées. Mêlez le tout dans cinq onces de graisse de castor mâle, et ajoutez-y deux onces d'huile de fleurs de scammonée bleue, cueillies le matin dans les premiers jours du printemps. Faites bouillir cette composition avec une once de miel et six dragmes de rosée recueillie sur la fleur de pavot. Vous pouvez à cet onguent ajouter une sixième partie d'opium, et après l'avoir versé dans une bouteille de verre qu'il faudra ensuite sceller hermétiquement, vous le laisserez exposé au soleil pendant deux grands mois d'été, au bout duquel temps vous serrerez la bouteille dans un caveau frais et vous la laisserez tout l'hiver enfoncée dans du sable ; vous l'en retirez au printemps et vous casserez la bouteille pour en retirer l'onguent que vous garderez dans un pot de grais pour votre usage. Il n'est pas mal d'en faire plusieurs bouteilles à la fois ; c'est le précieux onguent auquel j'ai dû mon repos, ma tranquillité, mon innocence, et tout le système ou l'art nouveau de félicité, dont j'ai le bonheur de pouvoir faire présent au genre humain. »

Cardan [2] parle d'un état de veille qui approche du sommeil et donne des visions analogues aux rêves :

---

[1] *L'Art de se rendre heureux par les songes*, etc., p. 161.
[2] *Les Livres de Cardan*, p. 455, v°.

« Le second genre de veillance est, dit-il, auquel la seule opération est blessée et le vertu de l'esprit demeure : et croy cecy estre de telle sorte que j'ay souvenance m'estre advenu par trois ans continuellement. Cecy m'advint depuis quatre jusqu'à sept ans et tousjours depuis la seconde heure du jour jusqu'à la quatrième, où, si plus tard je me levois ou je m'esveillois, je pensois voir quelques figures depuis le bas du lit, faites comme de petits anneaux de cuivre, lesquelles estoient des arbres, bestes brutes, hommes, des villes, des gendarmeries en bataille, d'instruments de guerre et de bataille, et d'autres choses telles qui descendoient et montoient les unes après les autres. Et entendu que je me délectois grandement de ces visions comme estant petit enfant et que je les regardois attentivement, Claire, ma mère, et Marguerite, ma sœur, m'interrogoient diligemment, si je ne voyois pas quelque chose. Quant à moy, néanmoins que je fusse petit enfant, je sçavois bien que c'estoit quelque ostentation prodigieuse : pour ce, j'asseurois ne voir aucune chose, craignant que, si je le révélois, ceste vision ne me laissast ou qu'il ne m'advînt quelque mal pour avoir révélé tel secret. »

Songes curieux.

Paul Jove[1] raconte que :

[1] En la *Vie de Sforce*, cité par Goulart dans son *Thrésor d'histoires admirables*.

« Le grand Sforce, renommé chef de guerre en Italie, un jour devant que partir d'Orthone, pour aller contre les ennemis qui assiégeoyent Aquile, songea, un peu devant jour, qu'il estoit tombé au fond d'une rivière où il se trouvoit en extreme danger, et qu'il voyoit un grand homme comme on peint saint Christophe, auquel il crioit à l'aide, sans effet toutesfois. Il se resveille, et montant à cheval au passage de la Pesquaire, rivière jadis nommée Alterne, voulant rescourre le page qui portoit son casque et estoit tombé dans l'eau, en lui tendant la main, son cheval erfondra dans la vase et le renversa tout armé dedans la rivière, où il fut noyé sans pouvoir être rescous. »

On lit dans une *Histoire de Charles IX*, que cite Simon Goulart, sans en nommer l'auteur :

« Louys de Bourbon, prince de Condé, estant couché, la veille de la bataille de Dreux, et devisant avec quelques gentilshommes restez en sa chambre, dit au ministre qui avoit fait la prière : « Je sçay qu'il ne
« faut point s'arrester aux songes; mais si faut-il que
« je vous die ce que j'ay songé la nuict passée. Il me
« sembloit que j'avois donné trois batailles l'une après
« l'autre, obtenant finalement la victoire, et voyant
« nos trois ennemis morts, mais que j'estois blessé à
« mort, tellement toutesfois que les ayant tous trois
« fait mettre morts les uns sur les autres, et moy par
« dessus, j'avois ainsy rendu l'esprit à Dieu. » Sur la réponse qui luy fut faicte, que les pensées qui occupoient lors son esprit pouvoyent avoir causé ce songe;

qu'au reste, vivant ou mourant, il ne pouvoit faillir de demeurer victorieux, il dit ces mots : « Ainsi soit-il! » Tant y a que l'effect semble avoir vérifié cette vision ; car ses trois ennemis furent entassez l'un sur l'autre, à sçavoir le mareschal de Sainct-André le lendemain, le duc de Guise devant Orléans, le connestable à la bataille Sainct-Denis, et luy sur eux tué de sang-froid à la bataille de Bassac. »

D'après le docte médecin Louis Guyon [1] :

« Le roy Henri III, trois jours avant qu'estre tué à Saint-Cloud, par Jacques Clément, Jacopin, le premier jour d'aoust 1589, avoit veu en songeant tous les ornements royaux, comme camisoles, sandales, tuniques, dalmatiques, manteau de satin azuré, la grande et petite couronne, le sceptre et la main de justice, l'espée et les esperons dorez, tout ensanglantez et foulez aux pieds par des moines et du petit peuple, et qu'il s'en estoit aprement courroucé contre le secrétaire de l'abbaye de Saint-Denis. Combien qu'on luy eut donné avis sur ce songe de se tenir sur ses gardes, si est que comme chose forcée du ciel, ce sembloit, ne put éviter qu'il ne fust tué, quelque bonne garde qu'on fît autour de lui. »

Un onéiropole nous fait connaître ce songe bizarre [2] :

« 1. Louis XIV étant à Marly et s'étant endormi dans son carrosse, il lui sembloit qu'il voioit le ciel

---

[1] En ses Diverses Leçons, liv. II, ch. xxiv.
[2] *Remarques sur plusieurs songes de personnes de qualité*, etc. Amsterdam, Jacq. le Jeune, 1690, in-12, p. 1.

tout en feu, et la terre couverte d'une épaisse fumée.

« 2. Tout cela s'étant dissipé, il vint une nombreuse armée, sous la figure de maréchaux ferrants. Celui qui les commandoit étoit habillé, moitié gris, moitié vert ; son casque étoit moitié d'or, moitié fer, sa cuirasse de cuivre, ses bottes de métal, et son sabre de bois. Il crioit à haute voix : « C'est maintenant le « temps de combattre, et l'heure est venue que celui « qui ne combatra point périra. »

« 3. Et on sentit un furieux tremblement de terre, et toute cette multitude ayant été engloutie, on vit une belle forêt pleine de cerfs, de loups et autres bêtes sauvages. Le roi, croiant estre environné de ses chasseurs, cria : « Tirez, tuez, la chasse est bonne. »

« Une récompense de vingt mille pistoles étoit promise à celui qui expliqueroit ce songe. »

L'astrologue J. B. Morin, la veille du jour où il obtint l'abbaye de Royaumont, vit en songe un abbé qui lui donnait quantité de livres d'église [1].

Simon Goulart [2] rapporte encore cette histoire, d'après P. Bizarre [3] :

« Ambroise Grimani, Genevois, estant en garnison dedans l'isle et ville de Chio, l'an 1431, où il se portoit fidèlement et vaillamment, dormant profondément un soir, eut la vision suivante : Avis lui fut qu'un fort

---

[1] *La Vie de maistre Morin*, déjà citée.
[2] *Thrésor des histoires admirables*, t. I, p. 376.
[3] *Histoires et annales de la république de Gênes*, p. 787, 788.

grand et gros serpent venoit droict à lui, les yeux estincellans et la gueule ouverte, pour l'engloutir. Effrayé d'un tel spectacle, il s'esveille en sursaut, et en grand trouble d'esprit examine ce songe, dont il fait le recit le lendemain à quelques amis, aucuns desquels lui conseillèrent de s'abstenir de là en avant d'aller aux escarmouches, et de quitter la guerre, estimans que ce monstre le menaçoit de mort violente. Lui résolut de les croire. Quelque temps après, les soldats et habitants du lieu, provoquez par l'ennemi, firent une sortie. Grimani, se souvenant de la vision, suit de loin au petit pas les autres seulement pour voir la meslée et juger des coups, et, pour n'estre aucunement en danger, se cache derrière une muraille espaisse. Mais, entendant les cris des combatans, il ne put se contenir d'avancer la teste, et de regarder par un trou de ceste muraille. A l'instant un boulet de canon donne droit à ceste couverture, et emporte à Grimani la teste de dessus les espaules, le corps tombant de l'autre costé. »

D'après Bartelemi de Bologne [1], cité par Goulart :

« Antoine Urceus, la nuict dernière de sa vie, estant couché, pensa voir un fort grand homme, lequel avoit la teste rase, la barbe pendante jusques en terre, les yeux estincellans, deux flambeaux ès mains, se herissant depuis les pieds jusques à la teste; auquel Antoine demanda : « Qui es-tu, qui seul en équipage de furie

---

[1] *Vie d'Antoine Urceus.*
[2] *Thrésor des histoires admirables*, t. I, p. 530.

« te promènes ainsi hors heure, et quand chacun re-
« pose? Di-moy, que cherches-tu? Où prétens-tu? »
En disant cela, Antonie se jette en bas du lict pour
se sauver arrière de ce visiteur, et mourut misérablement le lendemain. »

Jean Funger de Leovarde[1] raconte ce qui suit :

« Un jeune homme de Dordrecht, en Holande, ayant
mangé tout son patrimoine, et fait encore force debtes,
ne sçavoit plus de quel costé se tourner. En ces alte-
res, s'estant endormi une nuit, avis lui fut que certain homme le conseilloit d'aller à Kempen, ville
eslougnée de là ; que sur le pont d'icelle il trouveroit
un personnage, lequel lui descouvriroit le moyen de
se desveloper des difficultez esquelles il se trouvoit embarrassé. Ce misérable exécute tel conseil, se rend à
Kempen, où, ayant employé presque tout le jour à se
promener, fort pensif, sur ce pont, avint qu'un men-
diant, assis là pour requérir l'ausmone des passans,
l'apelle, et lui dit : « Je vous prie, ne me celez point
« la cause de vostre ennui ? » Après quelques propos, le
jeune homme lui déclare franchement qui l'avoit
amené là, adjoustant qu'il y attendoit le secours extraordinaire de Dieu, pour le soulagement de son extreme nécessité. « Et comment, dit le gueux, avez-vous
« si peu de sens, que d'estre venu si loin à l'appétit
« d'un songe ridicule et vain au possible? S'il faloit

---

[1] En son *Etymologicon latino-græcum*, article *Somnus*,
p. 1110 et 1111, cité par Goulart, *Thrésor des histoires admirables*, t. III, p. 366.

« faire estat de telles balivernes, je pourrois m'en aller
« à Dordrecht, pour trouver, en un jardin qui m'a esté
« marqué en songe, certain thrésor caché sous un
« esglantier. » Sur ce, il adjouste d'autres circonstances par lesquelles le jeune homme comprit que c'estoit le jardin de son feu père. Pourtant, sans faire semblant qu'il prinst garde à tel propos, il quitta doucement l'autre; puis retourna à Dordrecht, se transporte dextrement au jardin mentionné, fouille sous l'esglantier, et y trouve si grande somme d'or et d'argent, qu'il s'acquitte nettement de toutes ses debtes, accommode si bien ses affaires, qu'il vescut paix et aise tout le reste de ses jours. »

Dom Calmet[1] a recueilli d'autres songes curieux :

« Un sçavant de Dijon, après s'etre fatigué tout le jour sur un endroit important d'un poëte grec sans y pouvoir rien comprendre, se couche tout rempli de sa difficulté. Durant son sommeil, son génie le transporte en esprit à Stockholm, l'introduit dans le palais de la reine Christine, le conduit dans la Bibliothèque et lui montre un petit volume qui étoit précisément celui qu'il cherchoit; il l'ouvre, et y lit dix ou douze vers grecs qui levoient absolument la difficulté qui l'avoit arrêté si longtemps; il s'éveille, et met sur le papier les vers qu'il a vus à Stockholm. Le lendemain, il écrit à M. Descartes, qui étoit alors en Suède, et le prie de voir dans tel endroit et dans un tel tremeau

---

[1] *Traité sur les apparitions des esprits*, t. I, p. 263.

de la Bibliothèque si le livre dont il lui envoie la description s'y trouve, et si les vers grecs qu'il lui envoie s'y lisent. M. Descartes lui répondit qu'il avoit trouvé le livre en question et les vers qu'il lui avoit envoyés, à l'endroit par lui indiqué ; qu'un de ses amis lui avoit promis un exemplaire de cet ouvrage, et qu'il le lui enverroit par la première commodité [1]. »

« Gassendy, dans la *Vie de M. Peiresch*, raconte que M. Peiresch, allant un jour à Nîmes avec un de ses amis, nommé M. Rainier, celui-ci, ayant ouï la nuit Peiresch qui parloit en dormant, l'éveilla et lui demanda ce qu'il disoit. Peiresch lui dit : « Je songeois « qu'étant à Nîmes, un orfèvre m'avoit présenté une « médaille de Jules César, qu'il me faisoit quatre écus; « et comme j'allois lui compter son argent, vous m'a- « vez éveillé, à mon grand regret. » Ils arrivèrent à Nîmes, et, allant par la ville, Peiresch reconnut l'orfèvre qu'il avoit vu en songe; et lui ayant demandé s'il n'avoit rien de curieux, il lui dit qu'il avoit une médaille d'or de Jules César. Peiresch lui demanda combien il l'estimoit; il répondit : « Quatre écus! » Peiresch les lui compta et fut ravi de voir son songe si heureusement accompli. »

« Un homme, qui ne sçavoit pas un mot de grec, vint trouver M. de Saumaise le père, qui étoit conseiller au parlement de Dijon, et lui montra ces mots qu'il avait ouïs la nuit en dormant et qu'il avoit écrits en

---

[1] *Suite du Comte de Cabalis*. La Haye, 1708, p. 55.

caractères françois à son réveil : *Apithi ouc osphrainé tén sén apsychian.* Il lui demanda ce que cela vouloit dire. M. de Saumaise lui dit : *Sauve-toi! Ne sens-tu pas la mort qui te menace?* Sur cet avis, l'homme déménagea et quitta sa maison, qui écroula la nuit suivante [1]. »

« On raconte la même histoire un peu différemment dans un auteur nouveau qui dit que la chose arriva à Paris [2]; que le génie parla syriaque, et que M. de Saumaise, consulté, répondit que ce qu'on avoit ouï signifioit : *Sors de ta maison, car elle tombera en ruine aujourdhui à neuf heures du soir.* »

ART DIVINATOIRE

Corneille Agrippa [3] parle assez mal des divinations, en général :

« Ce lieu requiert, dit-il, que je fasse aussi mention des autres espèces de devinations, lesquelles n'ont point tant d'égard aux choses célestes qu'à ces cho-

---

[1] Grot., *Epist.*, part. II, ep. 405.
[2] On prétend qu'elle est arrivée à Dijon dans la famille de MM. Surmin, où une tradition constante l'a perpétuée.
[3] *Paradoxe sur l'incertitude, vanité et abus des sciences,* traduit en françois du latin de Henry-Corn. Agrippa, s. n. 1605, in-12, p. 100.

ses basses et terrestres qui ont quelque ressemblance ou imitation des célestes et par icelles font leurs prédictions : afin que entendues icelles on puisse mieux cognoistre cest arbre astrologue, duquel sont produits tels points : et d'où est engendré ce monstre à plusieurs testes ainsy que le serpent de Lerne. Entre les arts divinatoires sont donques comptées la physionomie, métoposcopie, chiromantie, géomantie, la divination par les entrailles des animaux ou aruspicine, par l'observation des foudres et tonnerres, dite spéculaire, l'onirocritique ou interprétation de songes, et la fureur, oracles et prophéties des insensés. Tous lesquels artifices ne procèdent par aucune bonne ni asseurée doctrine et ne sont pourveus de raisons qui vaillent, mais enquièrent des choses secrettes, ou par adventure fortuites, ou par l'agitation de l'esprit, ou par quelques apparentes conjectures qui sont prinses des observations communes ou de longue main. Car ces arts prodigieux de deviner n'ont autre défense que l'expérience des choses qui adviennent et par icelle se despeschent des objections qu'on leur fait, quand ils promettent ou enseignent choses étranges hors de foy et de toute raison. Desquels il est ainsy parlé en la Loy : « Nul entre vous ne sera trouvé qui face passer son « fils ou sa fille par le feu, ny magicien usant d'art « magique, ny homme ayant regard au temps, et aux « oyseaux, ni sorcier ny enchanteur qui enchante, ny « homme demandant conseil aux esprits familiers, ny « devins, car Dieu a ces choses en abomination. »

« L'*Aëromantie*, dit P. de l'Ancre [1], est la divination de l'air : aussi bien, toutes les divinations sont en l'air et principalement celle-cy tirée d'Aristophane en ses *Nuées*. Or, si l'on considère et prend pour objets le tonnerre, la foudre, les oiseaux, et choses semblables, elle appartient à l'*augure;* si les aspects heureux ou malheureux des planètes, à l'*astrologie;* si certaines visions estranges de spectres forgez et représentez en l'air, comme cavaliers et armées en bataille, il la faut rapporter à la *tératoscopie*, qui rendoit des oracles dans un air conjuré, de laquelle fait mention Pictorius au 10ᵉ c. de son livre *de la Magie*. Or elle prédisoit l'avenir par des spectres ou fantômes qui apparoissent en l'air. Peucer dist que celuy qui s'en vouloit servir s'enveloppoit la teste de quelque nappe sur laquelle il mettoit un verre plein d'eau et barboutoit tout bas la chose demandée : si l'eau bouilloit quand il prononçoit ces mots, c'estoit signe que la demande estoit approuvée et confirmée. »

Belot [2] explique ainsi l'*Alectromantie* ou *divination du coq* :

« Il faut que celui qui veut sçavoir quelque chose, soit de vol, larrecin, ou le nom d'un successeur, ou le nom de quelqu'un pour autre chose, qu'il fasse sur une place bien unie un cerne qu'il divisera en autant de parties qu'il y a de lettres en l'alphabet; cela fait,

---

[1] *L'Incrédulité et mescréance du sortilége plainement convaincue*, p. 235. Paris, 1622.
[2] *Œuvres*, p. 177.

on prendra des grains de froment, les lesquels on posera sur chaque lettre, commençant à l'A et ainsi continuant, disant ce verset : *Ecce enim veritatem*, etc. Il faut noter que cecy doit se faire, lorsque la lune est au signe d'*aries* ou bien que le soleil y soit. Ce froment donc étant posé, tu prendras un jeune coq, ou cochet, tout blanc, auquel tu couperas les ongles, lesquels tu lui feras avaller avec un petit billet, où ces deux mots seront escrits, qui sera de parchemin d'agneau, qui sont טהיאלרבי, et, tenant ce petit coq, tu diras : *O Deus creator omnium, qui firmamentum pulchritudine stellarum formasti, constituens eas in signa et tempora, infunde virtutem tuam operibus nostris, ut per opus in eis consequamur effectum. Amen.* Cette oraison finie, mettant dans le cerne ledit coq, il faut dire ces deux vers des psalmes de David.: *Domine, dilexi decorem domus tuæ et locum habitationis tuæ; Domine Deus virtutum, converte nos et ostende faciem tuam, et salvi erimus...* Or ayant mis ce coq, il te faut prendre garde sur quelles lettres il mangera les grains de bled, et en remettre d'autres à raison que dans quelques noms et dictons il y faut deux ou trois fois une mesme lettre; ayant remarqué ou écrit sur du papier ces lettres, il les faut assembler, tu trouveras le nom de celui que désires sçavoir pour quelque chose que ce soit. »

L'empereur Valens eut recours à cette science pour connaître son successeur, les lettres furent *Théod.* Valens fit tuer tous ceux dont le nom commençoit par ces lettres, ce qui n'empêcha pas que Théodose le Grand fut son successeur.

P. de l'Ancre [1] donne encore le nom d'*Alectryomantie* à une divination où l'on ne voit pas de coq, mais des grains de froment : « Une petite fille, dit-il, jetoit dans un foyer des grains de blé, le premier pour janvier, le deuxième pour février, etc. Si le grain ne se consume pas, c'est signe qu'il tiendra son prix ; s'il se consume, c'est signe de grande cherté. »

L'*Alveromantie* ou *Aleuromantie*, selon P. de l'Ancre [2], « étoit une divination par l'orge et par la farine, desquels les devins se servoient ès sacrifices, ou bien pour faire des pains et gasteaux, ou bien pour espendre sur les victimes, ainsi que nous apprenons des poëtes latins, de Denis d'Alicarnasse et autres. Théodore Balsamon fait mention de certaines femmes, lesquelles avec de l'orge prédisoient tout ce qui estoit ignoré des autres.

« Un ancien manuscrit de Saint-Laurens de Liége, sur ce passage d'Horace : « Comme fugitif, je refuse le « gasteau de la main du prestre, » dict que quand les esclaves estoient soupçonnez de larcin on avoit accoustumé de les mener au prestre, qui bailloit à tous ceux qu'on lui menoit une crouste de pain enchantée, laquelle, leur demeurant à la gorge et comme se conglutinant au gozier, donnoit asseurance à leurs maistres qu'ils estoient coupables de ce crime. Le concile

---

[1] *L'Incrédulité et mescréance du sortilége*, etc., p. 235.
[2] *Ibid.*, p. 233.

d'Auxerre défend d'avoir égard aux sorts qui se font avec du pain. »

« L'*Alphitomantie*, c'est encore une divination par le froment, dit P. de l'Ancre [1]. En voici un exemple cité par Boissard [2] :

« Une jeune fille, de bonne et noble maison, désireuse de sçavoir lequel des deux qui la recherchoient seroit son mari, une vieille qui se mesloit de deviner lui conseilla de mendier ou quester un sol de quelqu'un, duquel elle acheta de la farine de froment, et d'icelle fit de la paste, de laquelle elle forma une eschelle à sept degrez, laquelle estant faicte et consacrée avec certaines paroles magiques, elle mit, la nuict ensuivant, sous son chevet de lict, et dormant elle songea qu'elle voyoit celui de ses serviteurs duquel elle désiroit le plus le mariage monter l'eschelle et estant tombé au troisième degré s'estre rompu le col, et qu'un autre suivit, qu'elle n'aimoit guère, lequel estant allé au-dessus du septiesme degré estoit parvenu jusques dans son lit. Or il advint, bientost après, que celuy qu'elle aimoit uniquement ayant prins la poste pour la venir demander à ses parents, estant tombé en chemin, s'estoit rompu le col, et qu'elle espousa l'autre maugré elle par le commandement de ses parents, lequel mariage fut très-infauste et malheureux. »

L'*Amniomancie* était une divination par la mem-

---

[1] *L'Incrédulité et mescréance du sortilége*, etc., p. 234.
[2] Au livre de *Divination*, ch. v.

brane amniotique qui enveloppe quelquefois la tête de l'enfant à sa naissance :

« Quelques enfants, dit l'abbé Thiers[1], viennent au monde avec une membrane ou pellicule qui leur couvre la tête et le visage, que l'on appelle du nom de *coëffe*, et que l'on croit être une marque de bonheur. Ce qui a donné lieu au proverbe françois, selon lequel on dit d'un homme heureux, qu'il est *né coëffé*.

« On a vu des avocats assez simples pour s'imaginer que cette coëffe pouvoit beaucoup contribuer à les rendre éloquents, pourvu qu'ils la portassent dans leur sein. Elius Lampridius en parle dans la Vie d'Antonin Diadumène et Maïolus, dans le deuxième entretien du supplément de ses Jours caniculaires, attribue cette simplicité aux avocats romains, et dit qu'ils achetoient bien cher cette coëffe dans la pensée qu'elle pourroit leur servir infiniment pour gagner les causes qu'ils plaideroient. *Causidici romani multa pecunia involucrum istud emebant, se illo ad causæ victoriam juvari multum arbitrantes.* »

Pour l'*Anagrammatisme*, « on tire quelquefois, dit P. de l'Ancre[2], un présage du sens présenté par un anagramme. Exemple : *Carolus Magnus* : Cumulans agros ; — *Carolus Quintus* : Qui clarus ratus ; — *Henricus* : Hinc vir est. »

L'*Astragalomantie* ou *Astragiromantie*, est, selon

---

[1] *Traité des Superstitions*, t. Ier, p. 367.
[2] *L'Incrédulité et mescréance du sortilége*, etc., déjà cité.

P. de l'Ancre [1], une « divination avec des petits bâtons, des dez, des osselets, des boulettes et petites tablettes écrits et jetez en haut. »

L'*Axinomantie* était une « divination par la hache ou cognée, dit P. de l'Ancre [2], laquelle ils fichoient dedans un pieu rond, et par le bransle ou mouvement qu'elle faisoit, ils jugeoient des larcins et autres crimes énormes. »

« Par ainsi, dit Bodin [3], ceux qui prennent la hache, et la mettent droit à plomb, en disant quelques paroles saintes ou psalmes, et puis nomment les noms de ceux desquels on se doute, pour découvrir quelque chose à la prolation de celuy qui est coupable : que la hache se mouve. »

La *Catoptromantie* était une divination au moyen d'un miroir. Elle se pratiquait de différentes manières. Ordinairement, des figures apparaissaient à un enfant qui avait les yeux bandés, dans un miroir qu'on lui présentait derrière la tête. Suivant P. de l'Ancre [4] : « Pythagore avoit un miroir d'acier bien net, dans lequel il escrivoit ce que bon luy sembloit, et le monstroit par après à la lune estant dans son plein, et fichant la pointe de sa vue sur icelle, il pouvoit lire tout ce qui estoit contenu dans le miroir, de même que s'il eust esté escrit dans la lune. Pendant la guerre

---

[1] *L'Incrédulité et mescréance du sortilége*, etc., p. 249.
[2] *Ibid.*
[3] *La Démonomanie des Sorciers.*
[4] Ouvrage déjà cité, p. 252.

du Milanois, un magicien apprenoit de cette manière aux Parisiens les principaux événements. »

La *Céphalomantie* est, dit P. de l'Ancre, une « divination qui se faisoit par la teste d'un asne, rostie sur les charbons ardents, avec quelques paroles marmottées au-dessus. » Si les mâchoires de cette tête d'âne se mouvaient sur la demande qu'on lui adressait, on en tirait des inductions plus ou moins raisonnables. Cette divination était fort usitée chez les Allemands juifs.

La *Clidomencie*, dit Belot[1], « se faisoit avec une clef, autour de laquelle on escrivoit le nom de celuy qui estoit soupçonné et suspect de larrecin, ou d'autre chose, laquelle clef estoit liée à un livre de l'Écriture sainte, et le tout estoit soustenu sur l'ongle du doigt du Soleil d'une fille vierge, qui tenoit le tout suspendu avec un filet qu'elle avoit filé exprès, et disoit bassement par trois fois ce verset : *Exurge, Domine, adjuva nos, et redime nos propter nomen sanctum tuum*; et ces choses faites, si cette clef et livre tournoient, on tenoit la chose véritable et commise par l'accusé ; s'il n'y avoit aucune volubilité, c'estoit son innocence. »

« Il nous faut aussi parler ici, dit Pierre d'Abanne[2], de la *Coscinomancie*, qui, à l'instigation du démon, nous apprend que, par le moyen d'un sas, on peut de-

---

[1] *Œuvres*, p. 178.
[2] *Éléments de Magie*, ms. de la Bibl. de l'Arsenal, S. A., n° 81, p. 178.

viner qui a commis tel crime, qui a fait tel vol, qu a fait telle blessure, ou enfin telle chose que ce puisse être. On suspend un sas à des ciseaux qui sont tenus par le doigt du milieu d'une main de chacun de deux des assistants, et la conjuration faite, qui consiste en six mots, que ny celuy qui les prononce ny les assistants ne comprennent point, lesquels sont : *dies, mies, jesquet, benedoe, fet, dowina*, quand l'on a prononcé le nom du coupable (car il faut nommer tous ceux que l'on soupçonne), ces six mots forcent le démon à faire sur-le-champ tourner de côté le sas, pour trahir par là le coupable et le faire connoître.

« Il y a environ trente ans, je me suis servi trois fois de ce genre de divination; la première fois à l'occasion d'un vol, la deuxième pour découvrir un envieux qui m'avoit brisé des filets à prendre des oiseaux, et la troisième pour découvrir qui avoit un chien à moy que j'aimois beaucoup. La chose m'a toujours réussi; mais cependant, je n'ay plus voulu me servir depuis de cette divination, craignant que le démon ne me dupast, et, en me séduisant de plus en plus par la découverte qu'il m'avoit fait de la vérité, contre sa nature, qui est d'être menteur, ne m'attirast dans ses filets. » On croyait cette espèce de divination plus sûre que les autres; aussi, suivant Érasme, disait-on comme en proverbe : *Deviner avec le sas.*

Pour la *Cromniomantie*, « on écrivoit sur des oignons, dit P. de l'Ancre[1], déposés sur l'autel, la

---

[1] *L'Incrédulité et mescréance du sortilège*, etc.

veille de Noël, le nom de celui dont on se vouloit enquérir; on remarquoit l'oignon germant le plus tost. »

« La *Dactilomencie*, dit Belot[1], se faisoit par des anneaux mis sur les ongles des doigts, composez le soleil estant au Lion et la lune aux Gémeaux, ou bien le soleil aux Gémeaux et la lune au Cancer, sa maison; et Mercure aussi aux Gémeaux; ou bien ils se faisoient, quand le soleil est au Sagittaire et la lune au Scorpion et Mercure au Lion : ils estoient faits d'or, d'argent, cuivre, fer, plomb. »

L'abbé Thiers[2] parle d'une « dactylomancie avec l'anneau sur le verre d'eau, de laquelle usoit une fameuse sorcière italienne à Paris, en 1562, en marmotant je ne sais quelles paroles, et devinoit parfois ce qu'on demandoit par ce moyen, et néanmoins, la plupart y étoient trompés... Joachim de Cambray, ajoute le même auteur, récite que Jérôme Maron, depuis qu'il fut chancelier de Milan, avoit un anneau parlant, ou plutôt un diable, qui enfin paya son maître et le fit chasser de son état. »

La *Daphnomantie* est une divination tirée du laurier. « Si le laurier pétille en brûlant, dit P. de l'Ancre[3], c'est un signal heureux. »

La *Géomancie* était une divination qui se faisait tantôt par terre en traçant des lignes ou cercles sur lesquels on croyait pouvoir lire ce qu'on voulait ap-

---

[1] *Œuvres*, p. 179.
[2] *Traité des Superstitions*, etc., t. Ier, p 219.
[3] *L'Incrédulité et mescréance du sortilége*, etc.

prendre; tantôt en traçant au hasard, par terre ou sur des matières à écrire, plusieurs points, sans garder aucun ordre : les figures formées ainsi servaient à fonder le jugement ; tantôt on observait les fentes et crevasses qui se produisent naturellement à la surface de la terre.

Nous donnerons seulement cet exemple de géomancie [1] :

« En laissant aller sa main au hasard, si l'on fait la figure de points suivante :

. .

. .

.

.

Fortune majeure est une figure du soleil, élevée dans le Lion. Elle est fort heureuse et signifie longue vie, gain, joye, consolation, justice, honneurs, esprit et richesses; elle signifie les rois, les princes, et autres grands seigneurs nobles, plutost séculiers qu'ecclésiastiques. Elle fait l'homme d'une mine haute et noble, les yeux noirs, pleins de feu, impérieux et majestueux; les manières grandes et nobles, les personnes libérales, magnifiques, aimant le faste, la grandeur et la magnificence, et qui sont habillées richement et proprement. La taille est médiocre, mais respectable. C'est une figure diurne, orientale, chaude et un peu sèche, masculine et fixe. Elle marque la grandeur, les grandes charges et emplois, avec fortune et richesses,

---

[1] *Le Nouveau Miroir de fortune, ou Abrégé de la Géomance*, par M. Colonne. Paris, A. Cailleau, 1726, in-8°.

le tout stable et sans changement. Elle conserve les biens acquis, et en donne d'autres par faveur de princes. Et à ceux-ci elle promet augmentation d'État, gloire et renommée, mais avec beaucoup de peines et de fatigues. Elle signifie pudeur et chasteté, et cependant elle favorise le mariage avec une personne noble et riche, donne des enfants mâles. »

Dans la *Gastromantie*, « on prenoit, dit P. de l'Ancre[1], une fiole ventrue remplie d'eau, dans laquelle une femme grosse ou un enfant pur voyoient certains nuages et figures au lieu de responce. » On disposait, en général, des torches allumées autour du vase rempli d'eau claire, et l'on invoquait le dieu d'une voix basse, inarticulée, en lui proposant la question à résoudre.

L'*Hydromantie* « est de plusieurs sortes, dit P. de l'Ancre[2]. 1. Par les coups frappés contre les parois d'un verre par une bague suspendue à un fil. 2. Par la manière dont se comportent les ronds faits sur la surface de l'eau par trois pierres. 3. Par la couleur des eaux. 4. Par le bouillonnement de l'eau contenue dans une coupe en prononçant certains mots. 5. Par les figures formées par une goutte d'huile versée sur l'eau. 6. Par le bruit des vagues. » Elle recevait le nom d'*Hydatoscopie*, lorsqu'elle résultait de l'inspection de l'eau de pluie, et celui de *Pégomancie*, lorsqu'on se servait d'eau de fontaine.

---

[1] *L'Incrédulité et mescréance du sortilége*, etc., p. 153.
[2] *Ibid.*

Suivant P. de l'Ancre, une autre *Hydromancie* se pratiquait, chez les anciens, pendant les sacrifices. On considérait alors « la couleur de l'eau et le goût, le mouvement et le bruit ou gazouillis, et le changement soudain de l'eau bénite qui servoit à laver et cuire les victimes. »

La *Jeduimantie* était une « divination pratiquée par les Juifs, dit P. de l'Ancre [1]. L'*Iedua* étoit un certain animal de forme humaine, du nombril duquel pendoit un filet par lequel il estoit attaché à la terre, en façon de citrouille; et tant que la longueur de ce filet se pouvoit estendre, il paissoit et broustoit tous les fruicts de la terre voisine, croyant qu'il ne pouvoit en façon quelconque estre prins par les chasseurs, s'ils ne coupoient ce filet d'un coup de flèche, mais estant couppé qu'il expiroit aussi tost, et que, par ces os portez en la bouche avec certaines cérémonies, les hommes acquéroient le don de deviner et que de là les devins étoient nommez *Jedegonin*, ce qui est une pure fable. Et n'estoit qu'ils donnent une forme humaine à ceste beste, on pourroit soupçonner que ce fut le Plante-animal retirant au mouton ou agneau, lequel naît de même façon. »

Le *Jeu des pasteurs* était un « sort décrit dans le Dodecaedre, dit P. de l'Ancre [2], pour avoir connoissance des mariages futurs, des richesses, des dignitez, des enfans et choses semblables. »

---

[1] *L'Incrédulité ou mescréance du sortilége*, etc.
[2] *Ibid.*

Par le *Jugement de virginité*, en explorait « la virginité et pucellage des filles en deux façons, dit P. de l'Ancre [1], la première avec un fillet dont ils mesuroient le col ; la deuxième avec de l'agathe qu'on réduisoit en poudre et leur faisoit avaler, affermant que si elles étoient contraintes de la revomir tout à l'heure, qu'elles n'estoient pas pucelles.

« On faict également estat d'autres drogues, lesquelles donnent des indices de pucellage par l'urine, et croit-on que ce sont de riches secrets de la Nature. »

Dans la *Lampadomancie*, on observait la forme, la couleur et les divers mouvements de la lumière d'une lampe, afin d'en tirer des présages. Suivant P. de l'Ancre [2], « on faisoit brûler, pour découvrir les objets perdus, une lampe en l'honneur de saint Antoine ou de saint Daniel. »

La *Lécanomancie* s'opérait au moyen d'un bassin rempli d'eau. On traçait sur des pierres ou coins certains signes qu'on laissait tomber dans l'eau, après avoir invoqué le dieu sous une forme particulière et lui avoir proposé une question. Il répondait par une sorte de voix qui sortait de l'eau, semblable à un sifflement. On fait remonter ce mode de divination à l'époque de la guerre de Troie. D'après P. de l'Ancre [3], « les Turcs jettent des pierres précieuses et des lames

---

[1] *L'Incrédulité ou mescréance du sortilége*, etc.
[2] *Ibid*.
[3] *Ibid*.

d'or et d'argent dans un bassin dont ils entendent la réponse. »

La *Libanomantie* est une « divination par l'encens, dit P. de l'Ancre[1]. On prend de l'encens et l'on fait des prières de ce qu'on désire; puis, on jette cet encens dans le feu, afin qu'il emporte ces prières quand et luy; lors, si les vœux sont exaucez, l'encens est aussitost dévoré par les flammes, et si d'avanture il tombe hors d'icelles, on les voit accourir afin de les ravir et consommer. Si les vœux, au contraire, sont nuls, on voit que le feu ne prend point cet encens : ains si l'on le jette dans la flamme, elle s'en recule et le fuit. »

La *Lithomancie* est une divination pratiquée à l'aide de pierres. On se servait d'abord de pierres appelées *séduites*, lavées pendant la nuit, à la clarté des flambeaux, dans de l'eau de source. P. de l'Ancre[2] les nomme *pierres d'aimant*. « Cette divination, dit-il, se faisoit la nuict, à la lueur de la lampe, et celuy qui manioit ceste pierre, il falloit qu'il fust soigneusement purifié et exempt de toute immondice, le visage voilé; et après avoir faict plusieurs prières pendant plusieurs et divers mouvements, et ayant disposé par ordre certains caractères, il sentoit la pierre se mouvoir d'elle-mesme et rendre sa response avec une voix gresle et un doux murmure. » C'est par ce moyen, dit-on, qu'Hélènus prédit la chute de Troie.

---

[1] *L'Incrédulité et mescréance du sortilége*, etc., p. 269.
[2] *Ibid.*

Dans ce qui reste des oracles de Zoroastre, il est question d'une pierre, que Pline nomme *astroïte*, qu'il faut offrir en sacrifice, dit Zoroastre, quand on verra un démon terrestre s'approcher. Del Rio et Psellus appellent cette pierre *mizouris*, *minzouris* et *minsuris*, et ajoutent qu'elle avait la vertu d'évoquer les génies et d'en tirer les réponses que l'on désirait. Les Chananéens et les Phéniciens consultaient certaines pierres, connues sous le nom de *bétiles* ou pierres animées, comme des oracles.

Par la *Margaritomantie*, « on enchante une perle, dit P. de l'Ancre [1], et on l'enferme dans un pot; quand on vient à prononcer le nom d'un voleur, la perle bondit en frappant le pot. »

La *Molybdomantie* est une « divination par le plomb fondu, dit P. de l'Ancre [2]. On tiroit des augures d'après le nombre pair ou impair des gouttelettes surnageant au-dessus du plomb fondu, leur forme, leur mouvement, etc. »

L'*Omphalomantie* est une « divination propre aux sages-femmes, lesquelles, dit P. de l'Ancre [3], par les nœuds adhérant au nombril et secondines de l'enfant, conjecturent combien la mère en aura d'autres par après. »

L'*Oinomancie* ou *OEnomancie* est une divination

---

[1] *L'Incrédulité et mescréance du sortilége*, etc., p. 266.
[2] *Ibid.*, p. 269.
[3] *Ibid.*

à l'aide du vin destiné aux libations. On en observait la couleur et le mouvement. Les Perses étaient très-attachés à cette divination.

L'*Onymantie*, *Onychomantie*, *Onueomentie* ou *Onixomantie*, est une « divination par l'ongle, dit P. de l'Ancre [1]. Un soldat espagnol, nommé Queuno, après s'être oingt l'ongle et avoir fait ses conjurations magiques, fit voir, à beaucoup d'amis, à Bruxelles, comme dedans un miroir, l'armée du duc de Médina, qui partoit du port de Coronne pour aller en Flandres, et estans en haute mer combattue des vents et de la tempeste. »

Le curé Belot [2] explique cette divination plus longuement :

« On prend, dit-il, un jeune fils ou une jeune fille vierge, et sur l'ongle de sa main droite, ou sur la vole ou palme, l'on met de l'huile d'olyve, mais celle de noix meslée d'un peu de suye ou de noir est plus requise ; l'ongle ou palme frottée de cette liqueur, l'on fait dire l'Oraison dominicale et le Symbole à cette fillette, puis on lui fait conjurer l'ange par sa virginité, en laquelle conjuration sont contenues les hauts noms de Dieu et se commence : « N. je te conjure par le « Très-Haut et par mon ange garde de ma virgi- « nité, etc. » J'ai veu au fauxbourg S. Germain des Prez lez Paris un personnage, dit le sieur Colinet, qui

---

[1] *L'Incrédulité et mescréance du sortilége*, etc., p. 270.
[2] *Œuvres*, p. 161.

en faisoit merveille, et digne d'admiration pour les choses perdues et autres choses secrettes... Pour l'argent caché, il faut tourner le visage de la jeune vierge en Orient, vers lequel on invoque l'ange Uriel, le premier des anges qui s'appelle en cette science; si c'est pour reconnoître quelques personnes, on invoque l'ange Ariel, qui est le deuxième, la figure de l'enfant étant tournée vers le midy. Quand c'est pour une volerie ou larcin qui a esté faict de nuit, et que l'on désire reconnoître les voleurs et larrons..., c'est vers l'Occident qu'il faut tourner la figure de l'enfançon et là prier Asyriel, qui est le troisième génie de cette science. »

L'*Ornithomancie* est une divination par les oiseaux. « On nourrissoit en cage des oisillons, dit P. de l'Ancre; on leur donnoit d'abord une pièce d'argent, puis un billet écrit. »

La *Pyroscopie* est une divination par le feu ou par la manière dont brûlent certains objets jetés dans le feu. « Aujourd'hui, dit P. de l'Ancre[1], ceux de Lithuanie la pratiquent: lesquels, opposans leurs malades au feu, si l'ombre vient à tomber et paroistre devant le corps d'iceux, en reçoivent un certain espoir qu'ils recouvreront la santé. Mais si elle apparoist derrière, ils s'escrient et tiennent lesdits malades pour désespérés et les abandonnent entièrement. »

La *Rhabdomancie* se pratiquait au moyen de verges et de petits bâtons.

---

[1] *L'Incrédulité et mescréance du sortilége*, p. 276.

La *Stichomantie*, selon P. de l'Ancre [1], « se faisoit en ouvrant Virgile ou Homère et en prenant garde au sens du premier vers se présentant à la vue, appelé aussi à cause de cela sort virgilian ou prénestan. »

Pour la *Sidéromantie*, « on jetoit, dit P. de l'Ancre [2], sur un fer ardent, des pailles en nombre impair, et pendant qu'elles brusloient, on faisoit jugement du mouvement des pailles, du tournoiement ou inflexion d'icelles, des figures ignées, de la scintillation des flammes et du vol et train de la fumée. »

Au moyen âge la science cabalistique dégénéra en formules magiques. On y cherchait les secrets de toutes choses, au moyen de combinaisons et permutations de lettres ou de chiffres.

« On met l'alphabeth en cette doctrine, dit le *Petit OEuvre cabalistique* [3], premièrement, pour par iceluy, faire des figures, et pour facilement conjoindre les principaux avec les règles, afin que la vérité de chaque chose intelligible soit très-facilement unie à l'entendement humain, lequel entendement se cognoist fort général par elle qui est, parce que, par une lettre de l'alphabeth, il comprend plusieurs choses cognoissables dont la science se forme. Lequel alphabeth s'apprend par cœur, très-facilement, c'est pourquoy il est fort nécessaire en cette science, parce qu'aussi sans luy l'artiste de cette méthode ne se pourroit exercer.

[1] *L'Incrédulité et mescréance du sortilége.*
[2] *Ibid.*
[3] Page 78.

Et l'alphabeth est tel, à sçavoir : B C D E F G H I K. Car B signifie le bon, et son abstraict la différence, Dieu, la justice, l'avarice, et sçavoir-mon ; C signifie le grand, et son abstraict la grandeur, la concordance, l'ange, la prudence, la gourmandise, et ce que c'est. D signifie le durant, et son abstraict la contrariété, le ciel, la force, la luxure et de quoy. E signifie le puissant, et son abstraict le principe, l'homme, la tempérance, la superbe, et pourquoy c'est. F signifie le sçavant, et son abstraict le moyen, l'imaginatif, la foy, la lâcheté, et combien grand il est. G signifie le voulant, et son abstraict la fin, le sensitif, l'espérance, l'envie, et quel il est. H signifie le vertueux, et son abstraict le végétatif, la majorité, la charité, la colère, et quand c'est. I signifie le vray, et son abstraict l'élémentatif, l'égalité, la patience, le mensonge, et où c'est. K signifie le glorieux, et son abstraict l'instrumentatif, la minorité, la piété, l'inconstance et comment et avec quoy c'est. Et que ces choses suffisent touchant l'alphabeth. »

Ce langage cabalistique est de l'hébreu pour nous, mais autrefois on affectait de le comprendre, puisque les devins s'en servaient dans leurs oracles. Nous ne sommes plus que des ignorants en fait d'art divinatoire et nous vivons au jour le jour sans nous préoccuper du lendemain.

CARTOMANCIE

En commençant un traité spécial sur l'art de tirer les cartes, Alliette vante beaucoup les charmes de cet art qu'il veut mettre à la portée de tout le monde :

« L'amusement que je vous offre, dit-il, est sans contredit le tombeau de l'ennui, l'âme de la réflexion, le père des conseils, le plaisir de la société; et, si vous réfléchissez, vous trouverez, je crois, peu de jeux où l'esprit ait plus à se développer et à se récréer que dans celui-ci. En effet, êtes-vous dans l'attente d'une visite, dans l'espérance de vous marier, d'avoir un amant, une maîtresse? Vous consultez vos cartes. Le temps de l'ennui se passe sans mauvaise humeur, ni sans courir le risque de perdre votre argent à des jeux de hasard... J'ai cru que comme on ne croit jamais aux sorciers de quelque genre qu'ils soient, que lorsqu'on l'est un peu soi-même, le plus sage parti que l'on puisse prendre pour montrer combien par exemple on doit avoir peu de confiance aux gens qui se mêlent de tirer les cartes, étoit de mettre tous ceux qui savent seulement lire, et qui peuvent faire quelques combinaisons, en état de les tirer eux-mêmes... Amusez-vous donc de ma science, ami lecteur : mais

---

[1] *Etteilla, ou l'Art de se récréer avec un jeu de cartes.* Paris, Lesclapier, 1770, in-12, p. 3.

quand vous la posséderez comme moi, ayez le bon esprit de ne pas vous croire plus sorcier que moi-même, qui, en vérité, suis bien loin de me flatter d'en être un. Néanmoins, lecteur, que la vérité que je dépeins ne vous fasse point présumer que je suis plutôt théoricien que praticien; j'ose avouer que depuis seize ans j'ai été le maître de ceux et de celles qui ont fait le plus de bruit en ce genre; mais plusieurs me reconnoîtront. »

Le même auteur justifie ailleurs la cartomancie [1] :

« Si j'avois découvert, dit-il, que la cartomancie n'étoit absolument qu'une frivolité, qu'une charlatanerie, et même qu'une souplesse de main, ayant, sans amour-propre, autant d'art et, pour le dire net, de petites finesses qu'un autre, je l'aurois délaissée pour jouer du savant; ainsi, avec quelque leçon du fatigant et froid art grammatical, pillant, volant, relisant les anciens et les modernes, j'aurois, je le crois, promené ma mince existence physique dans les rues et dans les cercles couvert d'un titre fastidieux, M. l'académicien de Nanterre, de Villeneuve-les-Avignonnois et peut-être des Arcades du Pont-Neuf. »

Le même ajoutait plus tard dans un autre ouvrage [2] :

« L'auteur et restaurateur de la cartonomancie françoise et égyptienne, moyennant trois livres par

---

[1] *Manière de se récréer avec le jeu de cartes nommé Tarots*, s. d., par Etteilla. Paris et Amsterdam, in-12, p. 136.

[2] *Fragment sur les hautes sciences*, par Etteilla. Amsterdam, 1785, in-12, p. 64.

leçon prise chez lui, met en peu de temps les curieux au fait des principes palpables de cet amusement qui ne le cède pas aux jeux d'échecs et de dames, qui nous viennent des mêmes peuples. La cartonomancie a de plus que ces jeux d'amuser en occupant solidement un solitaire, et d'insinuer plus sensiblement à tous les hommes le goût des mathématiques, de l'histoire, et, comme l'a dit feu M. de Gébelin, d'être le répertoire général de toutes les sciences humaines...»

Etteilla[1] enseignait donc la manière de procéder pour tirer les cartes. En voici un exemple :

« Le numéro vingt-six de l'as de trèfle signifie rancune, sur quoi? sur le numéro huit suivant, qui signifie avarice; rancune sur l'avarice, avarice de quoi? du numéro neuf, qui signifie bon; rancune de l'avarice du bon : je dis que vous êtes rancuneuse contre les avaricieux de faire le bien; voilà généralement comme tout doit se dériver. Si la première carte suffit, ou, pour mieux dire, explique une chose nette, vous n'allez pas plus loin; au contraire, vous irez jusque dans le deuxième coup savoir la terminaison de la première signification, je suppose, si vous ne la trouviez pas définie dans la rangée et que l'article fût conséquent pour vous. Je dis donc que la dame de pique est noble, mais en même temps je la trouve fille ou femme du monde; je la fais tomber sur la carte suivante, qui signifie naissance; je sais bien que cette femme est

---

[1] *L'Art de se récréer*, etc., cité plus haut, p. 43.

née, puisque je lui parle. Raisonnons : cette femme vraisemblablement, tombant sur naissance, va peut-être m'instruire davantage : je vois ensuite campagne ; je dis naissance sur la campagne ; mais, avant d'aller plus avant : est-elle mariée? je ne sais point, puisque rien ne l'annonce ; le sera-t-elle ? nous le verrons ; mais nous voyons déjà que cette femme est noble, née à la campagne, qu'elle ne se conduit pas bien, etc. »

NOMBRES

Un pieux auteur du dix-septième siècle[1] a recueilli ce qui suit sur les qualités des premiers nombres :

« Le nombre 1 est un nombre parfait, comme le nombre 6, parce qu'il est linéal, quarré ou solide.

« Et d'autant qu'il est de si grande dignité et excellence, le Créateur l'a esleu pour son essence, car il n'est que un seul Dieu de tout le monde ; une bonne loy, c'est à sçavoir la chrestienne ; une foy, c'est à sçavoir la catholique romaine avec plusieurs autres dignités.

« Le nombre *binaire*, c'est-à-dire 2, est un nombre de si grande utilité et prééminence, que Dieu l'a ob-

[1] *Explication de l'utilité des anciens chiffres romains* Paris, Jean de Poix, 1652, in-12.

servé en plusieurs de ses œuvres, parce que premièrement il créa la lumière et les ténèbres.

« Ensuitte de ce, il créa ces deux grands luminaires, c'est à sçavoir le soleil et la lune...

« En second lieu, il créa tous les animaux en double sexe, c'est à sçavoir masculins et féminins; après cela, il créa l'homme et la femme, auxquels il a fait plusieurs membres doubles, qui sont les deux yeux, deux oreilles, deux narines, deux bras, deux mains, deux jambes, deux pieds, etc.

« Ensuitte il y a les passions que le corps humain souffre, comme joie et tristesse, espoir et peur, faim et soif, chaud et froid, boire et manger, dormir et veiller, sancté et maladie, vivre et mourir, comme aussi tout relatif constitué en duplicité, comme le Créateur et la créature, père et fils.

« Il y a aussi les opposites suivants, c'est à sçavoir bonté et malice, vertu et vice, science et ignorance, sagesse et folie, vérité et mensonge, de sorte qu'après l'unité, il se trouve plus de chose constitué par le nombre binaire, qui est 2, que par aucun autre nombre qui soit au-dessus d'iceluy...

« Le nombre *ternaire*, c'est-à-dire 3, est le nombre plus parfaict après l'unité entre tous les nombres, par les grands et hauts mistères qui se trouvent en luy. En premier lieu, Dieu est trine en personne, c'est-à-dire père, fils et sainct esprit.

« Il a créés trois hiérarchies et en chacune hiérarchie trois sortes d'armes.

« En Jésus-Christ, il y a trois choses, c'est à sçavoir la déité, l'âme et l'humanité.

« En la saincte messe, le prestre fait trois parties du corps de Nostre-Seigneur.

« Trois ordres sacrez chantent la messe, c'est à sçavoir le prestre, diacre et sous-diacre.

« L'on chante à la messe trois fois : *Sanctus, sanctus, sanctus.*

« En icelle on chante trois fois *Agnus Dei.*

« En la croix Nostre-Seigneur fut attaché par trois clous.

« Il y a trois degrez de pénitence, c'est à sçavoir contrition, confession et satisfaction.

« Il y a 3 parties de satisfaction, 3 vertus théologales, 3 ennemis de l'âme : le monde, la chair et le diable, etc., etc.

« Anciennement le monde n'estoit divisé qu'en trois parties, Europe, Asie et Afrique. »

« On voit dans l'herbe pentaphilon, appelée quintefeuille, les vertus qu'ont les nombres, dit Agrippa [1], car, par la vertu de ses cinq feuilles, elle résiste aux poisons, chasse les démons, contribue à l'expiation, et, en prenant une de ses feuilles deux fois par jour dans du vin, guérit les fièvres. Le serpent, frappé une fois d'un roseau, meurt; si on lui en donne un second coup, il se fortifie : la cause de cela n'est que la proportion que les nombres ont entre eux. C'est aussi

---

[1] *Philosophie occulte*, 1727, t. Ier, p. 216.

une chose particulière que l'on a expérimenté du nombre septenaire, qu'un mâle qui vient le septième, sans qu'il y ait eu de femelle avant lui, guérit en touchant une fois ou de sa parole les écrouelles. De même une femme qui vient la septième sans mâle, aide beaucoup une femme en couches, et ce n'est pas le nombre naturel, mais la raison formelle, qui est dans le nombre dont il s'agit ici, et il faut toujours se souvenir que ce n'est pas dans les nombres des paroles et des marchands que se trouvent ces vertus, mais c'est dans les raisonnables, dans les formels et naturels, que ces secrets distinguez de Dieu et de la Nature se rencontrent. »

« Ce nombre 7, dit plus loin le même auteur[1], a aussi beaucoup d'efficace et de vertu, tant dans les cérémonies et choses saintes que dans les naturelles et dans d'autres choses. Il faut raporter ici les 7 jours, 7 planètes, 7 pléïades, 7 âges du monde, 7 changements d'hommes, 7 arts libéraux et autant de méchaniques, et 7 couleurs, 7 métaux, 7 trous à la tête de l'homme, 7 montagnes de Rome, 7 rois romains, 7 guerres civiles, 7 sages du temps du prophète Jérémie, 7 sages dans la Grèce. De même Rome brûla pendant 7 jours du temps de Néron ; sous 7 rois on a fait mourir dix mille martyrs ; il y a eu 7 dormants ; il y a à Rome 7 principales églises ; saint Grégoire a établi autant de couvents ; sainte Félicité a eu autant de fils ; il a été

---

[1] *Philosophie occulte*, p. 250.

établi 7 électeurs dans l'Empire; il y a 7 actes solennels pour le couronnement de l'Empereur; il faut 7 témoins pour un testament; il y a 7 peines civiles, et 7 canoniques; le prêtre salue 7 fois à la messe; il y a 7 sacrements et 7 ordres de clercs; à 7 ans on peut recevoir l'ordre mineur et l'on peut posséder un bénéfice sans charge; il y a 7 psaumes pénitentiaux et 7 commandements de la deuxième table. Adam et Ève ont été 7 heures dans le paradis; il y a 7 hommes dont les anges ont prédit la naissance, sçavoir : Ismaël, Isaac, Samson, Jérémie, saint Jean-Baptiste, saint Jacques, le frère de N. S., et Jésus-Christ. Enfin ce nombre a une très-grande vertu, tant dans les bons que les mauvais augures. »

Voici ce que le curé Belot[1] dit du nombre douze dans son grimoire inintelligible :

« Or il se voit en toutes ces sciences tout aller par 12. Princes ou esprits sous chacun principal : 12 sont sous *Aries*; donc le nostre est Asehel, qui régit la France, en est le troisième de cette première puissance. Lequel génie doit estre conneu de ceux qui gouvernent cette monarchie; car par sa connoissance il peut régir avec une extraordinaire puissance tant au principal que plurier, et particulièrement où il s'agit de religion qui n'est en soy que spiritualité : donc les affections ne sont que maladies d'esprit, lesquelles se convertissent à une démence, ou bigotterie, en laquelle la première cause ne se plaist, ne voulant qu'une rondeur pour l'in-

[1] *Œuvres*, p. 18.

térieur, et un gouvernement animal à notre intérieur, qui ne peut subsister à santé sans iceluy, sinon que, le mal augmentant, nous ne mettions notre raison en esclavage : car la loy n'est que spirituelle, et n'a pouvoir que sur le spirituel, et non sur homme, que pour le faire vivre en société de ses semblables, afin que le plus fort n'emporte le plus foible en violant le droit des gens qui nous lie en la cause première et en notre prince. Ainsi donc tout est remis au nombre de 12 : nostre corps est composé de 12 principaux membres, qui sont la teste, le col, les bras, la poitrine, le cœur, le ventre, les reins, les génitoires, les genoux, les jambes, les pieds. »

MAGIE

Préparations magiques.

Selon P. del Rio [1], les magiciens « ordonnent d'abord à leurs néophytes, s'il faut parler ainsi, de faire une confession générale de tous leurs péchés; de s'approcher souvent de la sainte table; de se confesser le même jour qu'ils sont tombés en péché; de garder exactement les jeûnes que l'Église commande;

---

[1] *Disquisitionarum magicarum*, libri VI. Lovanii, 1599, in-4°; trad. par A. Duchesne, Paris, 1611, in-8°.

d'y en ajouter d'autres qui soient volontaires et de dire tous les jours les psaumes pénitentiaux. »

D'après un faiseur de grimoire [1], voici dans quelle disposition doit être le maître qui veut faire de la magie :

« Il faut que le maître qui a dessein de se servir de ce livre ait une ferme foy de réussir; qu'il bannisse de lui toute incrédulité; qu'il fasse ses conjurations avec une forte résolution, tellement que quoiqu'il soye capable de lui donner de la frayeur, qu'il n'en prenne pas pour cela aucune épouvante; qu'il se garde surtout de sortir de son cercle, soit que les esprits ne luy soient point apparus, sans auparavant les avoir congédiés, parce qu'il y a de péril, et s'il désire estre sage magicien, qu'il se donne de garde de la surprise des esprits et de faire aucun pacte illicite avec eux, et finalement l'on doit toujours commander hardiment et absolument sans aucune crainte ni appréhension. »

La *Cabale intellective* [2] donne cette description de la chambre du magicien :

« On aura donc une petite chambre ou un cabinet secret, dans lequel personne ne fréquente, et principallement les femmes et les filles qui en pourroient soüiller la pureté par leurs infirmités menstrualles. Il faut que ce lieu qu'on aura choisy soit autant propre que l'on poura, sans aucune sumptuosité ny aucuns ornements superflus qui pouroient distraire ou égarer

---

[1] *Grimoire, ou la Magie*, par Armadel et plusieurs autres. Ms. de la Bibl. de l'Arsenal, S. et A., n° 88, in-4°, p. 43.

[2] Ms. de la Bibl. de l'Arsenal, S. et A., n° 72, in-4°, p. 9.

l'esprit et l'imagination : il suffira d'y tenir une table, quelques chaises et une armoire, pour y fermer sous clef ce qui est nécessaire au travail de l'art. Il sera bien à propos que tout ce petit meuble soit neuf, au moins bien net et purifié par l'odeur des parfums et aspergé avec l'eau lustralle. Que l'on se donne bien garde de tenir aucun vaisseau immonde pour les nécessités du corps, car ce lieu doit être en touttes manierres d'une grande pureté et propreté. »

Pierre Mora [1] décrit le vêtement du magicien et son exorcisme.

« Il faut faire, dit-il, un vêtement de toile de fil de lin blanc, en forme d'une grande chemise qui n'ait aucune ouverture que celle pour passer la tête, et longue jusqu'aux pieds, un peu vaste par en bas, ayant deux manches de même toile en étrécissant vers le poignet, qui soient bien justes; il faut qu'elle soit extrêmement blanche. Il faut aussi avoir une culotte de la même toile, lequel vêtement tu exorciseras en disant : *O Pater conditor, alme siderum, sapientia summa, per omnes fortitudines tuas et virtutes tuas, sanctificare digneris vestem hanc tuo honore preparatam. Exorciso te, vestis, per Deum verum, Deum vivum et æternum qui cuncta fecit ex nihilo, et nihil sit in hoc meo opere quod impurum sed virtute plenum.* Et l'ayant encensé comme de coutume, tu le conserveras pour le besoin. »

---

[1] *Zekerboni*, ms. de la Bibl. de l'Arsenal, n° 74, p. 163.

La *Clavicule de Salomon*[1] décrit ainsi le couteau magique, appelé *couteau blanc* :

« Soit donc fait un couteau de fer, en lame du plus fin acier, dont le manche soit blanc d'yvoire et trempé dans le sang d'un oye mâle, et qui soit fait le jour et heure de Mercure, en lune croissante, et qu'il soit achevé depuis la première heure jusqu'à la troisième, sur lequel feras dire trois messes communes et écriras sur le manche, avec le cinabre exorcisé, avec une aiguille ou burin préparés à cet effet, les caractères mystérieux. »

Le même ouvrage[2] donne la forme des principaux instruments de l'art :

---

[1] Ms. de la Bibl. de l'Arsenal, S. et A., n° 78, p. 232.
[2] Ms. de la Bibl. de l'Arsenal, S. et A., n° 76, p. 234.

SCIENCES OCCULTES.

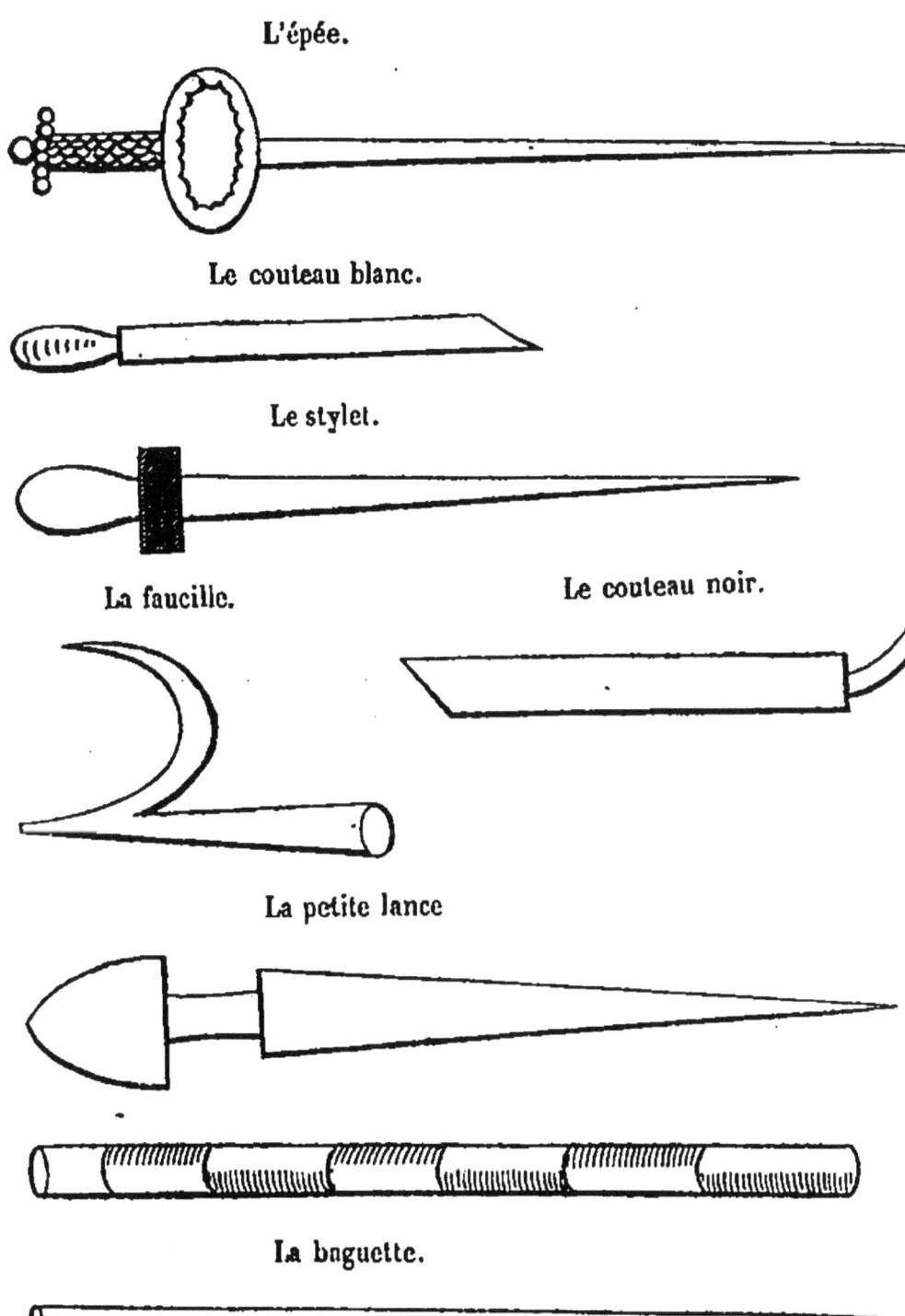

La *Clavicule de Salomon* [1] enregistre la confession que doit faire et réciter l'exorcisateur :

« Je me confesse à vous, Seigneur, roy du ciel et de la terre, et je pleure mes péchez, courbé et humilié en votre présence, parce que j'ay péché devant vous par orgueil, avarice et désir démesuré tant d'honneurs que de richesses, par paresse, gloutonnerie, gourmandise, débauches, yvrongneries ; parce que je vous ay offensé dans mes cuisses, mes parties secrètes, par toute sorte de péchez de la chair, par mes adultères, les pollutions que j'ai souffertes sur moy et que j'ay consenti que les autres fissent, par mes sacrileges, mes larcins, mes rapines, viols et homicides, etc... Je déteste aussy les crimes que j'ay commis par de mauvaises pensées, méditations sales, faux soubçons, jugements téméraires, par les mauvais consentements que j'ay pretez en favorisant les conseils des impies, par la concupiscence en des plaisirs sensuels et impudiques, par mes paroles oyseuses, mes mensonges, mes faussetez, par les faux jurements de toutes manières que j'ay faits, par mes continuelles détractions et calomnies. Je déteste les crimes que j'ay commis dans mes reins, par mes trahisons, les discordes que j'ay semées, mes curiosités, mes gourmandises, mes faux raports, mes blasphèmes, mes paroles vaines, les insultes que j'ay faites, mes dissimulations, les veilles contraires à Dieu, par la transgression que j'ay faite des dix commande-

---

[1] Ms. de la Bibl de l'Arsenal, n° 76, p. 28.

ments, par la négligence de mon devoir et de mes obligations. . . . .
Très-haut et Père tout-puissant, faites par votre immense miséricorde que je puisse voir et connoistre tous les Esprits que j'invoqueray, en sorte que par leur moyen je puisse voir ma volonté accomplie par votre souveraine grandeur et par votre gloire perdurable et éternelle, vous qui estes et serez sans fin un père ineffable et saint ! »

Armadel[1] indique la formule de la conjuration :

« Mon. N. N. je te conjure N. N. par la vertu des grands et saints noms de Dieu, que, sur-le-champ et sans délay, tu aye à moi paroître sous une forme agréable et sans bruit, ny lésion de ma personne, pour répondre à tout ce que je te commanderay, et t'en conjure au grand nom de Dieu vivant et par ces saints noms : El † Elohim † Eloho † Elohim † Sebaoth † Elion † Eiech † Adies † Eiech † Adonay † Jah † Saday † Tetragrammaton † Saday † Agios † o Theos † Ischiros † Athanatos † Agla † Amen.

« Après avoir fait cette conjuration trois fois de suitte au mesme lieu et à la mesme heure, continue Armadel, et satisfait et ayant reçu de lui (de l'Esprit) ce que vous désirez, vous le renvoyez en disant :

« Allez en paix au lieu qui vous est destiné de toute éternité ! Que la paix soit entre nous et vous ! »

---

[1] *Grimoire, ou la Magie*, ms. de la Bibl. de l'Arsenal, n° 88, p. 3.

Le même auteur[1] donne la forme des cercles à tracer le jeudi pour une invocation à Acham :

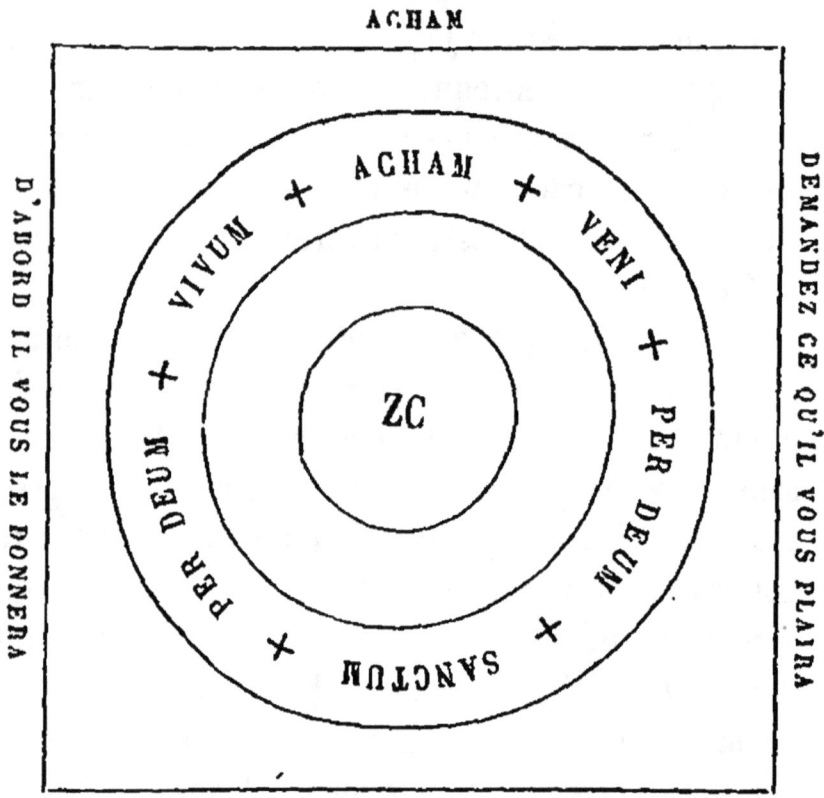

« Cette expérience se fait de nuit, depuis trois heures jusques à quatre du matin : il (l'Esprit) paroît en forme de roy ; il faut luy donner un peu de pain, affin qu'il parle ; il rend l'homme heureux, surtout pour les trésors. »

CONJURATION.

« Je te conjure, Acham, par l'image et semblance

[1] *Grimoire, ou la Magie*, p. 30.

de Notre Seigneur Jésus-Christ, qui par sa mort et passion a racheté tout le genre humain ! Je veux, par sa providence, que tu sois ici tout maintenant. Je te commande, par le royaume de Dieu ☩ Agis † je l'adjure et contrains, par son nom et par le nom de Celuy qui a marché dessus l'aspic et le basilic et qui écrasa le lion et le dragon, que tu aye à m'obéir et faire mes commandements ! »

Le *Traité des esprits célestes et terrestres* [1] enseigne la consécration des fumigations ou parfums ; voici celle qui convient au vendredi :

« Ce parfum doit être composé de musc, d'ambre gris, de bois d'aloës, de roses rouges, le tout à discrétion, pulvérisé et incorporé le tout avec du sang de colombe et de la cervelle de deux ou trois passereaux : tournez en une paste et d'icelle faites des grains pour vous en servir aux operations ; lorsque vous voudrez les consacrer, dites ces paroles : « *Deus Abraham, Deus*
« *Isaac, Deus Jacob.* Bénissez toutes ces créatures des
« espèces qui sont contenues en ces grains odoriférans,
« afin qu'elles augmentent la force et la vertu de leur
« odeur, pour qu'aucun ennemy ny fantosme ne de-
« meure en elle, *per Dominum nostrum Jesum*
« *Christum, qui tecum vivit et regnat in omnia se-*
« *cula. Amen.* »

Voici le parfum de la Lune, pour le lundi, d'après Pierre Mora [2] :

Ms. de la Bibl. de l'Arsenal, S. et A., nᵒˢ 68 et 69, p. 8.
Zekerboni, ms. de la Bibl. de l'Arsenal, n° 73, p. 54.

« Le parfum doit être formé d'une teste de grenouille, des yeux de taureaux, de la graine de pavot blanc, de l'encens le plus exquis, comme storax et benjoin avec un peu de camphre ; pulvérisez touttes ces drogues et en faites une paste avec du sang d'une jeune oye ou d'une tourterelle ; vous en ferez de petits grains pour vous en servir aux opérations du lundy. »

Puis, le parfum de Saturne, pour le samedi [1] :

« Ce parfum doit être composé de graine de pavot noir, de graine de jusquiamme, de racine de mandragore, de poudre d'aimant, et de bonne mirrhe ; pulvérisez touttes ces drogues et les incorporez avec du sang de chauve-souris et de la cervelle de chat noir ; formez une patte et d'icelle des grains pour vous servir aux opérations du samedy. »

« Au reste, dit la *Cabale intellective*. [2], que l'on ne s'imagine pas que les fumigations soient une cérémonie chimérique, car il est trop constant que les esprits aériens qui sont destinés par le Créateur au service des hommes, peuvent être attirés par les parfums, et au contraire, les esprits malins et malfaisants qui pourroient empêcher les bénignes influences, sont éloignés par les vapeurs de ces parfums. C'est ce que l'ont peut voir dans l'histoire de Thobie aux pages sacrées de l'Écriture, où l'ange qui le guidoit lui ordonna que quand il seroit dans sa chambre avec

---

[1] *Zekerboni*, p. 57.
[2] Ms. de la Bibl. de l'Arsenal, n° 72, p. 49.

sa femme, il ne manquât pas de faire un parfum sur des charbons ardents avec le foye du poisson qu'il lui avoit fait éventrer, afin que, par la vertu secrette de ce parfum, les malins esprits qui avoient étoufé les maris de sa femme ne lui pussent nuire et fussent écartés de sa chambre nuptiale. »

La *Cabale intellective* [1] décrit en ces termes la préparation du parchemin vierge :

« On tiendra prêt pour la veille de la Saint-Jean-Baptiste un petit agneau blanc ou un petit chevreau de six semaines de naissance ou environ. Il faut le conduire ou porter à une fontaine dont l'eau soit claire et coulante, et après l'avoir plongé plusieurs fois pour le mondifier de touttes souillures, il faut l'égorger avec un couteau neuf destiné aux opérations de l'art; puis il faut laisser couler tout le sang ; puis, l'ayant écorché, on attachera la peau dans le courant de la fontaine durant le temps qu'on emploiera à enterrer le corps assez profondément, pour qu'il ne soit point dévoré par des bêtes carnassières. Ensuite on tirera la peau de l'eau et on la préparera en la manière que les artisans préparent le parchemin ordinaire. Vous trouverez dans la suite les oraisons des sept planètes pour les sept jours de la semaine, qu'il faut réciter en travaillant à cette opération...... Que si on se juge incapable de travailler par soy-même à faire ce parchemin, on peut sans scrupule y employer un ouvrier

---

[1] Ms. de la Bibl. de l'Arsenal, n° 72, p. 17.

qui soit sage et discret et être toujours présent, afin que rien ne soit omis de touttes les circonstances. »

La *Clavicule de Salomon* [1] parle ainsi de la cire ou terre vierge qu'on employait dans les conjurations :

« On se servira, dans plusieurs arts et opérations, ou de terre vierge pour faire des images, ou de chandelles de cire : c'est pourquoy tu dois bien prendre garde que ni l'une ni l'autre n'ait jamais esté mise en œuvre, et il faut que tu tires la terre de tes propres mains..., et elle ne doit être touchée d'aucun instrument de fer de quelque genre qu'il puisse être, afin qu'elle ne soit point souillée ; la cire doit être prise des mouches à miel qui ayent seulement fait la première cire et il faut qu'elle n'ait servi en aucun ouvrage, car quand tu voudras te servir de l'une ou de l'autre, avant que tu commences ton ouvrage, tu réciteras dessus cette conjuration :

« *Extator, Nestator, Sytacibor, Adonaij, On, Azozamon, Mecchon, Asmodachii, Comphac, Erijonas, Propheres, Alijomas, Conamas, Papiredas, Otiodos, Narbonidos, Almoij, Cacaij, Coanaij, Equevant, Vemat, Dennaij, Comparis, Scier, Serantis, Cosphilados : Anges de Dieu, venez et soyez présens, parce que je vous invoque dans ma besogne, afin qu'elle acquière de la vertu par vous et qu'elle s'achève bien par vous.* »

« Si l'on veut servir du sang, dit le *Secret des se-*

---

[1] Ms. de la Bibl. de l'Arsenal, n° 76, p. 269.

crets[1], il faut que ce soit d'un homme bilieux ou d'une pucelle de qui le tempérament soit chaud et humide ; on le tire aussi d'un coq, crapeau, scorpion, serpent, chouette, chat huant, et particulièrement d'une chauve-souris qu'on prend toute vive et, on lui dit dessus : *Lameels, lamati, malia, omethis, a, a, azaels, meraboth, oliae, pamaeh, nolmeels, adjuro te, vespertilio (ut aliud animal), per Patrem et Filium et Spiritum Sanctum, et per omnes conjurationes mundi, et per omnia verba quæ dicuntur de Creatore in hoc mundo : quatenus sis in nostro servitio et juramine, Aregel, Adonael, esto mihi in adjutorio ut propter nos impliatur sermo.* Ensuite, prenez l'aiguille et piquez le chauve-souris en l'aile droite en la plus grosse veine et recevez le sang dans un vase d'airain, fait et forgé au temps de la conjonction de Mars et de Saturne. »

Esprits planétaires.

Voici, d'après Pierre Mora[2], le nom des esprits familiers des planètes :

      Soleil. . . . . Och.
      Lune. . . . . Phul.
      Mars.. . . . . Phalig.
      Mercure. . . . . . Ophiel.

[1] Ms. de la Bibl. de l'Arsenal, S. et A , n° 87, in-4°, p. 130.
[2] *Zekerboni*, p. 120.

MAGIE. 345

  Jupiter. . . . . . . Bethor.
  Vénus. . . . . Hagith.
  Saturne. . . . . . Arathon.

Pierre d'Abanne [1] nous fait connaître les figures ordinaires aux esprits le jour de Mars :

« Ils paroîtront, dit-il, pendant un long temps, d'un visage bilieux et très-laid, d'une couleur un peu brune et tirant sur le roux, ayant des cornes presque semblables à celles d'un cerf et les griffes d'un griffon. Ils mugissent comme des taureaux en furie; leur mouvement est comme d'un feu allumé; leur signe est éclair et tonnerre proche le cercle; leurs formes particulières sont :

 « Un roy armé monté sur un loup.
 « Un habit rouge.
 « Un homme armé.
 « Une femme tenant un bouclier.
 « Un bouc.
 « Un cheval.
 « Un cerf.
 « De la laine ou toison de brebis. »

Et les figures ordinaires aux esprits le jour de Vénus [2] :

« Ils paroissent sous un beau corps, d'une moyenne taille, d'un air aimable et agréable, d'une couleur de blanc ou de verd doré. Leur mouvement est semblable

---

[1] *Éléments de magie*, par Pierre d'Abanna, Ms. de la Bibl. de l'Arsenal, S. et A., n° 81, p. 8.

[2] Même ouvrage, p. 14.

à celuy d'une étoile très-claire et très-brillante; pour leur signe, vous verrés hors le cercle de jeunes filles folatrans qui exciteront celuy qui fait l'opération à jouer avec elles.

« Leurs formes particulières sont :

« Un roy, le sceptre en main, monté sur un chameau ;

« Une jeune fille parfaitement bien habillée ;

« Une jeune fille toute nue ;

« Une chèvre ;

« Un chameau ;

« Une colombe ;

« Un habit blanc ou verd ;

« Des fleurs ;

« De la sabine. »

Suivant les *Opérations des sept esprits des planètes*[1], « Hagit et Raphael sont sous la puissance de Vénus et de la nature de l'air; ils président à l'amour et sur les femmes; vous font avoir l'amitié des reines, princesses et grandes dames, vous faisant obtenir d'elles tout ce que vous desirez; vous envoyent des esprits familiers qui vous donnent des pierres précieuses et vous donnent autant d'or et d'argent que vous désirez; ils s'invoquent au soleil levant le vendredy. »

On lit dans les *Curiosités inouyes* de Gaffarel :

« Pour Carlo Fabri, je ne pense jamais avoir rien leu

---

[1] Ms. de la Bibl. de l'Arsenal, S. et A., n° 70, p. 7.

de plus ridicule que ce qu'il a escrit sur ces mesmes esprits : car, après en avoir discouru, comme s'il eust passé une partie de sa vie au ciel et l'autre dans l'enfer, il descouvre à son advis tous les anges qui sont propres aux princes de la terre, donnant aux sept électeurs de l'Empire ceux qu'on recognoist avoir plus de pouvoir, comme à l'archevesque de Mayence, premier électeur et grand chancelier de Germanie, Michaël; à l'archevesque de Trèves, grand chancelier de France et deuxième électeur, Gabriel; à l'archevesque de Cologne, grand chancelier d'Italie et troisième électeur, Raphaël; au palatin du Rhin, quatrième électeur, Uriel; au cinquième, qui est le duc de Saxe, Seealthiel; au sixième, qui est le marquis de Brandebourg, Jehudiel; et au roy de Bohème, qui est le septième, Ferechiel. Et qui est celuy qui ne riroit de cette doctrine? »

Œuvres magiques.

On distinguait deux espèces de magie : la *haute magie* ou *magie blanche*, aussi nommée *théurgie*, et la *basse magie* ou *magie noire*, aussi nommée *goétie*. La première s'adressait aux forces célestes, aux bons esprits; la seconde aux génies terrestres, aux mauvais esprits.

La magie noire ou *goétie* se pratiquait la nuit autour des tombeaux, avec des gémissements et des lamentations. Elle avait pour but de faire du mal, d'exciter les passions déréglées, de porter au crime. Plotin, Porphyre, Jamblique, la définissent: l'invocation des démons malfaisants pour nuire aux hommes avec plus de sûreté. Les ministres de cet art redoutable se vantaient de faire sortir les mânes de leurs sombres demeures. Ils exerçaient leurs maléfices, durant une nuit obscure, dans des lieux retirés auxquels s'attachaient d'effrayants souvenirs, ou dans des cavernes, à proximité des tombeaux ; ils sacrifiaient des victimes noires, et poussaient des lamentations et des gémissements. Ils violaient les sépultures et cherchaient dans les cadavres divers ingrédients qui entraient dans la composition de leurs charmes, de leurs maléfices. Ils employaient des herbes vénéneuses, des substances dégoûtantes, et allaient même quelquefois jusqu'à égorger des enfants. On leur supposait le pouvoir de jeter des sorts sur les hommes et sur les animaux, de les frapper de maladies ou de mort, d'intervertir l'ordre de la nature, de commander aux éléments, de changer les saisons, de faire sécher les moissons sur pied, d'empêcher la maturité des fruits, etc.

Dans la magie blanche ou *théurgie*, au contraire, on n'invoquait que les dieux bienfaisants pour procurer du bien aux hommes.

Tous les magiciens s'attribuaient l'évocation des morts. Pour cela, ils dressaient un autel dans une caverne, ils offraient un sacrifice, traçaient un cercle autour de l'autel avec leur baguette, le parcouraient plusieurs fois, l'arrosaient de sang, et par certaines invocations forçaient les mânes de se montrer à celui qui demandait à les voir et à leur parler.

Ils faisaient aussi apparaître telle personne ou tel animal qu'on désirait.

« Faittes, dit Artéphius[1], des figures humaines de cire, dont la teste sera vide, une mâle et l'autre femelle, et mettez-y dessus un peu de sang humain, et remplissez leur teste de semence de pavot, et jetez-en une à terre ou toutes les deux, et vous verrez autant d'hommes ou de femmes qu'il y aura de semences de pavot. »

Suivant le même[2] : « Si quelqu'un mêle la sueur des quatre passions contenues dans les quatre humeurs, avec de la terre, et qu'ensuitte on écrive le nom d'une beste ou d'un homme sur cette terre en prononçant ce même nom, il verra d'abord l'image de celuy dont il aura écrit le nom. »

Les magiciens conjuraient les orages et commandaient aux éléments.

Olaüs Magnus, cité par dom Calmet[3], dit que « les peuples de Fionie, avant leur conversion au christianisme, vendaient les vents aux matelots, en leur donnant un cordon avec trois nœuds, et les avertissant qu'en dénouant le premier nœud, ils auroient un vent doux et favorable, au second nœud un vent plus vé-

---

[1] *L'Art magique d'Artephius et de Mithinius*, ms. de la Bibl. de l'Arsenal, expérience xi, p. 19.

[2] *Ibid.*, expérience ii, p. 15.

[3] *Traité sur les apparitions des esprits*, t I, p. 250.

lièment, et au troisième nœud un vent impétueux et dangereux. »

Le même nous apprend « que les Bothniens, frappant sur une enclume à grands coups de marteau, sur une grenouille ou un serpent d'airain, tombent évanouis, et pendant cet évanouissement apprennent ce qui se passe en des lieux éloignés. »

Suivant le Père Lebrun [1], « les habitants de Cléone, lorsque quelque nuée paroissoit disposée à se résoudre en grêle, immoloient des agneaux, ou par quelque incision à un doigt en faisoient sortir du sang, dont la vapeur, montant jusqu'à la nuée, l'écartoit ou la dissipoit entièrement.

« On pensoit aussi que le corail dissipe les frayeurs paniques et écarte la foudre et la grêle. L'empereur Auguste, pour se prémunir de la foudre, étoit toujours vetu d'une tunique de peau de veau marin. D'autres personnes pensent que les figues ont la même vertu. »

Les magiciens donnaient le moyen d'arrêter les bêtes sauvages et de les rendre obéissantes.

« Ayez dans la bouche, dit la neuvième expérience des *Opérations des sept esprits des planètes* [2], une topaze avec une feuille d'auronne, et poursuivez une beste sauvage tant que vous la verrez : et d'abord, crachez ce que vous avez dans la bouche, dans un mor-

---

[1] *Histoire critique des Pratiques superstitieuses*, t Ier, p. 376.
[2] Ms. de la Bibl. de l'Arsenal, n° 70, p. 36.

ceau d'étoffe de soye et le liez étroitement, et jetez-le contre la beste sauvage, en disant à haute voix :

Grabaton ution Adonay!

et vous direz cela trois fois; alors la beste sauvage ne pourra plus se remuer et demeurera à l'endroit où vous l'avez vu, lorsque vous avez commencé à prononcer les paroles mystérieuses. »

Ils savaient mille moyens de trouver des trésors.

Le *Petit Albert*[1] indique une chandelle merveilleuse pour cet objet :

« Je finirai cette matière, dit-il, par le secret que donne Cardan pour connoître si le trésor est dans le lieu où l'on creuse; il dit qu'il faut avoir une grosse chandelle, composée de suif humain et qu'elle soit enclavée dans un morceau de bois de coudrier ; et si la chandelle, étant allumée dans le lieu souterrain, y fait beaucoup de bruit en pétillant avec éclat, c'est une marque qu'il y a un trésor en ce lieu, et plus on approchera du tresor, plus la chandelle pétillera, et enfin elle s'éteindra, quand on sera tout à fait proche; il faut avoir d'autres chandelles dans des lanternes, afin de ne pas demeurer sans lumière. Quand on a des raisons solides pour croire que ce sont des esprits des hommes défunts qui gardent les trésors, il est bon d'avoir des cierges bénits au lieu de chandelles com-

---

[1] *Secrets merveilleux du Petit Albert.* Lyon, Beringos frères, 1772, in-12, p. 99.

munes, et les conjurer de la part de Dieu de déclarer si l'on peut faire quelque chose pour les mettre en lieu de bon repos, et il ne faudra jamais manquer d'exécuter ce qu'ils auront demandé. »

On trouve, dans le *Livre premier de la sacrée Magie que Dieu donna à Moïse, Aaron, David, Salomon, et à d'autres saints patriarches*[1], la curieuse histoire que voici :

« Ayant obtenu la faculté de se servir de la sacrée magie, on peut demander à l'ange une somme d'argent comptant, proportionnée à sa naissance, qualité, capacité : laquelle sans peine te sera accordée ; lequel argent est pris dans les trésors cachez. Il faut pourtant observer que de tous les trésors on en peut prendre la cinquième partie, Dieu le permettant, quoyque quelques hableurs disent qu'il y en a une infinité qui sont destinez et réservez pour l'Antechrist... Mon trésor me fut assigné à Herbipole... Il n'étoit point gardé et fort ancien ; c'estoit de l'or qui n'estoit point frappé, en lingots que je fis ensuite battre et convertir en autant pesant de florins d'or, par les Esprits, ce qui fut fait en peu d'heures. Mes facultés étoient peu de chose, de sorte que, pour faire un mariage avec une dot considérable, je fus obligé de me servir de mon art, et j'épousai ma parente avec quatre-vingt mille florins d'or de dot. »

« Pausanias, dit Roch le Baillif[2], escript avoir esté

---

[1] Ms. de la Bibl. de l'Arsenal, S. et A., n° 79, in-4°, p. 70.
[2] *Le Demosterion*, p. 118.

en deux villes de Lydie, nommées Hiérocésarée et Hyppepis, en chacune un temple, ausquels, quand se devoit faire cérémonie à leur coutume, y avoit un grand homme mettant du bois sec sur l'autel, et chantant en la langue du pays certains hymnes, et après lisoit d'un livre qu'il tenoit quelques motz barbares, et incontinant sans autre chose le feu s'allumoit. »

Suivant P. de l'Ancre [1] : « Il y avoit à Rome un certain temple, dans lequel se faisoit la consécration de toutes les statues, chacune desquelles indiquoit la nation ou contrée en laquelle chacune des idoles estoit adorée, ayant au col une cloche, avec des prestres veillans nuict et jour qui les gardoient ; or, dès aussitost que quelque nation vouloit se révolter et prendre les armes contre l'empire romain, soudain la statue qui portoit la marque et estoit adorée par cette nation, s'esmouvoit, et la cloche qu'elle avoit au col sonnoit, et la mesme statue monstroit au doigt cette nation rebelle, si qu'on pouvoit voir son nom par escrit, lequel le prestre qui avoit accoustumé estre gardien de cette statue portoit aux princes et magistrats romains, et tout aussitost on dressoit une armée pour courir sus à cette nation. »

Le P. de l'Ancre [2] n'a garde d'oublier la légende merveilleuse du poëte Virgile, si répandue au moyen age : « Virgile étoit grand négromantien, raconte-t-il. Et, de faict, on dit qu'à la porte de la ville

---

[1] *L'Incrédulité et mescréance du sortilége*, p. 281.
[2] Même ouvrage, p. 280.

de Naples qui tire vers la campagne, il fit une mouche d'airain, qui chassa toutes les mouches de la ville, et fit faire une boucherie dans laquelle la chair ne sentoit ny ne se corrompoit...

« Et une autre fois la ville de Naples estant blessée d'une contagieuse et infinie quantité de sangsues, elle en fut délivrée dès aussitôt qu'il eut fait jeter une sangsue d'or dans un puits, laquelle après longues années en estant tirée par mesgarde, un nombre si effréné de sangsues se jetta ou s'engendra dans les eaux de la ville de Naples, que ce fléau ou contagion ne put jamais s'apaiser, qu'on n'eût remis la sangsue d'or de Virgile au mesme puits, dans lequel il l'avoit fait jetter longues années auparavant.

« Comme aussi Virgile avoit entouré sa demeure et son jardin d'un air immobile qui luy servoit comme d'un mur, et y bastit un pont d'airain, par le moyen duquel il alloit partout où il vouloit.

« Il fit un clocher avec un si merveilleux artifice que la tour qui estoit de pierre, se mouvoit en mesme façon que la cloche et avoient tous les deux mesme branle et mesme mouvement. Il ne pleuvoit point dans son jardin, et dit-on des choses merveilleuses et incroyables de ses bains. »

Recettes magiques.

Les magiciens enseignaient enfin une foule de remèdes et de secrets pour éviter des malheurs, ou pour obtenir des guérisons, ou pour faire des choses surnaturelles.

D'après Corneille Agrippa [1] :

« Quand on veut travailler à donner quelque propriété ou quelque vertu, il faut chercher des animaux ou autres choses, dans lesquels cette propriété se trouve plus excellemment, et il en faut prendre une partie dans l'endroit où cette propriété est plus en vigueur, comme, quand on veut se faire aimer, il faut chercher quelque animal de ceux qui aiment le plus, comme sont la colombe, la tourterelle, le passereau, l'hirondelle et la branle; il en faut prendre un membre, ou les parties dans lesquelles l'appétit vénérien domine le plus... Et il faut que cela se fasse, lorsque ces animaux sont plus chauds, car pour lors ils excitent et portent davantage à l'amour.

« De même, pour se rendre plus hardi, il faut prendre les yeux, le cœur, ou le foie d'un lion ou d'un coq, et il faut entendre de la même manière ce que dit Pselle, le Platonicien, que les chiens, les corbeaux, les coqs et la chauve-souris ont pareille vertu, surtout la tête, le cœur et les yeux; ce qui fait dire que quiconque porte sur soi le cœur d'un corbeau, ne dort point qu'il ne l'ait quitté; la tête de la chauve-souris étant sèche et attachée au bras droit de celui qui veut veiller, fait le même effet; la grenouille et le chathuan ou hibou font beaucoup parler, et en mettant la gre-

---

[1] *Philosophie occulte*, t. 1ᵉʳ, p. 43.

nouille sous la tête d'une personne quand elle dort, elle la fait rêver et parler en rêvant ; on dit que le cœur d'un hibou étant mis sur la mamelle d'une femme quand elle dort, lui fait révéler toutes sortes de secrets. »

Roch le Baillif[1] nous fait connaître diverses recettes magiques, qui sont peut-être encore en usage dans les campagnes :

« J'ay dit ces choses en passant, pour monstrer le péril qu'il y a au mépris du Souverain, et des choses de sa création, pour recourir aux impostures sataniques. Combien que je ne veux nier qu'il n'y ait vertu noire, force mesme, aux paroles par lesquelles les uns s'efforcent réparer un membre rompu, ayant la ceinture qu'avoit le blessé lors de sa chute ; et dessus marmotter certains mots qui pour certain réparent le mal.

« Autres, par paroles, aux rayons de la lune, représenter une écriture qui se peut lire par un second en quelque lieu qu'il soit, moyennant qu'il voye l'astre, et par vertu des mesmes mots y respondre.

« Autres arrester le navire en mer singlant, ou bien le moulin tournant, par paroles mesmes. Et faire dévorer à une grenoille certains mots et caracteres escripts, et vifve la jetter en l'eau, incontinent esmouvoir pluye. Et par autres arracher un plomb ou fer demeuré dans le corps. Par autres congeler le vin au

---

[1] *Le Demosterion*, p. 14 et suiv.

vaisseau, qu'il ne se peut tirer. Arrester le sang coulant du nez ou d'une playe. Et d'une trouppe d'oyseaux arrester celuy que bon leur semblera. Conserver l'homme trouvé dormant un long temps...

« Il est certain neantmoins que ces mots : *Gaspar fert myrrham, thus Melchior, Balthasar aurum,* insufflez en l'aureille droite d'un tombé du mal caduc, se releve en l'heure. Et, pour le guerir du tout, disent avoir trois clous de fer, de la longueur de son petit doigt, et les enfouyr profundement au lieu de sa première cheute, et sur chacun nommer le malade.

« Et ces mots : *Iririori, ririori, essera rhuder fere,* escripts en un morceau de pain et donnez à manger, est remède à la morsure d'un chien enragé.

« Autres font en cette sorte : *Hax, pax, max Deus,* et l'escrivent en un morceau de pomme...

« Et pour remède d'un membre disloqué faut fendre une canne, verge d'osier ou couldre franche, de longueur de quatre piedz, et la tenir par deux hommes vis-à-vis, chasque bout sur leurs cuisses, et dessus dire ces mots : *Motas donata daries dardaries astaries,* et dire par trois fois, et au lieu où ils se joindront mettre un fer dessus, comme un cousteau, et prendre avec la main droite et le couper avec la senestre par un bout auprès du lieu où il s'est joinct : puis le lier sur la fracture...

« Autres sont qui se promettent appaiser la douleur des dentz par ces mots escriptz et pendus au col : *Strigiles falcesque dentate dentium dolorem persanat.*

« Le parfum de la dent d'un homme mort sans doubte délivre de ce mal.

« Ils tiennent que celuy auquel (par cheviller, qu'ils appellent) l'urine sera arrestée, se réparer par luy faisant boire le poids d'un écu de *telum Jovis* mis en poudre, et ce avec du vin, et dire par trois fois : *Amedovephet.* »

La *Nomancie cabalistique* [1] recommande ces recettes bizarres et facécieuses :

« Pour reconnoître les femmes libertines à l'église ou autre endroit, mettez sécher dans un pot au four des bourdons et les mettez en poudre, et en jetterez sur le seuil de la porte : elles ne passeront pas dessus ; ainsy les connoîtrez.

« Pour faire éteindre le feu dans une cheminée, écrivez avec du charbon ardent sur le foyer, ayant fait une croix : *Consommatum est.*

« Pour faire que toutes les femmes qui seront dans un festin ne pourront tenir d'uriner sous elles, prenez un peu de sel ammoniac et le jettez dans leur vin, et lors vous aurez le plaisir.

« Pour désennyvrer, mouillez les parties nobles de l'homme, de fort vinaigre.

« Pour faire parler une personne en dormant, prenez la langue d'une grenouille et la mettrez entre deux morceaux d'écarlatte et la faire sécher au soleil, et la mettrez sur le creux d'estomach. »

[1] Ms. de la Bibl. de l'Arsenal, S. et A , n° 207 *bis*, p. 73.

Le *Livre des secrets de magie*[1] enregistre cet incroyable secret :

« Pour donner la foire à quelqu'un, mettre de la fiente de la personne, un samedy, au soleil couchant, à l'heure de Saturne, quand la pleine lune est passée ; quelques jours après, vous prendrez un morceau de la jambe ou du bras d'un mort, percez les deux bouts et bouchez les deux bouts avec un morceau de cire du cierge pascal, et y faire un petit trou avec une grosse épingle, et avec la fiente de la personne vous metterez un petit morceau de parchemin vierge, sur quoy sera écrit le nom et le surnom de la personne avec ces paroles : *Culpimus misussette* ; et l'attacher dans un courant d'eau avec un bâton de coudre et répéter ces paroles, et jettez trois liards par dessus votre épaule gauche en disant : « Voilà ta part ou ton payement ! »

Et celui-ci[2] :

« Pour estre invisible, prendre un nid de corbeau, en remuer les œufs et boucher le nid : le corbeau apportera une pierre ; il faut bien remarquer l'endroit où est le nid, avec une ficelle un peu longue. Vous prendrez la pierre et la mettrez sur votre teste. Avoir bien soin de la pierre, qui est petite et quarrée. »

Et cet autre[3] :

« Prenez un jeune chat noyé et puis mettez dans son œil une febve, puis l'enterrez, et, lorsque la febve

---

[1] Ms. de la Bibl. de l'Arsenal, S. et A., n° 84, in-4°, p. 244.
[2] *Ibid.*, p. 10.
[3] *Ibid.*, p. 208.

portera son fruit en maturité, vous déterrerez le chat de la terre, et des febves qui seront venues vous en mettrez une dans votre bouche, et gardez de l'avaler, car vous verrez merveilles. »

Les œuvres de magie noire du célèbre nécromancien et démonologue espagnol Picatrix[1] sont divisées en quatre livres et chaque livre en plusieurs parties. « Dans le premier, il traite de l'être du ciel et de ses effets à cause des images qui y sont; le deuxième parle en général des figures du ciel, du mouvement de la huitième sphère et de leurs effets dans ce monde; le troisième marque les propriétés des planettes et des signes, avec leurs figures et leurs formes dans leurs propres couleurs, et aprend de quelle manière on peut parler aux Esprits des planettes, et instruit de plusieurs autres choses de la négromancie; et à l'égard du quatrième livre, il fait voir les propriétez des Esprits et ce qui est nécessaire à observer dans cet art avec la manière de s'aider des images, des fumigations et d'autres choses semblables. »

Nous emprunterons seulement à Picatrix[2] trois recettes, qu'on n'a pas sans doute essayées depuis cent ans:

« Pour prendre des poissons, il s'agit de faire une image dans la figure du signe des Poissons et que la Lune se trouve avec Vénus dans l'ascendant, et que cela se fasse à l'heure de la lune. Puis vous jetterez cette image dans le fleuve, et vous verrez qu'une

[1] *Œuvres*, ms. de la Bibl. de l'Arsenal, n° 85, p. 3.
[2] *Ibid.*, p. 146.

multitude de poissons s'y arrestera aussytost. »

« Pour détruire une ville[1], faites une image, sous l'heure de Saturne ; quand les infortunes sont sous l'ascendant de la ville et que le seigneur de l'ascendant se trouve infortuné, faites que les fortunes soient écartées de l'ascendant et de son seigneur, ainsy que de la triplicité de l'ascendant et de la quatrième, septième et dixième demeure. Puis, enterrez cette image dans le milieu de la ville, et vous verrez merveilles. »

« Pour avoir quelque dignité de la part d'un seigneur[2], faites une image, en bonifiant l'ascendant de la dixième demeure et le dominant de l'ascendant pareillement ; éloignez l'infortune de l'ascendant et de son dominant, et mettez la fortune dans l'onzième demeure, afin que le dominant et l'ascendant se regardent l'un l'autre d'un bon et louable aspect et qu'ils soient en bonnes réceptions. Quand vous aurez ainsi perfectionné votre image, vous la tiendrez par devers vous dans le secret, en sorte qu'elle ne soit vue de personne, et lorsque vous paroîtrez devant un seigneur, et que vous luy demanderez quelques services, grâce ou dignité, vous l'aurez. »

Le *Livre Ier de la sacrée Magie que Dieu donna à Moïse, Aaron, David, Salomon et à d'autres saints patriarches*[3] expose les figures magiques qu'il fallait tracer pour voler dans l'air et aller partout :

[1] *Œuvres*, ms. de la Bibl. de l'Arsenal, n° 85, p. 138.
[2] *Ibid.*, p. 132.
[3] Ms. de la Bibl. de l'Arsenal, S. et A., n° 70, in-4°.

« 1. Dans un nuage noir.
« 2. Dans un nuage blanc.
« 3. En forme d'aigle.
« 4. En forme de corbeau.
« 5. En forme de vautour.
« 6. En forme de grue. »

Et pour faire naître toutes sortes d'affection et d'amour :

« 1. Pour estre aimé de son époux.
« 2. Pour une amour particulière.
« 3. Pour estre aimé d'une parente.
« 4. Pour une pucelle, en particulier.
« 5. Pour s'acquérir l'affection d'un juge.
« 6. Pour se faire aimer d'une mariée.
« 7. Pour se faire aimer d'une veuve;
« 8. D'une fille promise;
« 9. D'une pucelle, en général;
« 10. D'un prince particulier;
« 11. D'un roy particulier.
« 12. Pour avoir l'amitié d'un particulier;
« 13. Pour avoir celle d'un grand.
« 14. Pour estre aimé d'une femme.
« 15. Pour se faire aimer des ecclésiastiques.
« 16. Pour se faire aimer d'un maître;
« 17. D'une maîtresse.
« 18. Pour se faire aimer des infidelles;
« 19. Du pape, de l'empereur et des rois.
« 20. Pour les adultères, en général. »

Magie naturelle.

Suivant Corneille Agrippa[1], « il y a tant d'antipathie entre l'olivier et une femme débauchée, qu'on dit que quand elle en plante quelqu'un, il reste infructueux ou sèche pour toujours ; le lion ne craint rien tant que les flambeaux allumés ou ardents, et l'on croit qu'on ne le peut dompter que par ce moyen ; et le loup ne craint ni le fer ni la lance, mais la pierre, parce qu'elle lui fait une playe dont il se forme des vers ; le cheval craint le chameau de manière qu'il ne peut le regarder ni voir sa figure ; l'éléphant en furie s'apaise à la vue d'un bélier ; la couleuvre craint un homme nud, et le poursuit quand il est habillé. On dompte l'impétuosité d'un torrent qui est en furie, en l'attachant à un figuier ; l'ambre attire tout, excepté l'herbe appelé *dragée aux chevaux*, et tout ce qui a été frotté d'huile, pour laquelle il a une certaine aversion naturelle. »

« Saint Bernardin de Sienne[2], dit l'abbé Thiers[3], parle des superstitions suivantes : jeter la cremaillière de sa cheminée hors de son logis, pour avoir beau temps ; mettre une épée nue sur le mast d'un vaisseau, pour détourner la tempête ; danser le jour et la nuit

---

[1] *Philosophie occulte*, traduction française de Le Vasseur. La Haye, 1727, 2 vol. in-8°.

[2] Tome Ier, serm. 1, art. 3, c. 2.

[3] *Traité des Superstitions*, t. Ier, p. 300.

en prenant bien garde de tomber par terre et faire quantité d'autres folies dans l'église aux fêtes de l'Assomption de la Vierge et de saint Barthélemy, pour être guéri du mal caduc; ne point manger de têtes d'animaux, pour n'avoir point mal à la tête; faire ce qu'on ne peut dire ni même penser honnêtement, pour guérir le mal d'oreilles; toucher avec les dents une dent de pendu, ou mettre du fer entre les dents lorsque l'on sonne les cloches le samedi saint, pour guérir le mal de dents; porter un anneau fait dans le temps qu'on dit la Passion de Notre Seigneur, contre la goutte-crampe; prendre deux roseaux ou deux noyaux d'aveline, les faire joindre l'un à l'autre et les porter pendus à son cou, contre les dislocations de membre; mettre sur un enfant, qui est tourmenté des vers, du plomb fondu dans l'eau, ou du fil filé par une vierge; pour le feu sauvage, compter avec le pied les pierres d'une muraille, en levant le pied vers la muraille en courant, et enfin, en la touchant du genouil; faire passer les enfants dans des racines de chêne creuses ou par un trou nouvellement fait, afin de les guérir de certaines maladies; chasser les mouches lorsqu'une femme est en travail d'enfant, de peur qu'elle n'accouche d'une fille. »

« S'il est vray, dit Cardan[1], que la face frottée de suif et graisse d'ours fasse augmenter l'entendement, ce me semble avoir de cause et raison. Et que la mouelle d'une mulle quand elle est bue, rende

---

[1] *Les Livres de Cardan*, p. 435, v°.

l'homme stupide, quoy que ce peut estre, je ne l'ay toutesfois expérimenté. Mais que la sueur d'icelle mise en la matrice d'une femme, l'empesche de concevoir, ce me semble assez vraisemblable.

« Il peut estre que l'œil d'un chien noir, tenu en la main, empesche par son odeur que les chiens n'aboyent et qu'ils favorisent aux larrons et aux adultères amoureux : car les chiens, comme chacun cognoit, flairent grandement les odeurs, quoiqu'elles soient très-petites. On peut donques expérimenter cecy, en l'œil arraché récentement, s'il est vray. Telles choses susdictes aucunes fois font opération, aucunes fois non... On dit qu'une pierre morse d'un chien, prise en beuvant, fait crier l'homme. S'il crie ou il est contraint de ce faire ou ce fait volontairement. Si l'homme crie, il est nécessaire que la pierre luy nuise grandement : toutesfois ils disent qu'elle ne fait de nuisance. Si l'homme crie de son bon gré, ou il se joue, et par ce moyen l'expérience est ridicule, ou il n'a de sentiment... Peut estre qu'ils disent bien que l'escume d'un chameau donnée en breuvage à l'homme yvre le rend démoniaque : car, entendue qu'elle est trop sèche, elle concile véhémentement le cerveau jà imbécile. Non sans cause on a dit que le ventricule d'un bélier cuit en eau et vin, guarit plusieurs maladies, donné en breuvage; car il y sympathie, concorde et consens. Ainsi, la corne du bélier se convertit en asperges, si on l'enfouit dedans terre et pourrisse illec, et quoique je ne l'aye expérimenté, je croirai toutesfois au tesmoignage de plusieurs. Ceste corne mesme, enfouie auprès d'un figuier, ayde à faire mourir les figues...

« Le testicule dextre du léopard excite et provoque les mois des femmes autant que drogue qui soit. Le fiel d'icelui est un venin présent qui fait mourir le jour même. Aussi, la langue d'un jars, quand elle est bue, est merveilleusement utile à la rétention d'urine, et les testicules d'iceluy, mesmement le ventre d'un lievre, sont valables pour faire engendrer enfans, ainsi que le poisson dit *squilla* y est fort utile : ce qui m'est avenu quelquefois ; mais il faut oster les empeschemens et que le cœur et la matrice soient premier purgez. Si les enfans se meurent incontinent et qu'ils ne puissent estre nourris, il faut que la femme grosse mange assiduement des œufs de tortue. Si la femme, tandis qu'elle est enceinte, mange assiduement des pommes de coing ou cotignat, elle a des enfans ingénieux et industrieux... Il est assez divulgué que le cœur d'un singe empesche le pouls du cœur et guarit les épileptiques et augmente la hardiesse, ensemble l'entendement. Quelle merveille est-ce, puisque un semblable est aidé de son semblable ! Nous voyons cecy aux ventricules des poules, lesquels pris avant autre viande, quand ils sont bien cuits, car ils sont difficiles à cuire, corroborent grandement le ventricule de l'homme. Or, je reviens au cœur du singe, lequel mis (comme l'on dict) souz la teste de celuy, montre les fères et bestes sauvages en songeant. La cendre du hérisson terrestre seche les fistules et toutes playes, et quand on le mange il consume l'humeur superflu des membres, et principalement le foye et les reins d'iceluy sont très-utiles, et cecy est receu et approuvé des médecins. Ils disent que les pulces se congregent et rassemblent à la voix du hérisson. J'ai trouvé dans un fossé les pulces s'assembler au sang d'un bouc, et ce n'est admirable, car si tel sang semble estre doux aux pulces, sans faute elles se congregeront illec. Au temps passé, je sçavois et cognoissois une gresse que j'ay oubliée, laquelle frotée en une assiette de bois attiroit toutes les punaises. Pourtant, quelqu'un, fichant un couteau au milieu de l'assiette, feignoit les enchanter : toutesfois elles venoient à la pasture, non aux paroles d'enchantement. Il faisoit bon voir cette assiette estre couverte de punaises, en sorte qu'à peine on pouvoit voir le bois. Certainement, telles choses sont et est nécessaire qu'elles soient, mais il faut les sçavoir et les cognoistre. Aucuns certifient que le cœur d'une chauve-souris engarde les fourmis de sortir. »

« Outre plus, aucunes drogues sont vénéfiques et pleines de poisons, sans aucune mixtion d'autre chose, dit encore Cardan [1] : le cerveau d'un chat et d'un lézard, le sang menstrueux d'une paillarde, un serpent dict *stellio* et *stincus hippomanes*. Ces choses plutost troublent l'esprit, qu'elles ne contraignent d'aimer celle qui les a données. Souvent ces drogues sont compo-

---

[1] *Les Livres de Cardan*, p. 445, r°.

sées des excréments ou des bêtes mêmes, qui sont engendrées de putréfaction, ou de la semence humaine, pource qu'elle est la poison d'icelle semence, et de la matrice d'une chienne chaude en amour, pourveu que le chien soit devant elle, et qu'elle ne l'ait admis : car, lors elle est comme furieuse et pleine de rage. Ils sont autres médicaments qui attirent en amour, lesquels ne sont mangez, pris aucunes fois des habits de ceux qui sont morts, des chandelles, mesures, aguilles, et généralement toutes choses prises qui sont préparées pour cause de funérailles. Tels empoisonnements et enchantements vénéfiques diffèrent peu des venins, ne les matières prises des excréments corrompus, de ce qui est mangé, comme prises de sang ou urine des lépreux, quand le fromment y a trempé et quand les poules, que l'on mange, sont nourries de tel fromment trempé… Le troisième genre de poison est qui se fait sans touchement, pris des excréments d'iceluy auquel le poison doit nuire, ou pris des excréments de la partie d'iceluy, comme l'urine, la matière fécale, le sang, les rognures de cheveux : ces choses sont encloses aux membres d'un chien, semblables à ceux dont les parties ou excréments sont en l'homme, et sont fermez en l'os d'un homme mort, et enfouis au nom d'iceluy, aucuns à l'entrée de la maison, aucuns aux torrents et eaux courantes.

« Mesmement ceux qui sont oingts de la graisse de lion, qui est chose admirable, sont hors du péril des bestes sauvages, entendu qu'elles ont en crainte l'odeur du lion, soit vivant, soit mort. Et cecy se faict principalement, quand tu te présentes sans crainte, car autrement les bestes sentent à peine l'odeur. Par mesme raison, le suc de rave faict, si tu en laves tes mains diligemment, que tu peux manier les serpents seurement : car ils craignent de mordre, sentant l'acrimonie de l'odeur, ou par ceste odeur ils meurent ou demeurent sans force. Et les bellettes et escureaux, ayant mis la dent dans les aulx, à peine osent mordre en l'advenir et ainsy sont apprivoisez. Cecy est incrédible que l'ergot du pied dextre d'un coq donne la victoire, ou que le sang humain en quatre-vingts jours se condense et croist en forme humaine, est encore plus incrédible ; et encore plus, que cette forme et figure mise dedans la farine d'orge par neuf jours, puis décolée, le sang qui en coule, frotté sur la face, rend l'homme agréable aux rois et amiable de toutes personne. Qui est-il plus absurde ? Je trouve entre les secrets d'Agrippa deux expériences de noix (ayez autant de foy qu'il en est deu à l'entour). La première expérience est que la noix enclose dedans un poulet, le fait cuire trop plus légèrement. La seconde, qui est poison, quand on prend une aragne entre sa toile entière et neuve, afin qu'elle ne se rompe, et qu'on l'enferme entre les escailles d'une noix ; puis, que les hommes sechent en une cuiller d'argent leur propre semence avec une partie de la toile : cecy est donné à boire, et contrainct coluy qui a faict cecy estre aimé de celuy qui a beu la poison, autant longtemps que l'aragne demeurera enclose entre les escailles de la noix. »

Le chevalier de Digby[1] montre comment une femme peut passer pour sorcière sans avoir fait de pacte avec les Esprits :

« Et je leur fis faire réflexion, dit-il, sur ce qu'ils avoient ouï dire diverses fois, et qui se fait assez souvent en notre pays. C'est que dans les villages où il fait toujours bien crotté durant l'hiver, s'il arrive qu'il y ait quelque fermier qui soit plus propre que les autres, et qui tienne plus nettement les avenues de sa maison que ses voisins; les goujats sont bien aises d'y venir la nuit, ou quand il fait obscur, pour y lascher leur ventre... Mais les bonnes ménagières, en ouvrant au matin la porte du logis, trouvent un présent dont l'odeur mal gracieuse les transporte de colère. Celles qui ont été instruites à ce jeu, vont incontinent rougir une broche ou une pelle dans leur feu; puis, l'enfoncent ainsi chaude dans l'excrément, et quand le feu en est esteint, ils la réchauffent de nouveau et répètent souventes fois la même chose. Cependant, le fripon qui a fait cette salleté, sent une douleur et colique aux boyaux, une inflammation au fondement, une envie continuelle d'aller à la selle, et à peine en est-il quitte qu'il ne souffre une fâcheuse fièvre durant tout ce jour-là, ce qui est cause qu'il n'a garde d'y retourner une autre fois. Et ces femmes, pour s'estre ainsi ga-

[1] *Discours sur la poudre de sympathie.* Paris, 1658, in-12, p. 166.

ranties de semblables affronts, passent ignoramment pour sorcières et pour avoir fait pacte avec le diable, pour qu'il tourmente de la sorte les pauvres gens. »

Suivant l'abbé Thiers [1], « l'art *notoire* est un art magique permettant d'acquérir en peu de temps et même instantanément la connoissance de toutes les sciences. Érasme a fait un colloque intitulé : *Ars notoria*, et dit avoir vu un volume manuscrit contenant les règles de cet art : Qu'il y avoit dans ce livre diverses figures d'animaux, de dragons, de lions, de léopards, et quantité de cercles dans lesquels étoient dépeints divers caractères de lettres grecques, latines, hébraïques et des autres langues étrangères ; que le titre de ce livre promettoit la connoissance des sciences en quatorze jours, etc. »

SORCELLERIE

Innocent VIII lança une bulle contre les sorciers : « Nous avons appris, y est-il dit, qu'un grand nombre de personnes des deux sexes ne craignent pas d'entrer en commerce avec les démons infernaux, et par leurs sorcelleries frappent également les hommes et les animaux, rendent stérile le lit conjugal, font périr les

---

[1] *Traité des Superstitions*, t. Ier, p. 275.

enfants des femmes et les petits des bestiaux, les fruits de la terre, l'herbe des prairies, etc. »

« Les uns, dit Pithoys [1], ont pris plaisir à la guérison de certaines maladies, ou à charmer certains animaux, ou à faire mouvoir des choses insensibles en proférant quelques mots barbares qu'ils avoient appris par tradition de père en fils. D'autres se sont égayez à fasciner, emphyltrer et enchanter les personnes par l'application de quelque feuille d'arbre ou d'une espingle sans tête ou par un nœud d'éguillette. D'autres ont pris leur passe-temps à faire voir des merveilles incroyables dans une bouteille de verre, par le moyen d'une certaine liqueur touchée seulement avec la pointe d'une aiguille; ou bien à faire ouïr des sons mélodieux ou des hurlements espouvantables par l'application d'un petit cornet à l'oreille. D'autres se sont rendus aimables, d'autres redoutables, d'autres invulnérables en bataille, par le moyen de certains charactères gravés sur un écu ou sur un anneau, ou sur une pierre, ou peints sur un morceau de vélin. D'autres avec trois signes célestes gravez sur une émeraude ont guéri des hydropiques, paralytiques et quantité d'autres maladies incurables. »

« Nous lisons, en l'histoire de Monstrelet, dit Bodin [2], qu'il y eut une sorcière de Compiègne, qui fut trouvée saisie de deux crapaux baptisez par un prestre dont

---

[1] *Traité curieux de l'Astrologie judiciaire.* Sedan, 1641, in-12, p. 209.
[2] *La Démonomanie des sorciers, passim.*

elle usoit en ses sorcelleries : qui sembleroit ridicule si on ne voyoit tous les jours l'expérience de chose semblable. Et, de fait, après que maistre Jean Martin, lieutenant de la prévosté de Laon, eut condamné la sorcière de Sainte-Preuve à estre bruslée toute vive, en la faisant dépouiller, on luy trouva deux gros crapaux en ses pochettes. Et pendant que j'escrivois cette histoire, on m'advertit qu'une femme enfanta d'un crapaut, près la ville de Laon : de quoy la sage-femme estonnée, et celles qui assistèrent à l'enfantement déposèrent, et fut apporté le crapaut au logis du prévost, que plusieurs ont veu différent des autres...

« L'Histoire de Froissard témoigne aussi qu'il y eut un curé à Soissons, qui, pour se venger de son ennemy, s'adressa à une sorcière, qui luy dist qu'il falloit baptiser un crapaut et le nommer, et puis luy faire manger l'hostie consacrée : ce qu'il fist, ainsi qu'il confessa, et autres choses qu'il n'est besoin d'escrire. Depuis il fut bruslé tout vif...

« Les cinq inquisiteurs des sorciers récitent qu'entre autres ils ont fait le procès à une sorcière qui confessa avoir receu l'hostie consacrée, en son mouchoir, au lieu de l'avaller, et la mist dedans un pot où elle nourrissoit un crapaut, et mit le tout avec d'autres poudres que le diable luy bailla pour mettre soubs le seuil d'une bergerie en disant quelques parolles qu'il n'est besoin d'escrire, pour faire mourir le bestail. Et fut surprise, convaincue, et bruslée vive...

« Mais, pour monstrer de plus en plus que les crapaux ny les hosties, ni les poudres diaboliques ne font mourir les animaux, il est à remarquer que les grandes sorcières font quelquefois mourir en soufflant au visage, comme Daneau a bien remarqué en son petit Dialogue : mais je n'approuve pas que c'est par le moyen des poisons qu'elles ont en la bouche, comme dit Daneau, car les sorcières en mourroient les premières, qui est un argument auquel je ne voy point de réponse et qui peut servir contre un personnage italien qui dit avoir été un des plus grands empoisonneurs de son temps, ce que je ne puis croire, quoy qu'on die qu'il a fourny de grands parfums à plusieurs personnes qui mouroyent après les avoir sentys : car il fut mort tout le premier, veu qu'il faisoit la senteur, si le diable n'avoit tué ceux qu'il avoit chargé par une juste permission divine. »

« Et quant aux hommes, dit Daneau [1], il est trop notoire qu'ils peuvent estre empoisonnez et ensorcellez par les sorciers : car tous les jours nous le voyons. De faict, ces misérables sorciers, en tuant les uns, font et tiennent les autres malades et en langueur, tarissent et asseichent le laict des nourricces, donnent une maladie de cholique, d'estomach, de teste, de pieds, de paralysie, d'apoplexie, d'enfleure et d'autres maladies, que ni eux, ni autres ne cognoissent, non pas mesme les médecins : et le donnent, ces meschants, tant aux

---

[1] *Les Sorciers, dialogue très-utile et nécessaire pour ce temps*, etc., par L. Daneau. Jacques Bourgeois, 1574, in-12, p. 54.

femmes qu'aux hommes, tant aux grandes personnes qu'aux petits enfants, selon que leur colère et despit contre quelqu'un les pousse; les mestayers font mesmement mourir leurs maîtres. Quant au bestail, ils le tuent aussi et le font mourir en diverses sortes, et non seulement le tuent, mais le font enfler ou amaigrir et desseicher par leur ensorcellement. »

Du reste, si l'on en croit Wier [1], les sorciers avaient quelquefois recours aux poisons :

« Ce fut une pareille sorcellerie laquelle advint à Casal, ville du marquisat de Saluces, environ 1536. Il y avoit quarante, tant d'hommes que femmes, du nombre desquels estoit le bourreau du lieu, lesquels conjurèrent ensemble (après qu'ils virent que la peste, qui avoit duré quelque temps, commençoit à s'apaiser), et composèrent un onguent par lequel ils frottèrent les tirouërs des portes, à celle fin que ceux qui les toucheroient en fussent empoisonnez : et préparèrent aussi une poudre, de laquelle ils suppoudroyent en cachette les mesmes tirouërs : tellement qu'ils empoisonnèrent tous ceux qui y touchèrent. Ceste tromperie demeura quelque temps cachée, dont plusieurs moururent empoisonnez par leurs propres parents, lesquels, comme on disoit, bailloyent argent aux sorcières, afin de plus tost succéder à l'héritage. Mais, ainsi qu'ils eussent faict mourir le frère et le fils unique d'un nommé Néci, et

---

[1] *Histoires, disputes et discours des illusions, et impostures des diables*, trad. du lat. par J. Grévin. Paris, 1567, in-8°, p. 211 v°.

qu'à peine autres que les maistres et enfants des maisons mourussent, et on s'apperceut qu'une certaine androgyne entroit dedans les maisons, et que ceux-là principalement mouroyent chez lesquels elle avoit hanté : ainsi la meschanceté fut descouverte, et tous les coupables cruellement exécutés à mort. Ils confessèrent qu'ils avoyent délibéré de faire mourir tous les citoyens, au jour d'une feste solennelle, seulement en frottant les bancs et les selles, sur lesquels ils se devoyent asseoir, avec de l'onguent, et que pour cet effect ils en avoyent desjà préparé plus de vingt potées. Le mesme fut essayé quelque temps après à Genève par quelques-uns qui en furent punis. »

On accusait aussi les sorciers de la procréation des monstres :

« Ung monstre est nez en Italie, dit un vieux livre [1], vers la marche d'Ancône, en la ville de Ravenne, le 6e jour de mars l'an 1512, lequel a teste en forme humaine et aussi le corps par la façon suivante. Sa teste est comme offusquée et sans yeulx. Sur sa teste a une corne, et il a trois lettres en sa poytrine, que sont *i*, *x*, *u*; et n'a point de bras et de mains, mais en ce lieu à elles de ratles-pennes; en ladicte poytrine a ung croissant de lune au dessoubs de ladicte lettre de *u*, et au dessoubz ou au travers ou au large de ladicte poictrine a aucunes figures ressamblant à flambes

---

[1] *Les Avertissements ès trois Estats du monde selon la signification de ung monstre de l'an mille V cens et XII*, goth., in-4°.

ou à cornes de cheval mal pigné, descendant contre bas sur le ventre. *Item* a son membre, à forme ou à la façon brutal. Sa jambe et pied de la dextre partie est formée comme nature les produit naturellement, excepté que a un œil au genoil. Et la jambe du costé senestre en eschaque a façon des eschalles de poisson. Et n'a nulle forme de pied dessoubz celle jambe resemblable à forme de membre humain, ne apte à cheminer droictement, humaynement, mais contrefaict. »

Gaspard Peucer [1] rapporte que :

« L'an 1496 fut trouvé à Rome, dans le Tibre, un moustre qui avoit teste et col d'asne, les espaules, pieds et mains couverts d'escailles entièrement, la main droite comme un pied d'éléphant, la gauche en forme de cinq doigts de main d'homme, le pied droit ressemblant à celuy d'un bœuf, le gauche à celuy d'un griphon, le ventre et le sein comme d'une femme, la face d'un vieillard, le col d'un dragon lui sortant par derrière, à l'endroit de la fesse gauche.

« Plusieurs se souviennent, ajoute-t-il, d'avoir vu à Fribourg, en Suisse, un veau qui n'avoit point du tout de poil, deux testes, la plus haute comme d'un veau, la plus basse ressemblante à celle d'un homme, la peau couverte de je ne sçay quoy, tel qu'est le froc d'un moine, et qui le serroit fort par le col ; au reste, il marchoit tout debout.

[1] *Les Devins, ou Commentaire des principales sortes de sorcelages*, trad. du lat. par Simon Goulart. Anvers, Coninx, 1584, in-4°, p. 040.

« En l'an 1531, une femme, en la ville d'Augsbourg, accoucha premièrement d'une teste humaine, envelopée de tayes; secondement, d'un serpent de la longueur de deux pieds ayant la teste d'un brochet, le corps et les pieds d'une grenouille, et la queue d'un luizard; tiercement, d'un cochon fourni de tous ses membres.

« L'an 1543, le jour de la conversion de S. Paul, nasquit (ce dit-on), au Païs-Bas, de gens d'honneste et noble maison, un enfant estrangement hideux et horrible à voir; car il avoit les yeux flamboyans et estincellans, les narines et la bouche avancées et tortues comme la corne d'un bœuf, le dos velu comme celuy d'un chien, deux testes de singe à l'endroit des mammelles, des yeux de chat sur le nombril, des testes de chien aux deux coudes et sur les cols des pieds, avec une mine furieuse, et tournées l'une vers l'autre, les pieds et les mains n'ayant aucunes fentes, les pieds semblables à ceux d'un cygne, et par derrière une queue recoquillée en haut, de la longueur d'une demie aulne. On dit qu'il vescut quatre heures, et qu'après avoir prononcé : *Veillez, le Seigneur vostre Dieu vient!* il expira...

« La considération de tels monstres ne peut estre rapportée à la nature des corps célestes ou terrestres, ni aux défauts et erreurs de la matière, mais force est de confesser que d'autres choses se meslent de cela. »

Louis du Vair [1] explique comment « on void plus de

---

[1] *Trois Livres des charmes, sorcelages*, etc., trad. du lat. par Julien Baudon, Angevin. Paris, N. Chesneau, 1583, in-12, p. 105.

femmes sorcières et charmeresses que d'hommes ; car elles sont, dit-il, si débordées en leur courroux et cupiditez qu'elles ne s'en peuvent retirer, ny se commander aucunément : qui fait qu'à la première et moindre occasion elles bouillonnent d'ire et fichent une œillade ardente et farouche sur ce qu'elles veulent ensorceler. Outre cela, d'autant que la nature des femmes est d'estre muables et volages, sitost que quelque fascherie leur survient, elles sortent de toute æquanimité et perdent patience ; et, se troublans ainsi les humeurs, elles font sortir de leur estomac certaines qualitez et exhalaisons venimeuses qui peuvent estre beaucoup plus augmentées par les mauvaises et nuisantes viandes dont elles se nourrissent, que par les puants et pernicieux excréments qu'elles rendent. Davantage chaque mois elles sont pleines de superfluitez, et le sang mélancholique leur boult, et fait sortir des vapeurs qui s'élèvent en hault, et, passans par la bouche, par les narines et autres conduits du corps, jettent une qualité ensorcelée sur ce qu'elles rencontrent ; et rottent je ne sçay quel air qui nuit à ceux qu'elles rencontrent, ce qu'entre autres les vieilles sçavent bien faire. »

« Je ne craindray point de dire, après d'autres, dit P. Leloyer [1], que la France ne peut retourner en sa première splendeur, qu'on n'extermine les ennemis de Dieu, les haineux des hommes et les idolâtres du dia-

[1] *Discours et histoires des Spectres*, etc. Paris, Buon, 1605, in-4°, p. 371.

ble, qui enflamment d'autant plus l'ire divine, qu'on les laisse impunément exercer leurs abominations et maléfices. Vrayment, je me suis laissé dire que ceste impunité a rendu les gens tant audacieux, qu'il y a des bergers au pays de Berry, et en quelques autres endroits de la France, qui font ouvertement profession de sortilége et de magie, et en font trafic et marchandise, se louant à qui veut, à garder le bergeail et bestail un an durant, et le préserver du loup, ce qu'ils font en usant de charmes et de cercles qu'il n'est besoin de rapporter icy. »

Louis XIV, par sa déclaration de 1672, ne permettait de condamner les sorciers au supplice du feu, que quand ils étaient reconnus pour empoisonneurs.

Le Père Lebrun [1] nous a conservé un arrêt du parlement de Paris contre des bergers sorciers condamnés au feu en 1691 ! En voici le texte :

« Arrest de nosseigneurs de la Cour du parlement de Paris, rendu contre les nommez Pierre Biaule et Médard Lavaux, bergers, sorciers de la province de Brie.

« Vû par la Cour le procès criminel fait par le bailly de la chatellenie de Pacy, en Brie, à la requête du procureur fiscal de ladite justice, demandeur et accusateur, contre Pierre Biaule et Médard Lavaux, de la province de Brie, défendeurs et accusez prisonniers en la conciergerie du Palais, appellans de la sentence contre eux rendue par ledit siége le 26 octobre der-

---

[1] *Histoire critique des pratiques superstitieuses*, I, p. 315.

nier, par laquelle lesdits Biaule et Lavaux sont déclarez dûment atteints et convaincus de superstitions, d'impiétez, sacriléges, prophanations, empoisonnements et maléfices, mentionnez au procès, et par le moyen d'iceux fait mourir de dessein prémédité 2 chevaux, 46 moutons, etc. : pour réparation de quoi, suivant l'article 3 de l'ordonnance du roi du mois de juillet 1682, condamnez de faire amande honorable, nuds en chemise, ayans la corde au cou ; ce fait, menez et conduits en la grande place dudit Pacy, pour y estre pendus et étranglez à des potences, qui pour cet effet y seront plantez... Ce fait, leurs corps jettez au feu et les cendres au vent... Ladite Cour renvoie lesdits Lavaux et Biaule prisonniers pardevant ledit bailly de Pacy, pour l'exécution. Fait en parlement le 18 décembre 1691, prononcé et exécuté le 22 décembre 1691 audit lieu de Pacy. »

NOUEMENT DE L'AIGUILLETTE

Le Petit Albert [1] donne cette recette pour nouer l'aiguillette : « Ayez la verge d'un loup nouvellement tué, et, étant proche de la portée de celui que vous voulez

[1] *Secrets merveilleux du petit Albert.* Lyon, Aingos frères, 1772, in-12, p. 20.

lier, vous l'appellerez par son propre nom, et aussitôt qu'il aura répondu, vous lierez ladite verge avec un lacet de fil blanc, et il sera si impuissant à l'acte de Vénus, qu'il ne le seroit pas davantage s'il étoit châtré. De bonnes expériences ont fait connoître que, pour remédier et même pour empescher cette espèce d'enchantement, il n'y a qu'à porter un anneau dans lequel soit enchassé l'œil droit d'une belette. »

Le même recueil offre cette recette « pour modérer le trop grand désir de l'action de Vénus dans la femme : Réduisez en poudre le membre génital d'un taureau roux, et donnez le poids d'un écu de cette poudre dans un bouillon composé de veau, de pourpier et de laitue à la femme trop convoiteuse, et l'on n'en sera plus importuné, mais au contraire elle aura aversion de l'action vénérienne. »

Notre *Livre de secrets de magie* [1] contient beaucoup de recettes du même genre; en voici deux prises au hasard :

« Pour dénouer l'éguillette, mettez du vif argent dans un chalumeau de paille, et que l'on mette ce chalumeau sous le chevet du lit du maléficié.

« Pour connoître si une fille a esté corrompue, vous prendrez du gais ou geay, que vous réduirez en poudre impalpable : vous en ferez prendre le poids d'un écu à la fille; si elle a esté corrompue, elle ne pourra retenir son urine. »

---

[1] Ms. de la Bibl. de l'Arsenal, S. et A., n° 84, p. 3.

Le Père Crespet [1] indique avec horreur les moyens dont use le diable pour empescher l'effet du mariage :

« Premièrement, on tient qu'il oste la puissance d'engendrer, par certaines racines d'herbes et jus qui refroidissent et rendent les parties sans chaleur;

« Secondement, en séparant et distrayant les corps de l'un et de l'autre, de peur qu'ils ne s'accouplent;

« 3° En divertissant et alliénant leur volonté de se joindre;

« 4° En alliénant seulement la volonté de l'une des parties, non de l'autre, pour la transporter ailleurs;

« 5° En réprimant et assoupissant la nature;

« 6° En empeschant l'élancement des esprits esquels la vertu de se rémuer consiste et en retenant les membres;

« 7° En estoupant les conduits de la semence, de peur qu'elle ne distile, ny découle au vaisseau propre à engendrer;

« 8° En assaillant et se saisissant des corps de l'un et de l'autre, et polluant de diverses perturbations les mouvements de leurs esprits;

« 9° En rendant inutiles les membres dédiez à la génération;

10° En persuadant à l'un, que l'autre est difforme et mal accomply, et qu'avec cela il luy est couvertement ennemy et fort contraire. »

[1] *Deux livres de la hayne de Sathan et malins esprits contre l'homme*, etc., par P. P. Crespet, prieur des Célestins de Paris. Paris, Guill. de la Noue, 1590, in-12, p. 274 v°.

D'après P. de l'Ancre [1], les nouements d'aiguillette sont de diverses sortes :

« 1° En rendant les maris odieux l'un à l'autre. Parfois le démon inspire des désirs à l'homme et à la femme, et, quand ils en viennent aux embrassements, leur inspire un dégoût invincible.

« 2° Quand le diable donne un tel empeschement, que le corps des espoux ne peut se joindre, et les divise et sépare, etc.

« 3° Si les esprits vitaux sont empeschez de s'écouler, etc.

« 4° Si la nature est inerte, etc.

« 5° Lorsque les sorciers usent de quelques agents naturels qui ostent le moyen et la force au mary, etc.

« 6° Quand le diable ferme l'emboucheure de la nature ou faict qu'il s'y trouve une trop grande arctitude, ou qu'il retire et resserre à l'homme ses parties génitales, ou qu'il les lui oste tout à fait, etc.

« 7° Lorsque le démon enchasse l'homme avec la femme d'une telle façon, qu'ils se trouvent liez, prins et collez, comme avec du glu, et si puissamment, qu'à peine les pourroit-on disjoindre ou deslier... Ce qui a esté autrefois ordinaire, comme on dit, dans la ville de Rarente, où ceste manière de liaison estoit si forte, que souvent on mettoit les personnes liées en la façon des chiens accouplez, sur une perche, le mâle d'un

---

[1] *L'Incrédulité et mescréance du sortilége plainement convaincue*, p. 319.

costé, la femele de l'autre, en forme de balance propre pour peser leur crime ou forfait : les exposant à la risée du peuple comme un spectacle monstrueux, avec une huée et acclamation si grande qu'il sembloit que Dieu se fût servi de la main du diable, comme de celle d'un bourreau, pour exécuter cette sorte de supplice envers des gens qui l'avoient bien mérité. Que si on exigeoit semblables peines de tous adultères ou concubinaires, la peine et l'infamie seroit aux plus notables cent fois plus griefve que la mort. »

Le bon Père Crespet [1], prieur des Célestins, énumère très-sérieusement force remèdes contre le *charme*, mais il n'en conseille aucun et pour cause : « Pour empescher le nouement de l'aiguillette, il faut parfumer la chambre d'*hyppericon serapinum*, porter la pierre *magne*, le cœur d'une tourterelle, manger un oiseau nommé *pic*, boire de la tyriaque meslée avec ledit hyppericon, porter du corail, racine de péone, armoise, le cœur d'une caille, à sçavoir : si c'est l'homme, qu'il porte le cœur du masle ; si c'est la femme, qu'elle porte le cœur de la femelle, mais je croy que toutes ces receptes sont frivoles et superstitieuses. Il est vray que le charme est comme une poison, laquelle désire un antidote, de peur qu'elle ne fasse mourir, etc., etc.

« Les autres, ajoute-t-il, pour chasser le charme, se servent d'autres charmes, comme de la peau du front de l'hyène, du bois de palme limé avec les dents, de

[1] Dans ses *Deux livres de la hayne de Sathan*.

l'herbe satyrion, de l'alysse pendu au plancher de la maison qui sert tant pour les hommes que pour les bestes. Autres se servent de rüe; Démocrite se servoit de la pierre *catochitis* ; les autres disent que cela sert de contrecharme de cracher sur le pissat qu'on vient de rendre, ou bien sur le soulier devant que de le chausser; les uns portoient à leur col l'effigie du membre viril, pensant par icelle qu'aucuns sorciers ne leur pourroient nuire...; les autres portoient sur leur front, en forme de couronne, la fleur qu'on appelle les *gands Nostre-Dame*, et en latin *Bacchar*... Les autres crachoient en leur sein, afin que le charme ne leur sut nuire, comme il se trouve dans Théocrite, et au livre IV des Épigrammes grecs. »

« Plusieurs, dit Roch le Baillif[1], tiennent avoir desnoué l'éguillette, qu'ils appellent, et remis les mariez en leur première force, en faisant uriner l'homme par l'anneau nuptial au vendredi matin, soleil levant, et dire ce mot *yemon* par trois fois. »

P. de l'Ancre[2] raconte les faits suivants :

« Un jeune homme, en la ville de Saint-Geminian en Étrurie, s'amouracha si fort d'une sorcière, qu'il abandonna sa femme et ses enfants pour venir demeurer avec elle et continua cest oubly jusques à ce que sa femme, advertie du maléfice, l'estant venu trouver, fureta si exactement par la maison de la sor-

---

[1] *Le Demosterion*, souvent cité, p. 115.
[2] *L'Incrédulité et mescréance du sortilége plainement convaincu*, p. 322, 346.

cière, qu'elle trouva dessoubs son lict, pour instrument de ce sort, un crapaut enfermé dedans un pot, ayant les yeux confus et bouchez, lequel elle prit : et, luy ayant desillé les yeux, elle le fit brusler; et, si à propos qu'aussitost l'amour et l'affection de sa femme estant rappelés par la nature dans sa mémoire et souvenir, il s'en retourna chez luy et passa heureusement le reste de ses jours.

« Un comte de Westravie, aux confins du diocèse argentinois, ayant esté lié par une sienne concubine avec un chauderon enchanté, par le moyen d'une magicienne ou sorcière, laquelle l'avoit jetté dans la cour du chasteau du comte, il fut charmé de façon qu'il demeura trois ans lié, sans qu'il peut avoir nulle accointance avec sa femme. Enfin, elle l'estant un jour allé voir, par fortune luy ayant demandé comme par risée s'il avoit des enfants, il luy fit accroire qu'il en avoit trois fort beaux, et sa femme preste à accoucher. De quoy elle fut si étonnée, qu'elle ne se peut tenir de dire : « Maudite soit la sorcière qui m'apprint si mal« heureusement à jetter le chauderon dans le puits, « afin que vous ne puissiez connoistre vostre femme! » Et luy ayant conté le tout plus au long, il part aussitost et fit tirer du puits ce chauderon charmé, et l'ayant brisé et faict brusler la sorcière, il consomma son mariage et eut de très-beaux enfants.

« Et, au diocèse de Lausanne, une sorcière, ayant caché un serpent d'airain soubs le seuil d'une porte, rendit toute une famille impuissante, si bien que non pas même les animaux ny les juments ne pouvoient concevoir ny rendre à perfection leurs petits. Et la maistresse de la maison fit sept abortifs avec de grandes douleurs, jusqu'à ce que le sortilége fut descouvert.

« Or, s'il n'y eut eu de la liaison magique, ajoute l'auteur, et que c'eust esté la seule imagination qui eut opéré cet effet, elle ne pouvoit estre semblable ny préjudicier à tous ceux de la famille; car l'imagination n'est pas chose héréditaire. »

Le Père Lebrun[1] examine gravement s'il y a lieu de croire qu'il y ait réellement des noueurs d'aiguillette :

« On ne peut douter, dit-il, que l'imagination ne puisse empêcher l'usage du mariage. On a cru très-anciennement qu'il y avoit des noueurs d'aiguillette. Hérodote et Tacite en parlent, et il y a longtemps que des personnes ont recouru à des secrets, soit naturels, soit superstitieux, pour s'opposer au mauvais effet des prétendus noueurs d'aiguillette; c'est pourquoi l'Église en a fait mention depuis très-longtemps dans les rituels et a déclaré excommuniés tous ces noueurs.

« L'abbé Guibert, de Nogent, dit que son père et sa mère avoient été arrêtés par un semblable maléfice pendant sept ans, et qu'après cet intervalle une vieille femme rompit le maléfice qui leur laissa libre l'usage du mariage. Cet auteur ajoute que, s'il y a plusieurs secrets de magie fort cachés, celui des noueurs du ma-

---

[1] *Histoire critique des Pratiques superstitieuses*, t. Ier, p. 246.

riage étoit connu et mis en pratique par les ignorans et le bas peuple. »

« On m'a faict voir, dit P. de l'Ancre [1], une sorcière, laquelle faict merveille à deslier, car elle a deslié une jeune mariée qui couroit journellement les champs de plain jour comme un lycanthrope, et avoit des convulsions et des cris et eslans si furieux et dénaturez, qu'on eust dict qu'elle estoit possédée... Elle commanda à une femme, liée pour la génération seulement et non pour la copulation, d'écrire quelque chose qu'elle lui diroit et mettre une espée soubz la coitte de son lit, lorsqu'elle et son mary seroient couchez ensemble, ce qu'elle n'a jamais voulu faire, se doubtant bien que cet escrit n'estoit que la promesse que le diable vouloit exiger d'elle... Elle vivoit dans le village où elle habitoit, sans estre aucunement inquiétée par la justice, parce qu'elle prétendoit employer seulement son art à délier les maléfices... Mais elle a dict à plusieurs personnes dignes de foy, qui me l'ont asseuré, que, voulant deslier, entre autres bagatelles que le diable a toujours coutume de mesler en la guérison de toute sorte de gens maléficiez, elle couchoit une nuict avec le mary maléficié dans son lit nuptial, et lui apprenoit des tours et retours qui reviennent et semblent se rapporter aux Fescennins des anciens. Ce qui est grandement fâcheux à celuy qui doibt en-

---

[1] *L'Incrédulité et mescréance du sortilége plainement convaincu*, p. 324.

trer en licence avec une vieille hideuse et espouvantable, et là se laisser conduire, et tous les menbres de son corps, à des embrassements diaboliques... Pour celle-ci, elle n'est ny trop vieille ny trop affreuse. Tout ce que je trouve de plus estrange, c'est qu'elle employe sa fille, qui est jeune et mariée, à mesme mestier et exercice : ayant si bien estourdy les pensées de son mary, et lié le parler et la langue de tous ceux de son village, soubs prétexte de ce qu'on ne voit le mal qu'elle faict, ains seulement le bien de ses cures et guérisons, que ny l'une ny l'autre ne sont recherchées de la justice, ains elles sont appelées en plusieurs bonnes maisons, où à mon advis elles font et deffont, lient et deslient, ou procurent quelque autre mal, parfois pire et plus préjudiciable que celuy-là. »

SECRETS D'AMOUR

Le *Révérend Père en diable* Picatrix [1], comme l'appelle Rabelais, enseigne ce moyen astrologique et magique :

« Pour mettre de l'amour entre deux personnes, faites deux images : que l'ascendant soit à la première face de l'Écrevisse, que Vénus soit en icelle, que la

[1] *Œuvres*, ms. de la Bibl. de l'Arsenal, n° 85, p. 125.

Lune soit dans la première face du Taureau et dans la douzième maison ; et joignez ces images, de façon qu'elles s'embrassent, puis vous les ensevelirez toutes deux en terre, dans le lieu où sera l'une des personnes, et elles s'aimeront constamment. »

Le cabaliste Pierre Mora [1] indique cet autre moyen :

« Pour se faire aimer, on prendra, par exemple, un cœur de colombe, un foye de passereau, la matrice d'une hirondelle, un rognon de lièvre ; on les réduira en poudre impalpable, et la personne qui composera le philtre ajoutera partie égale de son sang séché et pulvérisé de même : et si on fait avaler deux ou trois fois la dose d'une dragme de cette poudre à la personne qu'on veut induire en amour, on verra un merveilleux succès. »

Le *Livre des secrets de magie* [2] présente un grand nombre de recettes aussi singulières, que nous avouons n'avoir jamais expérimentées pour notre compte :

« *Pour l'amour :* Ayez un crapau en vie, un vendredy avant le soleil levant, à l'heure de Vénus, et vous l'attacherez par les deux pates de derrière dans votre cheminée, et quand il sera bien sec, vous le metterez en poudre dans un mortier, et vous l'envelopperez dans une feuille de papier, et vous le metterez sous un autel par derrière pendant trois jours, et vous

---

[1] *Zekerboni*, ms. de la Bibl. de l'Arsenal, déjà cité, p. 168.
[2] Ms. de la Bibl. de l'Arsenal, n° 84, souvent cité, p. 246, 254 et 24.

l'irez retirer le troisième jour à la même heure. Notez qu'il faut que l'on dise la messe sur cet autel, et quand vous l'aurez retiré, autant de filles ou femmes que vous voudrez, vous en metterez sur quelque fleur, et elle vous suivra partout. »

Ou bien, « vous vous arracherez trois poils des parties secrètes et trois de dessous l'aisselle gauche, et vous les ferez brûler sur une pelle à feu bien chaude, et quand ils seront brûlez, vous les réduirez en poudre et vous les metterez dans un morceau de pain que vous metterez dans la soupe ou dans du café, et sitost que la fille ou la femme à qui vous en aurez donné en aura pris, soyez persuadé que jamais elle ne vous quittera. »

Un autre livre du même genre [1] donne une curieuse recette, que nous recommandons aux intéressés :

« *Pour garantir le cocuage* : Prenez le bout du membre génital d'un loup, le poil de ses yeux, celuy qui est à la queue en forme de barbe, reduisez cela en poudre par calcination et le faites avaler à la femme, sans qu'elle le sache : elle sera fidelle. La moëlle de l'épine du dos d'un loup a le même effet. »

« Je ne fay doute, dit Cardan [2], de mettre entre les merveilles des plantes ce que Theophrastus, au quatrième livre, récite des arbrisseaux : une herbe avoit été apportée des Indiens, laquelle si quelqu'un la mange, li pourroit satisfaire à l'acte vénérien septante

---

[1] Ms. de la Bibl. de l'Arsenal, n° 92, p. 83.
[2] *Les Livres de Cardan*, p. 228, v°.

fois le jour... Les Indiens portent de présent en leur bouche la feuille dicte *béthel*, pour telle affaire, quoiqu'ils ne soient fort enclins à paillardise, pour cause (peut-être), que la nature du lieu à ce répugne, qui les énerve et débilite par trop grande chaleur. Béthel est ce que les boutiques appellent *feuilles d'Inde*, en latin, *folium indicum*, en grec *malabathrum*. Cette feuille, verte, semble grandement profiter à Vénus. Elle noircit les dents, si elle est mâchée. La plante de cette feuille rampe comme lierre; la feuille est semblable au laurier, distincte et séparée de cinq lignes... J'ay plus diligemment expliqué cette plante, pource que la feuille, cueillie en abondance, moult récrée l'homme et tant fort réjouit, qu'il oste le soucy de la mort instante et proche, le sens estant sain et entier, et ce luy est la principale vertu : car, si tu ostes le sens, tu osteras la tristesse et crainte, comme à ceux qui ont mangé de la morelle, dicte *solanum halicabon*, ou du fruit de strimonie; mais le sens demeurant entier, c'est chose admirable et rare d'oster tout soucy et toute crainte. »

Etteilla [1] rapporte qu'il fut appelé un jour pour guérir un jeune homme malade d'amour :

« Nos conversations, dit-il, furent infiniment diffuses : en commençant, mon malade disoit qu'il ne ne croyoit pas que je fusse aussi bon devin pour voir qu'il seroit marié, comme effectivement je l'étois pour

---

[1] *Fragment sur les hautes sciences*, par Etteilla. Amsterdam, 1785, in-12, p. 02.

deviner ce qu'il étoit persuadé de savoir seul; il me fallut lui protester de nouveau que je possédois assez parfaitement la science des génies, celle des talismans et même un peu de bonne magie; enfin, je lui témoignai, sur la foi de la cartomancie, qu'il épouseroit celle qu'il aimoit, dès qu'il pourroit sortir...

« Arrivé chez moi, je m'endormis profondément; le lendemain, en me réveillant, je fis ma prière pour moi, et ensuite pour que les loups ne se mangent point, et de là je fus rendre ma visite. Mon malade, las d'avoir bavardé, avoit dormi toute la nuit, et la fièvre avoit disparu : je lui lus quelques passages de la Médecine des Esprits, tel celui-ci : qu'un homme qui est vaincu ne peut guère vaincre les autres... et, pour finir, que, dans six semaines, jour pour jour, il seroit marié ou que je perdrois toutes mes visites et les 300 livres de rente qu'il me promettroit. Mon malade, on devoit s'y attendre, se maria, mais, un jour avant les six semaines, et ce fut sans doute ce terrible jour de moins, qui fut la cause de ce que l'on doit encore s'attendre, qu'il ne me donna pas un sou, quoiqu'au fait il n'en revenoit pas sans moi (j'en ai les certificats de toutes les Facultés), et sûrement sa prétendue, étant consolée, en auroit épousé un autre. »

FIN

TABLE DES CHAPITRES

Préliminaires.	1
Alchimie. Prolégomènes.	3
— Conditions exigées des alchimistes.	5
— Nécessité du secret.	10
— Théorie primordiale.	14
— Énigmes et symboles.	27
— Métaux.	38
— Qu'est-ce que la pierre.	41
— Agents de la pierre.	47
— Préparation de la pierre. — Transmutation. .	57
— Témoignages favorables.	74
— Faussaires et aveuglés.	84
— Médecine chimique et astrologique.	105
— Talismans et amulettes.	126
— Baguette divinatoire.	141
Astrologie. Horoscopes, thèmes. maisons célestes. . .	156
— Influence des planètes, de la lune, etc.; aspects.	168
— Influence des jours et des signes; questions astrologiques.	180
— Prédictions astrologiques.	200
Chiromancie.	215
Physiognomonie.	235
Prédictions.	250
Augures.	261
Oracles.	268

TABLE DES CHAPITRES.

Onéirocritie. Explication des songes.	271
— Songes curieux.	295
Art divinatoire.	303
Cartomancie.	324
Nombres.	327
Magie. Préparations magiques.	332
— Esprits planétaires.	344
— Œuvres magiques.	347
— Recettes magiques.	354
— Magie naturelle.	363
Sorcellerie.	371
Nouement de l'aiguillette.	381
Secrets d'amour.	390

www.ingramcontent.com/pod-product-compliance
Lightning Source LLC
Chambersburg PA
CBHW050418170426
43201CB00008B/456